北京市中国特色社会主义理论体系研究中心文库

中国现代国家治理体系的构建

RESEARCH ON
THE CONSTRUCTION OF
MODERN STATE
GOVERNANCE SYSTEM
IN CHINA

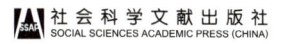

燕继荣 等 著

社会科学文献出版社
SOCIAL SCIENCES ACADEMIC PRESS (CHINA)

目录
Contents

导论　推进国家治理现代化的任务和力量 ………………………… 1

第一章　现代国家构建的理论与路径 ……………………………… 22
　第一节　关于国家的主要理论 …………………………………… 23
　第二节　现代国家构建理论 ……………………………………… 32
　第三节　国家与经济发展 ………………………………………… 43
　第四节　中国语境下的现代国家构建 …………………………… 47

第二章　现代国家治理及其评估 …………………………………… 53
　第一节　国家治理体系和治理能力现代化研究综述 …………… 54
　第二节　国家治理及其评估 ……………………………………… 68
　第三节　国内外国家治理衡量指标体系 ………………………… 71
　第四节　"个体—社会—国家"三维治理评估体系 ……………… 80

第三章　现代国家治理能力的构建 ………………………………… 89
　第一节　背景：发展型国家和转型危机 ………………………… 90
　第二节　国家能力和国家治理能力的构成 ……………………… 97
　第三节　多维度的"国家治理能力"现代化构建 ………………… 103
　第四节　"发展型国家"的中国模式 ……………………………… 107

第四章　当前中国国家治理面临的挑战 …………………………… 111
　第一节　全球化和现代化的挑战 ………………………………… 112
　第二节　市场化的挑战 …………………………………………… 120

第三节	社会转型的挑战	130
第四节	价值多元化的挑战	141

第五章　国家建设：构建现代国家制度 …… 147
第一节　制度建设：以制度确保国家长治久安 …… 147
第二节　民主建设：以民主构建国家认同 …… 160
第三节　法治建设：以法治构建国家秩序 …… 177
第四节　分权改革：以分权改革激发地方和社会活力 …… 181

第六章　政党建设：打造现代国家治理的领导力量 …… 191
第一节　政党调控的概念和模型 …… 192
第二节　政党调控与中国共产党的领导体制 …… 198
第三节　中国共产党领导体制的独特优势及其巩固 …… 203
第四节　执政党的领导与四项基本制度的关系 …… 206

第七章　政府建设：构建有限且有效的政府 …… 214
第一节　从政府管制走向公共治理 …… 215
第二节　转型社会的中国政府及其治理 …… 220
第三节　建设服务型政府 …… 230
第四节　构建有限且有效的政府 …… 236

第八章　社会建设：走向协同治理新格局 …… 245
第一节　中国社会建设的发展过程 …… 245
第二节　中国政府的积极探索 …… 248
第三节　中国社会建设的经验 …… 252
第四节　中国社会建设的未来 …… 256

参考文献 …… 265

后　记 …… 270

导论　推进国家治理现代化的任务和力量

一　国家治理的问题意识

本书旨在探讨国家治理体系和国家治理能力的一些基础性问题，分析中国现代国家治理体系的基本内涵、构成及特征，界定国家治理能力的含义和提高国家治理能力的方法与路径，并提出国家治理的评估指标体系。本书着重从国家建设、政党建设、政府建设和社会建设等方面深入讨论中国现代国家治理体系构建的重点领域。

要从理论上说明"中国现代国家治理体系构建"，必须回答如下几个问题：（1）现代国家治理具有什么特质？呈现什么特点？（2）目前中国距离现代国家治理的水平还差多远？中国国家治理的优势和短板是什么？（3）中国推进国家治理现代化的目标和路径是什么？为了回答上述问题，又需要进一步解答什么是国家治理？如何评估一个国家的治理水平？现代国家治理需要具备哪些能力？为实现这些能力需要构建什么样的治理体系？

为了解答这些问题，本书首先阐明了现代国家构建理论及其对中国构建现代国家治理体系的意义，说明了现代国家治理体系的基本内涵、构成及其特征，分析了现代国家治理能力的构成。本书认为有必要确定一套科学合理的指标体系来评价国家治理体系和治理能力的现代化，这套指标体系应当立足现代国家治理的价值取向和目标理念，涵盖现代国家治理的主要内容和领域，反映现代国家治理方式和效能。

本书依据政治学关于国家—社会—个人的一般范式，构建了现代国家治理目标、内容及评估体系（见表1），并从国家建设、政党建设、政府建设和社会建设等方面具体阐述了当前中国现代国家治理体系构建的重要任务和改革方向。

表1 现代国家治理目标内容及评估体系

国家治理目标	国家治理内容	国家治理评估指标
人民幸福	促进和保障公民权利的不断完善和实现	自由权利：经济自由，政治自由，言论自由 民主权利：民主选举，民主决策，民主管理 福利权利：公民社会福利保障
社会和谐	提高社会组织性和自治性，推动社会互助合作	社会组织发展 社会自治与参与
国家富强	规避国家风险，提升国家在国际社会的综合竞争力	国家的创新性：知识、技术、管理 国家的成本性：系统成本、维护成本、运行成本 国家的阻力性：地区差别、城乡差别、社会差别 国家的风险性：经济危机、政治危机、社会危机、国家认同危机

完善和发展中国特色社会主义制度，推进国家治理体系和治理能力的现代化是十八届三中全会提出的改革总目标。十九大报告进一步明确了该目标，并提出了新时代中国发展两个阶段的战略安排。第一个阶段，从2020年到2035年，在全面建成小康社会的基础上，再奋斗15年，基本实现社会主义现代化。在这个阶段"人民平等参与、平等发展权利得到充分保障，法治国家、法治政府、法治社会基本建成，各方面制度更加完善，国家治理体系和治理能力现代化基本实现"[①]。第二个阶段，从2035年到21世纪中叶，在基本实现现代化的基础上，再奋斗15年，把我国建成富强、民主、文明、和谐、美丽的社会主义现代化强国。到那时，"我国物质文明、政治文明、精神文明、社会文明、生态文明将全面提升，实现国

---

① 习近平：《决胜全面建成小康社会 夺取新时代中国特色社会主义伟大胜利——在中国共产党第十九次全国代表大会上的报告》，人民出版社，2017，第28页。

家治理体系和治理能力现代化,成为综合国力和国际影响力领先的国家"①。

本书认为,构建现代国家治理体系是近代以来中国现代化的主要目标。到目前为止,实现这一目标的过程经历了晚清改革和维新、民国共和革命、新中国建设与改革的三大历史时期,这期间穿插抗击外敌入侵的"民族独立"运动。在历经150多年的奋斗之后,"接力棒"传递到了当今中国共产党所领导的中国人民的手中。

在今天中国的语境之下,中国现代国家治理体系主要是指中国共产党在宪法作为国家根本大法的基础上,通过有效的治国理政的方式和手段,实现国家"善治"所必需的一套规范"国家生活"(无论是公共生活,还是私人生活)的现代制度体系和行为规范。这样的制度体系和行为规范在范围上涵盖国家建设、政党建设、政府建设、经济建设、社会建设和文化建设不同领域的方方面面。而国家治理体系的现代化就意味着上述领域的制度体系和行为规范应该在结构上实现基础制度、基本制度、具体制度的系统性和一致性,在内容上实现治理主体(共有:人民民主)、治理过程(共治:依法协同治理)和治理结果(共享:公平分配国家发展成果)三者的确定性和切实性。

本书认为,国家治理能力包括国家统一的防务能力、国家基础设施的建设能力、国家法律和政策的创意能力、国家法律和政策的实施能力、国家公民权利的保障能力、国内社会矛盾的化解能力、国家对外关系的协调能力、国家经济社会发展的推动能力、自然和社会灾难的应对能力、社会自主自助的自治能力等。国家治理能力现代化首先要有一个有效的公共权力体系,这样的权力体系,要有足够的治理能力,能够通过创新制度供给,实现国家的有效治理,防止国家沦为"失败国家"。同时,国家治理能力的提升主要是现代化的国家治理体系运行的结果,因此,国家治理能力现代化必然要求实现国家治理方式的现代性改造,而国家治理方式的现代性改造意味着法治化、制度化、民主化机制的普遍推广和全面落实。

基于上述分析,本书进而从国家建设、政党建设、政府建设和社会建

---

① 习近平:《决胜全面建成小康社会 夺取新时代中国特色社会主义伟大胜利——在中国共产党第十九次全国代表大会上的报告》,人民出版社,2017,第29页。

设等方面具体阐述了当前中国现代国家治理体系构建的重要任务和改革方向。本书认为，国家建设是现代国家治理体系构建的基础，强大的现代国家是维护社会安定有序，促进社会经济健康发展，保障居民安居乐业的基本前提。在当前，我国国家建设的主要任务是通过制度建设来确保国家长治久安，以民主建设构建国家认同，以法治建设构建国家秩序，以分权化制度改革激发地方和社会等各主体和要素的活力，促进国家整体创新能力。中国共产党是中国现代国家治理体系构建的主导者，国家治理与中国共产党的领导地位和继续执政紧密相连，因此，通过党的建设强化执政合法性，提升执政党的领导力，是现代国家治理体系构建的重要保障。政府建设是现代国家治理体系的主要环节，经济发展、社会建设和文化建设都需要政府去推动和实施，打造一个有效且有限的服务型政府和法治政府对于推进国家治理体系和治理能力现代化至关重要。社会建设也是现代国家治理体系构建的重要内容，其有效途径是通过理念、体制机制和方法手段的创新，激发社会活力，促进社会公益、抑制社会公害，以推进社会治理现代化。在文化建设方面，需要确立开放、合作、互通、共享理念，打造国家治理人人有责、人人尽责的文化共同体，树立全民共建共享的国家治理观念。

总体来说，本书在以下三个方面做出了贡献。

（1）在基础理论层面，试图就国家治理体系及其现代化和国家治理能力及其现代化做出理论解释，研究认为：（a）国家治理体系就是实现国家"善治"所必需的一套规范"国家生活"制度体系和行为规范，在现代社会，这样的制度体系和行为规范在范围上涵盖国家建设、政党建设、政府建设、经济建设、社会建设和文化建设不同领域的方方面面。（b）国家治理体系的现代化意味着上述领域的制度体系和行为规范应该在结构上实现基础制度、基本制度、具体制度的系统性和一致性，在价值目标上实现人民共有、共治、共享理念的确定性和切实性。（c）国家治理能力包括国家统一的防务能力、国家基础设施的建设能力、国家法律和政策的创意能力、国家法律和政策的实施能力、国家公民权利的保障能力、国内社会矛盾的化解能力、国家对外关系的协调能力、国家经济社会发展的推动能力、自然和社会灾难的应对能力、社会自主自助的自治能力等。（d）国家治理能力现代化首先意味着公共权力体系的有效性，其次，也意味着国家治理方式的法治化、制度化、民主化机制的普遍推广和全面落实。(e) 中国在现代化的过程中形成了国家治理的"特色",这些"特色"在集中性、效率性、协调性和连续性等方面体现了一定的优势,但也存在短板。中国国家制度改革应该遵循"有效性"和"有限性"双向发展的进程。以现实为基础,以问题为导向,扬长避短,应该是中国国家制度改革的原则。从现实情况看,中国政府在"有效性"方面表现突出,而在"有限性"方面显示不足。借用福山有关国家治理三要素的观点,"有效性"与"政府能力"相对应,而"有限性"恰恰与"法治"和"民主问责"相关联。国家的发展首先需要国家具备足够的治理能力,但是,国家的持续发展又必须要有良好的治理方式。正如自由放任的市场机制需要一种保护性的反向运动一样,政府要有足够的能力,同时也要有一种反制政府的力量,这种反制力量在现代国家的表现就是把政府权力(包括统治者)"关进笼子里"的各种制度,也就是"法治"和"民主问责"的制度。所以,"依法而治"和"民主问责"是国家治理现代化的重要内容,也是"现代国家"的重要标志。

(2) 在现实政策层面,本书从国家建设、政党建设、政府建设、社会建设和文化建设等方面入手,系统论证了全面深化改革的方向和路径,提出主要对策建议包括:(a) 中国完成现代国家治理体系的构建必须对应然与实然、理想与现实、目标与路径、当前与未来进行综合考量,国家建设必须着眼未来,改革举措必须立足现实。(b) 在国家建设方面,应当坚持统一性、协调性原则,做好物质建设(包括生产能力建设、基础设施建设,如交通设施、网络通信、信息化建设)、国防建设、制度建设(包括基础制度建设和上层制度建设)三大任务,特别要通过制度建设来确保国家长治久安,以民主建设和文化建设构建国家认同,以法治建设构建国家秩序,以分权化制度改革激发各主体和要素的活力,不断提高国家整体创新能力。(c) 在政党建设方面,应当贯彻依法治国理念,高举反腐大旗,规范组织和施政行为,巩固执政合法性,再造党的领导力(组织能力、动员能力、民意代表能力、政策创意能力、国家发展战略规划能力等)。(d) 政府建设是现代国家治理体系的主要环节,一个有效且有限的服务型政府和法治政府既是国家治理体系和治理能力现代化的保障,也是国家治理体系构建的重要内容;现代国家治理就是政府实现提取税收、维护社秩序、实施公共管理、促进经济社会发展、提供基本公共服务、保障公平分配的系列活动。对于中国政府而言，通过理念、体制和机制改革与创新，实现政府职能转变是关键。在这方面，弗兰西斯·福山在《国家构建》中阐述的观点值得重视。福山认为，发展中国家之所以在政治改革中走向了国家秩序混乱和经济衰退的局面，原因在于它们在缩小政府职能范围的同时，也削弱了政府的能力。① 当前，我国新一轮政府改革强调要转变政府职能，让市场和社会发挥更大的作用，这一改革方向无疑是正确的，但是，在改革过程当中，在缩小政府职能的同时，增加政府的治理能力。(e) 社会建设的任务在于形成社会问题多元共治的治理格局，这种多元共治的治理格局应当体现如下特点：一个精英型的政党凭借其不断的创意能力引领社会；一个有效的政府提供足够的制度供给和信用保障；所有企业和经济组织不仅追求自身利益的最大化，而且还具有社会责任的担当和贡献；每个公民通过社会组织参与到社会生活和社会管理与社会公益活动中来，贡献自己的爱心，传播社会正能量。总之，不同的社会力量和要素得到有效整合，各司其职，共同承担自己的功能，实现有效的社会治理。社会治理的核心问题无非两个：一个是"公益"如何促进，另一个是"公害"如何治理。"公益"事业的核心问题是如何形成激励机制，把各种社会力量组织和动员起来，打破集体行动的困境，让他们形成正向的社会合力。"公害"治理的关键是如何落实责任制，以便"及时发现"、"及时矫正"、"及时惩治"，防止破窗效应。为此，投资社会资本，打造熟人社会，通过体制和机制创新，鼓励社会自治组织发展，并将其吸纳到公共服务和公共管理体系当中来。

(3) 在技术分析层面，本书探索构建国家治理改革的理论框架，并依此尝试建立国家治理评估体系，初步提出了个人—社会—国家三个维度的指标体系。

二 中国国家治理现代化的任务

中国被认为是一个古老文明的国家，它有历史，有丰富的传统资源，

---

① 〔美〕弗朗西斯·福山：《国家构建：21 世纪的国家治理与世界秩序》，黄胜强、许铭原译，中国社会科学出版社，2007，第 16 页。

但在现代化冲击之下，维系了千年中华帝国的"天下—王朝"政统体系崩解，此"三千年未有之大变局"在政治层面就转化为建设现代中国国家的努力。时至今日，中国向现代转型的政治任务在多大程度上得到了实现？今天的中国在何种程度上是一个现代国家？今后国家建设的任务是什么？这都是需要认真思考和讨论的问题。

中共十八大之后，新一届领导人提出实现中华民族伟大复兴的"中国梦"。这个"中国梦"被解释为"国家富强，人民幸福"（有人提出应该表述为"国强民富"或"国泰民安"）。2013年11月，十八届三中全会通过《中共中央关于全面深化改革若干重大问题的决定》，设定全面深化改革的总目标为"完善和发展中国特色社会主义制度，推进国家治理体系和治理能力现代化"，并提出具体时间表："到2020年，在重要领域和关键环节改革上取得决定性成果"，"形成系统完备、科学规范、运行有效的制度体系，使各方面制度更加成熟更加定型"①。《决定》把"全面深化改革"落实在现代"国家治理"的制度层面，希望通过15大领域的60项具体改革，逐步实现"国家治理体系"和"国家治理能力"的现代化。这种新的表述被人们概括为"国家治理现代化"。2014年10月中国共产党十八届四中全会又提出要建设社会主义法治国家，依法治国。

2017年10月，十九大报告提出了新时代中国特色社会主义发展的战略安排，报告明确指出："改革开放之后，我们党对我国社会主义现代化建设作出战略安排，提出'三步走'战略目标。解决人民温饱问题、人民生活总体上达到小康水平这两个目标已提前实现。在这个基础上，我们党提出，到建党一百年时建成经济更加发展、民主更加健全、科教更加进步、文化更加繁荣、社会更加和谐、人民生活更加殷实的小康社会，然后再奋斗三十年，到新中国成立一百年时，基本实现现代化，把我国建成社会主义现代化国家。"②

从"中国梦"到"国家治理现代化"和"依法治国"再到"社会主义现代化国家"，就内在逻辑而言，这些不同提法反映了从理想目标向制

---

① 《〈中共中央关于全面深化改革若干重大问题的决定〉辅导读本》，人民出版社，2013，第7页。
② 习近平：《决胜全面建成小康社会 夺取新时代中国特色社会主义伟大胜利——在中国共产党第十九次全国代表大会上的报告》，人民出版社，2017，第27页。

度载体再到操作实践的演进过程。考察中共施政口号的变化,可以认为:在中国已经成长为世界第二大经济体后,实现中华民族复兴的"中国梦"的关键,已经从经济建设层面转向政治建设层面,具体而言就是实现国家治理的现代化。而要实现国家治理现代化,只有"依法治国"才能给国民和国际社会一个稳定预期,也才能实现国家治理的制度化、常态化、理性化。

按照现代国家理论以及政治发展理论,"国家治理现代化"应该体现为以下三个方面的任务。

第一,"国家治理"首先强调要有一个有效的公共权力体系,强调国家能够行使有效治理,要有足够的治理能力(governability)。现代国家的发展证明,先要让国家有治理能力,然后才能谈得上如何使国家治理能力规范化。"失败国家"以及"民主崩溃国家"的经验提供了反面的证明。政治学所谓的"政府是必要的恶"这一表述多少也体现了这一意涵。现代国家理论表现出对无政府状态和极权主义状态的双向戒惧,既要避免陷入霍布斯式的无政府状态,又要避免走向哈耶克所谓的"通往奴役之路"。这种追求所导出的必然是一个"强大法治国家"的概念。

第二,"国家治理"不仅要在空间维度上还要在观念维度上实现国家的整全性(integrity)和统一性(uniformity)。在欧洲,现代国家的产生是在中世纪封建社会之后经历绝对主义王权对国家的整合和渗透之后形成的,最终以民族国家(nation-state)的形式呈现出来。在美国,现代国家是在反对英国殖民统治、建立联邦政体、南北统一战争和以罗斯福"新政"为代表的一系列强政府改革之后实现的,最终以"种族大熔炉"和联邦主义的形式呈现出来。欧美的经验表明,克服权威分散化和碎片化、强化国家的统一性、形成国家认同是现代国家成长必不可少的进程和任务。

第三,"国家治理"要在实现方式上完成"现代性改造"。"现代化"除了物质层面之外,还有制度层面和价值层面的体现。国家治理的"现代性"指向不仅是出于规范意义的要求,而且也是客观趋势所迫。推进国家治理现代化要求面向"现代性",接受"现代"的主流价值观,诸如自由、民主、法治、人权,实现国家治理方式的现代性改造。

福山秉承其老师亨廷顿(Samuel Huntington,1927—2008)对政治秩序的强调,对中国的治理能力和水平相对乐观。他反复强调,一个良治社会应该由三个要素构成：强政府、法治和民主问责。他在《政治秩序的起源》一书中指出，"我们所讨论的政治发展三大组件中——国家建设、法治、负责制——中国在历史早期就获得了第一件。在某种意义上说，中国人发明了好政府。他们设计的行政机构是理性的，按照功能而组织起来，以非人格化标准进行招聘和晋升，这绝对是世界第一"①。其最新关于威权政治和民主化问题的研究表明，一个国家在治理能力（政府能力）脆弱的情况下步入民主化进程，容易陷入"坏民主"的泥潭；一个国家在治理能力（政府能力）充足的情况下启动民主化进程，容易走上"好民主"的道路。② 如此说来，中国大概属于后者，这让关心中国发展的人们感到相对乐观。

不过，福山也承认中国制度存在缺陷。他认为，"中国王朝的重大遗产是高品质的威权政府"，但在其他方面，"中国政治制度又是落后的。它从没创立法治和政治负责制的机制"。中国的经验提出一个问题："在没有法治或负责制的情况下，良好统治能否长久。如遇坚强能干的皇帝，该制度卓有成效，雷厉风行，简直令人难以置信。如遇变化无常或庸碌无能的君主，他们大权独揽，经常破坏行政制度的效率"。他还指出，"中国是创造现代国家的第一个世界文明。但这个国家不受法治限制，也不受负责制机构的限制"③。中国的制度中虽然确有一种负责制，"皇帝接受教育，深感对人民的责任。他们中的优秀者，尽量回应人民的需求和抱怨"④，但这种负责制是"向上的"，即对皇帝负责。

根据福山的观察，今天的中国共产党已经发展成一个高度复杂、适应性强、独立自主和上下一致的组织，由精英型干部体系掌管，能够在偌大的一个国家动员所有成员。在增补制度方面，与许多发展中国家的"新家长制"政治相比，中国体制更少受到个人因素影响，更为现代……进入中

---

① 〔美〕弗朗西斯·福山：《政治秩序的起源：从前人类时代到法国大革命》，毛俊杰译，广西师范大学出版社，2012，第307页。
② 参见罗纳德·英格尔哈特《现代化与民主》，载〔俄〕弗拉基斯拉夫·伊诺泽姆采夫主编《民主与现代化：有关21世纪挑战的争论》，徐向梅等译，中央编译出版社，2011，第151~153页。
③ 〔美〕弗朗西斯·福山：《政治秩序的起源：从前人类时代到法国大革命》，毛俊杰译，广西师范大学出版社，2012，第309页。
④ 〔美〕弗朗西斯·福山：《政治秩序的起源：从前人类时代到法国大革命》，毛俊杰译，广西师范大学出版社，2012，第309页。

央政治局常委会的成员，必须具有在多个省或经济部门的丰富行政经验。在反应性方面，尽管中国政治体系中没有正式的对下政治问责制，但中国公民有权起诉地方政府部门的不作为。① 这当然也是让他感到乐观的理由。但他清醒的分析也确实值得中国人深思。他指出，"英明领导下的威权制度，可能不时地超越自由民主制，因为它可作出快速决定，不受法律和立法机关的挑战。另一方面，如此制度取决于英明领袖的持续出现。如有'坏皇帝'，不受制衡的政府大权很容易导致灾难。这仍是当代中国问题的关键，其负责制只朝上，不朝下"②。如果他的分析是站得住脚的，那么，法治和责任制政府建设就是当今中国国家治理现代化的主要目标。

现在，新一届中共领导人提出了核心概念，那就是"国家治理现代化"。这个概念的提出基于这样的历史背景：改革开放以来，中国采用实用主义和渐进主义的改革策略，取得了举世瞩目的经济成就。但良好的经济绩效背后隐藏着深层的矛盾和问题：政经改革的双轨制虽然保持了转型期中国的政治社会稳定，但同时也带来政治改革与经济改革之间巨大的落差；发展主义取向的政经政策虽然带来强烈发展的激励机制，但在经济繁荣之下隐藏着深刻的生态危机、社会危机、认同危机；城市倾斜（urban bias）的建设策略和城乡二元的制度设计导致经济快速发展不但没有弥合城乡差距，反而使城乡差距、区域差距、阶层差距有不断扩大的趋势，并转化为各种各样的民生问题。

客观地说，中国决策层也不是没有意识到问题的存在，但东欧剧变的影响，使得决策者们对政治层面的改革多有顾忌，形成了评论家们所说的"维稳强迫症"，结果，本来是具体部门和具体政策引发的问题，却常常反应过度，将之归结为国家安全和政权安全的问题。为了"维稳"，政府不得不支付巨大成本，但效果却不甚显著，反而出现"越维稳越不稳"的怪圈。正是在这样的背景下，新一届领导人意识到了基于"维稳"的国家治理话语体系与基于民主法制的国家治理话语体系之间的不同，而且大体认定中国需要的是后一种国家治理理论。

那么，中国国家治理现代化的任务是什么？国家治理改革是一种以问

---

① 〔美〕弗朗西斯·福山：《政治秩序的起源：从前人类时代到法国大革命》，毛俊杰译，广西师范大学出版社，2012，第309页。

② 同上。

题为导向的现实主义改革，所以，要确定中国国家治理现代化的任务，首先需要考察目前中国国家治理存在哪些问题和不足。

第一，国家整合中的统一性不足。近代中国的现代转型是在外部世界的冲击之下发生的，这种复杂的内外转型环境，使时至今日的中国国家整合仍然存在问题，边疆民族矛盾、台港澳问题、内地各区域之间的地方主义等等都是国家整合不够的表现。在以往普遍流行的观念中，"统一"意味着"大一统"，意味着领土完整，主权统一，因此，说到"统一性"，人们恐怕只想到台湾问题和边疆问题。其实，国家建设中的"统一性"，还意味着市场、规则、标准、国民权益、司法判决、道路交通、信息网络的统一，等等。依此标准，中国国家建设的任务还相当艰巨。

第二，国民身份与权利平等不足。国家治理现代化要将其国民从臣民转换为现代公民，这要求每个公民享有平等的公民身份和法律面前人人平等的公民权利，而目前中国在区域之间、城乡之间、阶层之间、人群之间存在巨大的公共政策和公共服务的不平等。就拿社会福利保障来说，多年来，政府公务员、事业单位职工、企业员工、城镇居民、农村居民具有不同的福利体系，与之相连的是国民权利和待遇的等级制差别。此外，由于历史原因和制度限制，公民权利与行政地域紧密捆绑，而地区差别又比较大，这无形之中又加剧了国民权利的差距感。弱势群体往往集中在特定地区、特定行业和特定人群当中，而他们的状况又长期得不到改善，这难免助长地区矛盾和分化倾向。因此，赋予国民以现代公民身份和权利，形成平等的公共政策、均等化的公共服务，是国家治理现代化的重要任务。

第三，国家权力碎片化明显。由于历史、政治等多种因素，今天中国公共权力的私人化和碎片化严重，造成公共权力缺位、越位、错位的现象并存。这些现象转化为普通百姓的感受就是，作为公权力的国家无所不在，但有时候又无处可依，国家的强大与虚弱就这样悖论地纠结一起。以往"摸着石头过河"的试验性的双轨制改革策略，使得地方主义、行业主义、部门主义、寡头主义、利益集团分解国家利益的现象层出不穷，饱受公众批评。国家利益经常被碎片化、部门化、地方化，国家权力经常被扭曲、被切割、被肢解。所以，站在国家治理现代化的立场上看，这些现象以及与之相连的制度和政策应该首先被列为国家治理改革的对象。

第四，国家治理中法治和责任制水平不高。一个社会难免出现不公正现象，但如果法治和问责机制有效，不仅会减少社会不公正现象，而且会大大降低因为遭遇"不公正"待遇而采取极端行为乃至出现大规模抗议和政治革命的机会。国家权力既要有效，又要有限。国家权力的有效性首先表现为国家不同权力机关维护国家整体利益、推行国家意志的强制能力和行政能力，国家权力的有限性主要表现为对治理者权力的制约能力，而法治和民主问责就是现代国家为保障国家能力所采用的基本制度和方法。在国家与市场、国家与企业、国家与社会的关系中"政府主导"（或"权力主导"）成为基本趋向的国家，对于政府（权力部门）及其官员的要求会更高。但从现实情况来看，中国在具体的政策和制度实施过程中，政府的随意性过大，官员的自由裁量权过宽，以至于任何一级权力机关和掌握实权的个人，都可以"灵活"使用自己的权力，结果造成有法不依、执法不严、司法不公的问题大量存在。这不仅削弱了本来就较为薄弱的法治意识，而且严重地损害了法律的有效性和权威性，导致公共权力部门公信力不足。这些年不断增长的社会反抗、层出不穷的上访，甚至极端自焚等事件，其原因固然与公民权利保护欠缺、公共政策失当、历史包袱难以清理等因素有关，但实际上，法治和问责机制不落实甚至失灵，更是问题的关键。

第五，相对而言，社会自治性不足，导致权力部门"无限责任"和应接不暇。以上五方面的问题是中国国家治理现代化亟须解决的问题，如果无法完成这些现代国家建设的目标和任务，就谈不上国家治理现代化，更谈不上实现"中国梦"。

国家治理体系与治理能力的现代化是中共十八届三中全会引人瞩目的新提法。相比而言，国家治理能力的现代化，实则是现代化的国家治理体系运行的结果。因此，国家治理体系的现代化建构，相对于国家治理能力的现代化而言，具有明显的优先性。进一步来说，现代国家必须完成物质建设、军队建设、制度建设三大任务，而国家治理现代化首先要求进行基础制度建设考察各国发展的历史可以看到，现代国家要实现良好治理，必须做好基础建设。什么是国家的基础建设？谈到基础建设，人们一般只想到物质建设，诸如机场、道路、高楼大厦等物质工程建设——以 GDP 为核心的经济发展观念，其实就是这种认知的表现。事实上，现代国家必须进行和完成三大建设任务：第一，是物质建设，包括经济建设（生产建设，体现为厂房、设备等，保证足够的生产能力）、交通建设（物资运输体系建设，保证物流通畅）和信息建设（网络、通信以及公民信息共享体系建设，保证信息及时对称）。第二，是国防建设，即旨在维护国家利益的军事力量的建设，保证共同体秩序和安全。第三，是制度建设，包括基础制度建设和上层制度建设。其中，上层制度建设主要指政治制度建设（即政党制度、立法制度、选举制度、行政制度等）；基础制度包括：（1）包容性的国家结构制度（即涉及中央集权和地方自治关系的制度安排），（2）一致性的公民权益制度（包括全国统一的国民身份制度，平等的社会福利制度、就业制度、住房制度、医疗制度、教育制度等），（3）统一性的国家法治制度（旨在树立法律和司法独立性和权威性的司法制度），（4）多元化的国家社会组织制度（即公民参与社会生活的社区、社团以及公共服务的社会化制度等）。

在上述制度分类中，上层制度主要是政治家们在国家上层结构中开展政治游戏的规则，基础制度主要是老百姓以国家为共同体过好日常生活的规则。从政治学研究的角度来思考，国家治理的关键在于制度建设。而一个国家的制度建设，就是要尽可能避免"城门失火"的情况发生，至少，即使"城门失火"，也不让它"殃及池鱼"。所以，实现"城门"和"池鱼"的适度分离，并把"池鱼"保护好，应当是国家建设的首选策略。

对于一个国家来说，宪法和法律要统一，司法要统一，道路要统一，货币要统一，市场要统一，公民权益要统一，地区、城乡、社群之间的差别要尽可能缩小。就此而言，中国还未完成统一任务。因此，从中国目前阶段的实际情况来看，实现国家制度的统一性和公共服务的均等化是国家建设的主要任务。但是，在国家制度建设中，基础制度、基本制度、具体制度各有差别，应该区分不同的层面，采用不同的原则。

国家之间的竞争实际上是国家能力的较量。学术界对于国家能力的界定和解释很不相同。从比较客观的角度看，国家能力应该表现为军事能力、生产能力、组织能力、动员能力、信息沟通能力、资源配置能力、交通运输能力、创新能力、制度供给能力等等。

国家能力是国家治理体系和国家治理方式的结果。就当下的中国而言，国家基础制度建设的核心任务在于实现国家治理的统一性——不仅实现领土完整、政权统一，更主要的还在于实现市场、管理、标准以及公民权利的一致性和公共服务的均等化。进一步而言，今天中国新一代政治家必须承担历史使命，那就是利用党政体系所具有的力量和资源，消除社会的巨大差距，包括贫富差距、城乡差距、地区差距、民族差距、社会差距（官民差距），提高国家法治水平，尽可能为中国的未来发展铺平道路。

民主选举是传统政治面临的必然挑战，也是现代政治发展的方向。但是，在一个尚未完成国家建设任务的国家，或者说，在一个国家的统一性方面存在诸多问题的国度，民主选举也会给潜在的社会冲突提供机会。正如许多后发展国家常见的情形，因为社会建设和国家建设的任务尚未完成，被迫走上政治民主化的道路，结果，国家的发展经常被"民主的纷争"所困扰。在建设社会主义现代化强国的进程中，中国政治家可能的选择是，树立法治的权威，提高国家的法治水平，让任何政治问题尽可能变成司法问题。

一个国家如果不能再把家事和党事变成国事和天下事的时候，国家就现代化了。一个国家不再把政治问题变成军事问题而是变成司法问题的时候，国家就现代化了。国家治理现代化就是要让国家依法而治，尽可能让国家的发展不再受到具体个人、家族、党派的影响，至少让他们的变化不至于造成国家秩序的混乱。

三　全面深化改革的促进力量

自"中国梦"提出，学术界和社会各界一直在寻找一种高效可行的方法、手段推动这一目标的实现，如何治理国家，如何推进国家治理改革成为研究和讨论的主要方向。中共十八届三中全会提出"推进国家治理体系和治理能力现代化"之后，中国学术界对"治理"概念的关注热度，从对国家政治的关心提升为学术研究的讨论热情。一个核心的问题是：如何理解"国家治理"？怎么推动中国国家治理的目标和任务的达成？

"国家治理改革"与"自由民主改革"有所不同。过去，政治学家们往往把一个国家所推行的政治改革定义为"自由民主改革"，期望通过改革来建立一个自由民主政体，实现公民的自由民主权利，推动民主社会的建设。现在，中国政府把改革目标设定为"推进国家治理体系和治理能力的现代化"，我们可以把它简称为"国家治理改革"。在实现中国社会发展和繁荣的过程中，国家治理改革必然与之相伴随。人们也许会产生疑问，这与以往人们所理解的"自由民主改革"是一种什么关系？它是一种完全不同的改革，还是包含了"自由民主改革"内容的改革？如何理解它们之间的区别与联系？

关于以上问题的解答，政治学研究或许能够做出一点贡献。现代政治学关于政治发展的研究形成了两大路径，即以观念为导向的理想主义路径（ideal approach）和以问题为导向的现实主义路径（realistic approach）。前者基于启蒙运动的思想和观念，着眼于改善普遍人权，并且从人的全面发展的视角出发，着重研究一个社会如何更好地保障公民权利。因此，建立一个理想的自由民主的政体，建设公民社会，这一般被认为是国家社会发展的总目标和总方向，而一切与这一目标和方向相违背的变化都被判定为不具有合法性。后者基于既有的传统社会面对现代化冲击所遭遇的困境，关注如何重构稳定秩序的问题。因此，建立一个有效的权威秩序，被认为是社会发展的首要任务和基本条件，而政府能力或国家能力通常在这种研究模型中会得到特别强调。也就是说，国家治理必须解决政府能力的提升问题，实现强大有力的政府管理。

政治发展研究的现实主义路径认为，现代化扩大了人们的眼界，释放了人们的需求和欲望，增强了人们的行动能力，这一切对传统社会管理构成了挑战，通常转化为人们对于以往秩序和规则束缚的不满和抗议行为，从而造成社会不稳定。诚如美国学者亨廷顿所指出，现代性带来稳定，现代化造成不稳定；保持社会秩序的稳定性，积极的策略只能是通过制度的适应性变革，提高制度化水平，提升国家治理能力。正是基于这种认识和判断，政治学研究形成了"现代化"——"国家治理危机"——"制度变革"三者关系的理论模型。这一理论模型的直白表述就是：现代化转型引发国家治理危机，要求国家治理能力做出调整（制度需求）；政府（或执政者）只有通过制度体系的变革（制度供给）顺应这种趋势，才能化解和应对国家治理危机。

政治发展研究的两大路径与现实的改革政策直接相关。换句话说，基于"国家治理效能"的改革与基于"自由民主权利"的改革存在差别，正如基于"自由"的国家秩序观念与基于"治理"的国家秩序观念会有所差别一样。假如说存在不同的政治改革模式，那么，以"自由民主"为动力的政治改革和以"国家治理"为动力的政治改革,其侧重点也会有所不同。前者——基于"自由民主"的改革——可能强调社会的公平性,站在保障个体权利的立场上,关注如何让公民有更大自由与如何让公民有更多民主参与机会,因此其重点和路径通常是民主选举、言论自由,等等;后者——基于"国家治理"的改革——可能强调国家治理的有效性,站在国家整体绩效的立场上关注国家总体竞争力,强调国家的自主性、统一性和权威性。如果前者把民主化视为改革核心内容,那么后者或许会把法治化看作改革的首要任务。国家治理为动力的改革,社会法治将成为重中之重。这也是符合现代社会发展的普遍规律:越是高度发达的国家,公民法治素质和意识也越是完善,依法治国的理念和实践越是为人民所推崇和接受。

其实,上述两种路径的差别本质上反映的是对国家的不同态度。在政治学的学术传统中,国家既是个人自由与权利的保护和捍卫者,也是潜在的威胁和妨害者。这种态度体现在诸如早期"必要的恶"以及近期"诺斯悖论"(North paradox)的种种命题和表述中。这些表述都揭示了现代国家面临的双重任务:国家构建与国家治理——前者强调建构一个有效国家、有为国家的迫切性;后者强调对国家权力(政府权力)进行控制和治理,建立有责国家、有限国家的必要性。国家必须足够强大,这样才能具有足够的能力去完成该做的事情。但是,国家又不能过分强大,要防止它不受约束,滥用权力,践踏公民权利。如何让国家既有效又有限,这可谓现代国家的核心命题。

现代文献中最常见的关于国家的定义,是把它解释成拥有使用合法暴力的垄断性权威的机构,它也通常被人们用霍布斯(Thomas Hobbes,1588—1679)所谓"利维坦"怪兽来形容。但是,这样的认识,可能也多少带有误导的性质。因为,在所有的政治秩序中,国家也是法的来源,也是公民影响法律和公共政策、保护公民利益和自由权利的制度化平台。但是,正如一辆汽车的行驶需要两个系统——动力系统和制动系统的平衡一样,国家的发展也需要两种力量的均衡。既要让国家有能力,又要让国家权力有所限制,这是国家治理永恒的话题。历史上有许多例子:国家能力足够强大,因此可以崛起而成为一个"帝国"。但国家权力没有得到有效的制约,也使这样的"帝国"难以持续。因此,对于国家权力的有效制约就成为国家治理的关键,而如何实现有效性制约又成为国家治理现代化的重要标志。国家治理中所需的约束,是维护强大的国家能力却又避免走向极端的重要内容。

国家的发展首先需要国家(政府)具备足够的治理能力。但是,国家的持续发展必须要有良好的治理方式。《大转型:我们时代的政治与经济起源》(*The Great Transformation: The Political and Economic Origins of Our Times*)的作者卡尔·波兰尼(Karl Polanyi,1886—1964)认为,自由放任的市场社会的逻辑和体系必然引发也必须形成一种保护性的反向运动,政府要有足够的能力,同时也要有一种反制政府的力量,而这种反制力量在现代国家的表现,就是把政府权力"关进笼子里"的各种制度,也就是"法治"和"民主问责"的制度。所以,"依法而治"和"民主问责"理当是国家治理现代化的重要内容。

古典政治学秉持至善和正义理念,从思考什么样的生活是好生活、什么样的社会是好社会开始,进而追问什么样的政体是好政体;当代政治学从动态过程和技术操作的视角出发,把这一问题进一步转化为什么样的治理算是好的治理。许多国家按照良好政体的理想原则构建了自己的制度框架,但是由于维持制度运行的能力不足,而使国家陷入混乱。国家治理体现出来的对制度制约、维持的需要,是实现国家有效而又有限的必然要求。

既然国家能力有强有弱,那么治理也就可以分出高低,治理能力强,社会也就越稳定,反之,社会也将越是混乱,国家治理越是没有成效。国际学术界提出"治理"概念主要是针对那些"失败国家"或"脆弱国家"的,它们因为治理无效而成为失败国家。因此,提高治理能力成为这个概念的核心内容和主题。考察治理理论家们的观点,我们会发现,他们共同关心的问题是国家的治理能力。那么今天,对于中国来说,国家治理现代化该有什么新的内容?

自中国新一届领导人履新以来,关于如何治理国家,提出了许多论断,高层也做出了不少顶层设计。中共十八届三中全会提出要"推进国家治理体系和治理能力的现代化",至少释放了三个方面的改革信息:第一,"国家治理"强调的关键是"治理"。不管"治理"被定义为"协同治理",还是"治国理政",也不管追求社会自治,还是强调政府管制,总之不能"不治理"。"不治理"意味着放任主义；而要治理，就要有新规矩，就要建章立制，让官员和百姓都要明白，什么事情可为，什么事情不可为。第二，"国家治理"强调要站在"国家立场"上，以国家整体利益为目标，以国家长远发展为准则来设计国家治理的方案，而不能容许部门主义、行业主义、地方主义、寡头主义、特权主义任意宰制国家权力、切割国家利益。第三，"国家治理"强调要"现代化"。也就是说，"国家治理"要符合现代精神，遵循现代理念。"国家治理现代化"意味着国家治理者（执政党及其领导团队）要分享现代价值理念（如民主、自由、公平等价值），要遵守现代生活规则（如法治、开放、竞争、协商等规则），贯彻公平、正义、公开、透明等原则，坚持民主协商，实现依法而治。

十八大以后不久，习近平总书记提出"中国梦"，宣称新一届领导集体的任务就是努力实现"中华民族的伟大复兴"；十八届三中全会提出全面深化改革，推进国家治理现代化的战略部署；十八届四中全会又强调依法治国，提出建设法治国家、法治政府、法治社会的目标。这些重要讲话和纲领性文件为新一届政府的政策定下了基调，表明以"法治"为核心的"国家治理现代化"将成为改革施政的核心概念。新一届政府开始注重深化改革的力度，施政理念开始向国家治理现代化转变。

国家治理现代化，不仅需要政策指导、顶层设计，同时也需要社会各阶层、各方面的协调统一推进，换句话说，需要改革力量的推动，而最强烈的改革促进派分散在政府和社会中的不同领域。

在社会领域，第一支力量当属新兴社会组织和社会团体。改革开放以来，很多新兴的社会组织和社会团体发展起来，它们吸纳了大量的民间精英，他们有慈善的心态，有社会公益的心境，有参与社会管理的热情，他们以新型组织方式、新型服务供给方式、新型社会参与方式成为"增量改革"的主力军。由于目前法制体系还不够健全，如何法制化、规范化管理新兴的社会团体和社会组织，发挥它们应有的作用，是国家法制建设的重点。第二支力量散布于广泛的专业领域，主要包括医生、律师、工程师、教授，以及各行业的广大专业技术人员、专业管理人员和基层工作人员群体。这个群体所从事的职业，需要依照专业化原则，按照科学的规范和标准来管理，但是，既有的体制和机制可能在很多方面与其职业原则和理想发生冲突，束缚了他们的积极性和创造性。政府系统中也有一批有理想、有抱负、对中国问题认识比较真切、对中国未来发展有使命感的人群,他们也是改革的主要力推者。第三支力量主要圈定在企业(尤其是私营企业)的管理层和从业者。他们希望改革能够给他们带来更好的投资环境、更大的利润空间、更规范的行为方式和更透明的政商关系。特别值得一提的是,多年形成的政商关系潜伏着很大的危机。这与国家政治生活密切相关。近些年来,随着社会公平运动的发展,反腐力度的不断强化,一些企业界人士要么深陷其中,要么深感忧虑。第四支力量分布于媒体,特别是新兴媒体运转的各个"界面"和流程当中。近些年来,新兴媒体与传统媒体的竞争日渐激烈。新兴媒体背后蕴藏着新观念、新视角、新方式,其广大管理者和从业者经常让传统的管制模式捉襟见肘、疲于应付,他们也希望通过改革来形成一种新的政府管理模式。第五支力量集中在包括农民在内的社会中低阶层。当年,生产责任制出台,农民是最重要的推动者,也是最大的获益者。随着城镇化的进一步发展,农民开始成为改革的边缘人甚至受害者。他们难以享受社会保障体制的福利,又深受城镇化"留守"之苦,中央的惠民政策对他们来说就像流向沙漠的河流。城市也有很多中低收入者,他们对于诸如医疗、社保、教育等社会福利具有强烈期待。第六个不能忽略的群体,是以大学生、研究生为代表的年轻一代,他们不希望墨守成规的生活,渴求公平的社会制度、开放的社会体系,希望他们的梦想以合理的方式得到实现。他们渴望改革能让他们面对就业、住房、结婚、子女入学等诸多压力有盼头。

总而言之,中国改革促进派的人群分布广泛,规模庞大,现在的问题是,如何将他们的改革期盼转化为对改革政策的理解、支持和尽心尽力的行动。在推动国家治理现代化建设,发挥好促进改革力量作用的过程中,同时也是体现出让发展的成果为全体人民所共享这个要求。为此,需要坚持的原则是:第一,要释放足够的、透明的改革信息,让民众尽可能清楚地了解改革之风刮向何处;第二,要尽可能减少改革理念和政策的不一致、碎片化,保持改革方案的整体性和时段性的统一;第三,要消除民众的疑虑,让改革具有以民为本(而非以官为本)的倾向性,避免空喊宏观层面的口号,注重微观层面的操作性和不同民众真切的"获得感"。

全面深化改革,推动国家治理能力现代化,让改革促进派尽早入轨,要求选人用人制度改革,让有才能的社会精英能够有进入服务的机会,唯有人才到位，改革才能有推动力，选人用人制度改革的根本目的是打破固有的人事制度瓶颈，在改革决策和执行中能够吸纳更多的改革促进派加入其中。为此，可能需要考虑如下几方面的工作。

第一，要扩大公共职位的招聘范围。扩大公共职位招聘范围意味着，一方面，公共职位要向全社会开放；另一方面，用来招聘的公共职位本身在级别范围和层级方面也要尽可能扩大。改革促进派具有新锐的思想、活跃的思维，公共职位招聘范围的扩大应该尽可能包容这一群体的显著特点。第二，要增加公共职位的竞争性。由于没有清楚地区分"政务官"和"事务官"的角色，所以，以往的用人体制难以摆脱按部就班、论资排辈的困境。现在，要让新鲜血液融入既有体制，特别要将德才兼备的后起之秀推上决策和执行的岗位，就要通过合理的竞争机制来实现。要实行科学的职位分类制度，并将考任制、委任制、选任制、聘任制等用人制度分门别类地运用到不同的职位和群体中，从而在制度层面上提高选人用人的规范性和竞争性。第三，要规范公职部门招聘，提高招聘的职业（专业）门槛。中国不乏秘书当政、司机当政、领导亲戚当政的例子，说的是某位领导的秘书、司机、亲属后来变成了某个部门的负责人或一把手。不少地方政府的重要职位被地方领导班子的亲信"私分"，大家通过所谓"人才储备"、"公开招聘"、"竞争性上岗"等方式，互相聘用，这种现象固然是官员腐败的表现，但也与公职部门进入机制的不规范、专业化门槛低有直接的关联。第四，要推广干部培养的梯队建设制度。20世纪80年代，有一个重要制度——"第三梯队"，如今这一群体成为国家治理的精兵强将。在改革成为时代趋势的今天，诸如"第三梯队"的人才培养和储备计划也应该建立和推广起来。这样的制度会给年轻的改革派干部提供一种长远预期的机会和信心，使他们在面对诱惑的时候，能够提高选择遵纪守法、清正廉洁的自觉性，增强他们天下为公的情怀和长远规划的能力。第五，从长远来看，要寻求建立干部的退出机制。干部用人体制本来应该是一个活的流动体系。没有退出机制，官员的福利和特权不仅会成为国家运行的包袱和障碍，而且会严重阻滞新生力量及时进入和升级。目前我们的干部退出机制主要依赖"自然"、"自爆"机制和"反腐清理"运动。一个理想的体制，应该让干部（政务官）岗位有进有出，能上能下，让干部在退出之后仍然能够找到自己的位置。建立干部人事制度的退出机制本身就是改革的目标，它的关键在于建立具有普遍性的公民社会福利制度，取代旧有的特权体制。

当然，随着改革的不断深入，国家也有意识地朝着这个方向在努力。近年来的国家公务员制度改革，包括《中国共产党巡视工作条例（修订稿）》《关于推进领导干部能上能下的若干规定（试行）》在内的条例和规定等于2015年相继出台，首先，旨在加强对干部的管理，建设廉洁高效，推动干部队伍"四化"建设。其次，完善公务员薪酬待遇福利，尤其是基层公务员，一方面，加大基层公务员考核锻炼，从基层选拔有能力有才干的年轻干部；另一方面，逐步提高基层公务员待遇，不仅提供基层公务员做事的平台，同时也保证基本生活待遇，使之能够全心全意服务于社会治理和国家建设。总之，保证国家治理改革推动力量能够发挥出应有的作用，是中国治理现代化的必要基础。

第一章 现代国家构建的理论与路径

国家是现代世界最主要的构成，我们绝大多数人都生活在特定的国家当中，国家的有效运转与我们每一个人的命运息息相关。自有国家以来，历经沧海桑田，其形态纷呈多变，有城邦国家形式，有庞大的帝国形式，今天，世界上普遍采用的是民族国家形式。

国家是人们活动的核心场所，也是历代政治学家关注和研究的核心话题，直到今天仍是政治学研究者所关注的焦点。自古希腊时代，思想家们就展开了对国家的研究，柏拉图的《理想国》和亚里士多德的《政治学》对国家的政体形式就展开了深入的讨论，至今仍是不朽名著。近代，关于国家的作品则更多，如马基雅维利的《君主论》、霍布斯的《利维坦》、洛克的《政府论》、密尔的《代议制政府》、恩格斯的《家庭、私有制和国家起源》等等。学者们从不同的立场出发，探讨了国家的不同侧面，马克思和恩格斯则创造性地提出了马克思主义国家观。这些研究者既研究了国家是什么，也研究了国家应该是什么；既研究了国家的历史发展，又研究了国家的现实状况；既研究了国家结构和组织，又研究了国家的功能和作用。概括来说，这些研究包括：国家的目的、国家的起源、国家的性质、国家的结构和形式、国家的功能、国家能力、国家自主性、国家与资本以及生产关系之间的关系、国家与社会之间的关系、国家权力机构之间的关系等等。

现代国家构建（state-building）是 20 世纪 60 年代末至今国家理论研究

的一个最主要流派，该理论产生后不仅引起了众多西方知名学者的关注和研究，产生了重要影响，而且也吸引了很多中国学者的参与和讨论。现代国家构建理论的现实关怀是二战之后第三世界国家的国家秩序构建、国家能力提高、经济发展和民主建设等问题，然而，现代国家构建理论的主要研究焦点却是西欧国家15世纪左右开始的现代民族国家建立过程，通过这一过程，西方世界迅速崛起，在政治上建立了现代国家政治体系。国家构建理论主要讨论的是民族国家的形成、国家自主性、国家能力、民主的发展以及国家与经济发展之间的关系等关于国家发展的一系列重要问题。讨论国家构建话题的主要代表性人物有塞缪尔·亨廷顿（Samuel Huntington）、查尔斯·蒂利（Charles Tilly）、西达·斯考切波（Theda Skocpol）、托马斯·埃特曼（Thomas Ertman）、安东尼·吉登斯（Anthony Giddens）、戴维·瓦尔德纳（David Waldner）、弗朗西斯·福山（Francis Fukuyama）等。

改革开放之后，我国民主政治稳步发展，法治建设有序进行，政府机构职能调整和机构改革同步进行，我们国家正逐步向现代国家迈进。十九大报告提出当前中国的社会主要矛盾发生了新的变化，已经转化为"人民日益增长的美好生活需要和不平衡不充分的发展之间的矛盾"，中国特色社会主义已经进入新时代，"从十九大到二十大，是'两个一百年'奋斗目标的历史交汇期。我们既要全面建成小康社会、实现第一个百年奋斗目标，又要乘势而上开启全面建设社会主义现代化国家新征程，向第二个百年奋斗目标进军。"① 因此，深入分析和探讨国家和现代国家构建的理论，对于我们"全面建设社会主义现代化国家新征程"具有重要的基础性知识铺垫作用。

第一节　关于国家的主要理论

一　古希腊城邦理论

关于国家的讨论，在古希腊时代，已经被以柏拉图和亚里士多德为代

---

① 习近平：《决胜全面建成小康社会　夺取新时代中国特色社会主义伟大胜利——在中国共产党第十九次全国代表大会上的报告》，人民出版社，2017，第11、28页。

表的研究者深入探讨了。古希腊时代的国家学说事实是城邦学说,柏拉图和亚里士多德讨论的主要话题是城邦的产生、目的和组织形式等重要问题。

关于城邦是如何产生的问题,柏拉图主要认为城邦的产生是由于社会分工的需要,因为每一个人都不能单靠自己达到自足,大家需要许多东西,这些东西只能通过与他人的交换获得。而且更为关键的是每个人只做一项适合他性格的工作,放弃其他的事情,专心干一行,这样才能把事情做得又快又好。一个正义的城邦需要生产者、护卫者和统治者各司其职,把各自的工作做好做精。

亚里士多德认为城邦的产生是自然的,是由人的自然本性所决定的,人天生是政治动物,自然要生活在城邦当中,就像一粒种子要长成一棵大树那么自然而然,只有生活在城邦之中,人才能实现自己的价值,成为真正意义上的人。城邦由若干村坊组成,村坊由若干家庭联合而成,而家庭则是由男女和主奴这两种关系结合而成。为了人类的繁衍生息,男女结合是一种生理自然;主奴结合也是自然的,人与人的天赋秉性不同,有人天生赋有理智,遇到事情可以冷静处理,于是这部分人就自然成为统治者,还有一部分人具有超凡的体力,能担任他人凭借智慧而安排的工作,于是他们自然成了被统治者。家庭是人类为了繁衍生息和日常生活而组建的社会基本形式;村坊则是在此基础上扩大了人类的生存半径而由若干家庭联合而成的初级形式;只有当若干的村坊组成了国家的时候,社会才进化到高级而完备的形式。

柏拉图和亚里士多德都认为城邦的存在是为了实现某种价值,柏拉图认为城邦的目的是为了实现正义,亚里士多德认为城邦的目的是为了实现善,从这个意义上讲,他们师徒二人都持有一种伦理主义的政治观念。亚里士多德认为城邦是为了实现共同善的结合体。城邦不仅满足个人的生活需要,而且在更高层次上满足了公民过一种更美好、更高尚、更幸福的生活需要。

关于城邦的组织形式,也就是政体,柏拉图和亚里士多德也进行了广泛的讨论。柏拉图继承了苏格拉底"美德就是知识"的观念,根据这一观念掌握了知识的人就自然具有了美德。对于国家来说,"美德即知识"意味着存在着一种客观的良善美好的政治生活,这种生活是可以通过研究来获得的，而且也可以通过教育来传播。最具有知识的人就最具有美德，也就最适合担任城邦的领导者，以传播知识和善，促使公民过良善美好的生活。

在《理想国》中，柏拉图描述了一种哲学家统治的政体，这种政体是正义的、智慧的、勇敢的、节制的。好的政体可以有两种名称：王政或贵族政治。如果有一个卓越的人掌握政权就叫做王政，如果由两个以上这样的优秀人物掌握政权就是贵族政治。在《法律篇》中，柏拉图认为现实中最好的政体是一种混合政体。君主制和民主制是一切制度的母制，君主制代表着智慧，民主制是多数人的统治，民主之下的人们渴望自由。波斯人把君主制推向了极端，雅典人把民主制推向了极端，一个国家过于渴望单一的君主制原则，一个国家过于渴望单一的自由理想，结果任何一个国家都不能保持稳定。最好的办法是把君主制的智慧和民主制的自由结合起来，一个国家才能既享有自由又具有良好的判断力，从而实现政治上的平衡。

亚里士多德认为现实当中最好的政体是以中产阶级为主导的混合政体。在亚里士多德看来，每个城邦里都有两种理由要求统治：一个根据财产权利要求统治，这是少数人的统治，也被称为寡头政体；另一个根据人数的多寡要求统治，由于平民总是多数，依据人数实行统治的城邦也被称为平民政体。富人容易傲慢自负践踏法律，穷人特别是赤贫者倾向于恶毒、下贱和卑鄙，容易觊觎他人的财物，所以寡头政体和平民政体都不稳定，容易引起内乱。亚里士多德认为共和政体是最好的制度，共和政体混合了寡头政体与平民政体的优点，要实现这种政体，就必须拥有大量中产阶级，相比多数和少数，中产阶级更加理性，他们的强大对于缓和、平衡富人与穷人的冲突从而保持社会的稳定具有重要作用。

从柏拉图和亚里士多德的城邦学说中，我们发现古希腊的国家观念中包含了很多道德成分，政治和道德在他们两人的学说中并没有分开，城邦的目的是为了实现正义和善，对于亚里士多德来说，城邦本身就是最高的善。古希腊的这些国家观念后来被马基雅维利等人批判，但是，我们也要认识到古希腊国家观念和当时的政治现实密切相关，而且更为关键的是古希腊的国家观念对于我们思考国家的价值和目标具有重要的意义。

二 基于国家起源的社会契约理论

国家起源于社会契约的思想最早在伊壁鸠鲁的论述之中就有提及，真正让社会契约论成为主流思想的是近代霍布斯、洛克和卢梭等人的论述。社会契约论是一种抽象的理论，不是国家产生的历史现实。这种国家起源理论想要说明的问题是比较明显的，就是假想一种状态，从而论证国家应该承担什么样的功能，或者国家应该如何去组织。这些问题很大程度上取决于思想家对自然状态和订立契约的方式的假设。

自然状态是一种没有政府的状态，正是因为这种状态存在着诸多不便，才使人民需要订立契约，从而结束自然状态，进入国家状态，所以，国家状态需要比自然状态好。如果国家状态还没有自然状态好，那么就没有必要订立契约，也就没有必要建立国家。如果思想家设想的自然状态过于糟糕，那么订立的契约，设置的国家权力可能就比较大，管制的范围可能就比较广，就可能倾向于国家主义，霍布斯就是例证。反之，如果自然状态没有那么糟糕，那么订立的契约，设置的国家可能管理的事务就比较少，对国家的限制可能就比较多，洛克就是例证。如果对理想社会的描绘比较美好，那么订立契约后，国家的权力也可能比较大，卢梭就是例证。另外一个比较重要的概念是自然权利，自然权利是人作为人的权利，正是自然权利被侵害，人要维护自己的自然权利，所以才需要订立契约，成立国家，建立政府。所以，如果在国家状态之中，连人们的自然权利都不能保护甚至还要侵犯的话，那么公民就有反抗暴政的权利。

霍布斯把自然状态描述为"一切人反对一切人的战争状态"。在自然状态之下，人是自由的，有充分的自然权利，其中最重要的自然权利是保存自我，为了实现自我保存，人们就设法控制或征服他人，相互疑惧，彼此争斗。霍布斯认为在人类的天性中有三种造成争斗的主要原因存在，第一是竞争，第二是猜疑，第三是荣誉。在这种状态中，人的生活孤独、贫困、卑污、残忍而短寿。在这种人人互相为敌的战争中，没有什么是不公道的，财产权、是与非、公道与不公道的概念在这里没有存在的余地。因为，当时没有公共权力，没有法律，没有法律就没有公道。为了摆脱这种可怕的自然状态，社会契约是人类的必经之路。人们通过订立契约，把大家所有的权力和力量托付给某一个人或多人组成的集体,这个集体能通过多数人的意见把大家的意志转化为一个意志,即指定一个人或一个由多人组成的集体来代表他们的人格,大家统一于一个人格之中。通过相互订立契约,人们把自己的自然权利转让给一个统治者来支配和管理,在他们之间建立起一种公共权力,实行公正的裁决,避免无穷的争斗。根据这种契约,人们从自然状态过渡到社会状态即国家状态,于是就形成了国家——伟大的利维坦。

在霍布斯看来,国家的最主要特点是拥有主权,它是一个国家当中的最高权力。具体而言,国家主权包括:为了国家的和平与安全而制定法律,征收赋税,对外宣战、媾和等等。霍布斯吸收和继承了布丹的国家主权理论,认为主权是绝对的和不可转移的,同时也是统一的和不可分割的。霍布斯认为最好的政体是君主政体,因为君主政体之下,主权者和人民的利益是一致的。在贵族政体或民主政体之下,主权者具有双重人格——人民利益的代表和他自己或亲友的利益的代表。而君主制下,人民将全部权力交给了君主一个人、国家的利益就是君主一个人的利益、国家的荣誉就是君主一个人的荣誉。霍布斯通过主权说将国家主权绝对化、不受任何限制;同时又认为主权者为一人时是最好的国家形式,这就使这种绝对主义的国家主权说最后变成了一种拥护君主专制的理论。

洛克描述的自然状态与霍布斯差别很大。洛克认为自然状态是一种自由状态,人们可以用自己认为合适的办法来决定自己的行动,处理自己的人身和财产,而无须得到别人的许可或听命于别人的意志。自然状态也是一种平等的状态,一切权力和管辖权都是相互的,没有一个人享有多于别人的权力。尽管自然状态是自由和平等的状态,但却不是放任的状态,洛克认为自然法支配着自然状态,教导着人们自我保存,同时又维护着全人类。

洛克认为,自然状态中,人人虽然自由和平等,恪守着理性所规定的自然法,但是,自然状态也存在着诸多不便利。第一,缺少一种明文规定的、众所周知的法律;第二,缺少一个有权依照法律来裁判一切争执的公正的裁判者,因为让人们用自然法来裁判自己的案件,难免会造成不公正的判决;第三,缺少一种权力来保证判决的执行,从而使纠纷无法得到解决。正是上述情况的存在,促使人们订立社会契约,自愿放弃为了保护自己和别人的自然权利而单独执行自然法的权力,而把这部分权力交给社会,由社会委托给立法机关或指定的专门人员按照社会全体成员的共同意志来行使。在订立社会契约的基础上,人们摆脱了尽管自由却也存在恐惧和危险的自然状态,进入政治社会,成立国家,设立政府,产生了公共权力和法律。

洛克通过自然状态和自然法的逻辑假设和推论,回答了国家权力的起源与归属问题。国家起源于人民的"社会契约",主权属于人民,人民通过协议将权力授予组成国家或政府的人。政府的目的只是为了保护个人的财产权、自由权和生命权,这三种基本人权成为衡量政府合理与否的标准;在衡量政府行为是否合理的问题上,人民始终都保留着革命的权利。洛克将人的基本权利——生命、财产、自由——当作一切政府权力的最终目的,为了保障自由和财产,他让立法机关控制行政机关,社会控制政府。他的理论体现了一种怀疑主义的精神,即对政府和国家抱有不信任感——政府和国家的存在都是为了维护个人的权利,而个人的权利的不可取消性则成为政府与国家权威的限度。

社会契约论在历史上是一个巨大的进步,因为人们完全可以不依靠神和上帝,可以通过自己的理性来安排他们的政治生活,产生他们的国家。社会契约论本身蕴含着自由主义思想、有限政府思想和民主思想。英国当代著名保守主义思想家奥克肖特(Michael Oakeshott)这样评价道:"在以英文写成的政治哲学著作中,《利维坦》是最伟大的杰作,也许是唯一的杰作。我们的文明史仅仅可以提供少数著作,能够在广度与成就方面与《利维坦》相提并论"①。奥克肖特尤其强调霍布斯的个人主义哲学对西方近代自由主义的贡献:"尽管霍布斯本人不是一个自由主义者,但他的哲学比大多数自由主义的公开倡导者的学说包含更多的自由主义成分"②。洛克的政府理论是一种有限政府,这种限制的条件是政府权力必须以保存人的生命、自由和财产权利为目标,也就是说政府本身不是目的,而只是保障个人独立自由的工具。倘若政府不为这个目的服务,人民有权废除原先的契约——也就是人民拥有革命权。卢梭的社会契约思想则逐渐使民主成

---

① Machoael Oakeshott, *Introduction to Hobbes's Leviathan*, Oxford: Basil Blackwell, 1946, p. viii.
② Ibid., p. ivii.

为政治合法性的最主要来源。

三　新制度主义经济学的国家理论

新制度主义经济学是经济学家科斯和诺思等人创立并发扬光大的。新制度主义经济学家关心的问题是到底是什么原因促进了经济的增长。传统经济学认为资本积累和技术进步等是经济增长的原因，国家在传统经济学的理论中处于边缘地位。新制度主义经济学家认为资本积累和技术进步等是经济增长的结果而不是经济增长的原因。

诺斯在《经济史上的结构与变迁》一书中，回顾了经济史上那些成功的国家，比较典型的是17世纪的荷兰和18世纪的英国，这两个国家在人类历史上率先打破了马尔萨斯人口定律，成为世界强国，最主要的原因是这两个国家在各自的历史上，通过国家的力量界定了有效的产权和交易规则，降低了交易成本。反观经济史上的那些失败国家，主要原因就是没有能够发展出一套有效的产权、交易制度和规则。

诺斯指出国家既是经济增长的动力，又是人为经济衰退的根源，这被称为诺斯悖论，通俗地讲就是没有国家，很多事情办不成，但有了国家，也会带来很多麻烦。强大的足以保护产权和实施合约的政府也同样强大到可以剥夺公民的财产。国家具有"经济人"属性，作为"经济人"，国家具有以下特征：第一，国家为获取收入，为公民提供保护产权与维持社会公正等服务。第二，国家并不是中立于各社会集团，而是一个"带有歧视性的垄断者"。国家将每个选民团体分开，分别为其发明产权以使收入最大化。第三，国家统治者面临着国内国外潜在统治者的竞争，这种竞争压力构成对统治者行为的有效约束。

国家如企业一样，这一组织在实际的运作中也要遵循自身利益最大化的经济原则，其行为要受成本—收益原则驱使。一方面，国家要使统治者的租金最大化；另一方面，要减低交易费用以使全社会产出最大化，从而增加国家税收。这两个目的常常是不一致的，如果国家想使自己的租金最大化，就常常伴随着一套低效的产权制度，进而不能使自己的产出最大化；如果国家想使产出最大化，就要求国家提供完全有效率的产权制度，进而不能使自己的租金最大化。从历史进程来看，统治者为了使租金最大化而实施的产权制度常常与降低交易费用和促进经济增长的有效率的制度之间存在着持久的冲突,进而不能使社会实现持续的经济增长。

作为国家理论和产权理论的补充,诺斯还建立了意识形态理论。诺斯认为有效的意识形态必须具有解释功能,能够解释历史并对现行产权结构及交易条件有所说明,同时,也要具有吸纳功能。"成功的意识形态必须是灵活的,以便能赢得新团体的忠诚,或随着外部条件变化也得到老团体的忠诚。"① 最为重要的是,成功的意识形态必须具有节约功能,必须能够帮助克服搭便车现象,以节约交易费用。

新制度主义经济学的国家理论主要着眼点是国家的经济作用。国家制定出一套正式而有效的产权保护制度才是促成欧洲以及美国崛起的最根本原因。因此,根据新制度主义经济学的理论,一个国家的改革和发展,最为关键的是产权制度改革,成功的改革必须有效进行产权变革,以激发人们的积极性。

四 马克思主义的国家理论

国家观是马克思主义政治学说的重要组成部分。恩格斯还专门写过《家庭、私有制和国家的起源》一书,该书以国家问题为中心,系统阐述了家庭、氏族、私有制、阶级和国家这些社会关系或社会组织发生、发展的历史规律。

国家不同于氏族的主要点是:按地区划分国民,设立公共权力机关,不论是君主制,君主立宪制或共和制,本质上都是阶级统治的工具。国家设有公共权力,包括代替居民自动武装的特殊的武装部队,即常备军、宪兵、警察等以及它的物质附属物,如监狱、法庭等各种强制机关,目的是为了统治和镇压占人口绝大多数的被统治者,维护国家的稳定。为了维持国家的公共权力,使这种权利得以巩固并顺利实现,国家必须要向公民征收捐税,当捐税不够时,国家还要发行公债,以满足政府庞大的支出。国家为了维护自己的公共权力和征税权,就需要有一支专门的官吏队伍。这

---

① 〔美〕道格拉斯·诺思:《经济史上的结构和变革》,厉以平译,商务印书馆,1992,第61页。

些官吏作为日益同社会脱离的权力的代表，只能依靠特别的强制性法律来取得尊敬、地位和权威，因为这种"权威和尊敬"是凌驾于社会之上的，所以与氏族社会自由、自愿的尊敬大相径庭。

关于国家的起源，马克思主义认为国家起源于社会。马克思主义认为，国家作为一种历史范畴，是社会内部矛盾运动发展到一定阶段的必然产物。在原始社会时期，生产力低下，没有剩余产品，不存在剥削，所以国家也就没有存在的必要。国家是在社会分工发展、家庭关系发展、私有制和阶级产生、氏族制度瓦解的基础上产生的。国家是强势阶级实现自我利益的理性选择，是生产过程中法权关系的体现。恩格斯在《家庭、私有制和国家的起源》一书中指出，国家是在社会当中内生的，是在私有制和阶级发生与发展的基础上产生的，是阶级矛盾不可调和的产物。

关于国家的本质，马克思主义认为国家是阶级范畴，本质上是阶级统治。国家是社会历史发展到特定阶段的产物，是阶级矛盾不可调和的产物，因此，它是在社会经济关系中占据主导地位的阶级用以实现和维护其统治地位的工具。国家作为公共利益代表的形式不是其本质。国家在形式上凌驾于社会之上，代表公众的利益。但是，国家中立于社会之上的形式并不是国家的本质，隐藏在这种形式背后的，是国家的阶级本质。国家是统治阶级政治秩序的维护者，统治阶级为了维护和实现自己的利益，必须缓和阶级冲突和矛盾，努力把它们控制在"秩序"的范围内，这就需要国家这种特殊的公共权力设置，履行统治与缓和、压迫与控制的多重职能。私有财产制度是国家产生的经济基础，阶级矛盾尖锐化是国家产生的政治基础，社会越向前发展，脑力劳动同体力劳动的分离就越明显，社会专业化程度就越高，从而就要建立一种特殊的机构来管理社会和实行阶级压迫。

关于国家的职能，马克思主义认为国家具有政治统治职能和社会管理职能。政治统治是指在阶级社会中，掌握了国家政权的统治阶级在政治领域对被统治阶级进行的统治，以保障其在经济上的统治地位和利益。国家统治实质上是阶级统治，是指经济上最强大的、占优势地位的阶级，为维护和强化既定的政治关系与社会秩序，通过国家权力而对全社会所进行的一种强力支配与控制，其本质是政治斗争中最强大的政治势力对社会的支配与控制行为。尽管现代国家是资产阶级统治的工具，但是，它也必须对社会的共同事务承担管理职能。"这些共同事务包括基础设施的建设、水利工程的实施、公共交通、公共邮政、公共行政、警察和国内秩序的维持、财政税收、军队和对外战争等等。所有这些共同事务，都超出了某个统治阶级的范围，而涉及全社会每个成员的利益。"①

关于国家的制度形态和国家的发展，马克思主义认为社会主义国家代替资本主义国家是历史的必然，同时，国家是一个历史范畴，并非自古以来就存在的，国家是社会经济发展到一定阶段，因统治阶级控制社会上不同阶级之间对立的需要而产生的，也必然会随着阶级的消失而消亡。资本主义社会在政治层面上实现了自由平等权，实现了人的政治解放，但在经济社会层面的权力依然没有解放，这种形式平等而实质上的不平等是资本主义社会最大的问题。资本主义的基本矛盾，即生产的社会化和资本主义私人占有制之间的矛盾使资本主义经济危机呈现周期性爆发的现象。因此，废除资本主义私有制，实现生产资料的社会占有，成为现代生产力发展和生产社会化的必然要求，无产阶级革命和社会主义则是实现这些要求的根本出路。国家作为一个历史范畴，随着生产力发展而产生，也必将随着生产力的高度发达而消亡。当生产力高度发达，社会高度自治的时候，国家的阶级职能退化，社会职能加强，最终走向自由人的联合体，但是，这一过程将会非常漫长。

第二节 现代国家构建理论

一 现代国家构建理论产生的背景

国家构建理论兴起的背景有如下两点。第一，国家构建理论的兴起与对行为主义政治学的反思有关。20世纪40年代开始，美国政治学界发生了"行为主义革命"，行为主义政治学主张对传统政治学进行革新，其中在研究对象上，行为主义以政治行为为研究中心，正式的制度被认为是政治生活的次要因素，被排除在行为主义政治学研究视野之外。行

---

① 郁建兴：《马克思国家理论与现时代》，东方出版中心，2007，序第4页。

为主义政治学者认为国家的概念是含糊不清的,必须被摒弃,他们主张用"政治体系"(political system)这一概念来代替。戴维·伊斯顿(David Easton)的《政治生活的系统分析》和加布里埃尔·阿尔蒙德(Gabriel Almond)的《比较政治学——体系、过程和政策》等著作都用"政治体系"(又译"政治系统")替代"国家"这一概念。行为主义对制度和国家等重大问题的忽略受到了多方批评,新制度主义研究者认为行为主义者要想解释和分析行为产生的原因,必须要研究行为发生或者实现的制度环境。20世纪70年代,国家概念又重新成为政治学研究的重要概念,这些学者被称为"回归国家"学派,他们关注的都是政治学当中的重大问题,诸如现代国家及其具体的政治经济制度是如何建立和发展起来的?革命为何会发生在此时此地而没有发生在彼时彼地,不同国家革命的方式和道路为什么差异如此之大?民主与独裁的起源是什么?福利国家的体制是如何演变的?为什么有的国家能够建立起有效的民主制度,而另外一些国家却不能?

第二,二战之后,随着第三世界国家纷纷独立,研究这些国家如何从传统国家向现代国家转型的现代化理论在美国迅速兴起。现代化理论基本上认为西方国家是自由民主开放的,发展中国家是独裁专制愚昧落后的,要实现社会的稳定发展,就必须学习和模仿西方国家,在政治上实行代议制民主,在经济上建立自由市场经济体系。现代化理论产生后就遭遇到了挑战和反思,早在1968年,亨廷顿在《变革社会中的政治秩序》一书中,就指出第三世界各国首先要解决的问题可能并不是民主的问题,而是如何建立一个强有力的政府,以维护社会的秩序与稳定。国家构建的研究者们认为必须要深入研究西方国家构建的过程,才能为第三世界国家的构建提供指导和帮助。比如查尔斯·蒂利就认为,现代化理论研究专家们对西方经验的解读基本上都是错误的,这种理论美化了西方国家政治发展的历史道路,必须重新分析和解释西方国家的构建过程。国家构建理论的许多著作虽然研究的是欧洲国家崛起过程中的政治经济制度构建问题,但是关注的问题却是第三世界国家的转型和发展问题。20世纪90年代初期,该理论介绍到中国之后,就得到了中国学者的广泛关注和深入研究。

二 西欧民族国家的构建

现代民族国家在15~18世纪之间发端于欧洲。赵鼎新指出西欧民族国家的建立过程至少有5个特征：第一，原来属于贵族和地方势力的权力逐渐集中到国家手中。在民族国家形成前，欧洲的贵族拥有税收、立法、司法、铸币，甚至军队等权力。在民族国家形成之后，地方贵族就丧失了这些权力。第二，在民族国家形成前，绝大多数国家只有相互重叠的影响区域而没有一个固定的边界；在民族国家形成过程中，不同国家都想建立自己认为合理的边界甚至是势力范围。因此，与民族国家的形成过程相伴而来的是军事扩张和频繁的战争。民族国家是战争的产物，同时又随着战争的发展而发展。第三，民族国家形成的要素之一是民族主义意识形态的建立。第四，为了更有效地对内控制人民、对外进行战争，民族国家形成过程中往往伴随着官僚体制和常备军队的建立。第五，一个民族国家要使居住在其疆域内的人民都接受一个共同的民族认同感，要负担起越来越多的在传统国家中由个人、家庭和村落负责的事情。伴随着民族国家兴起而来的是各类现代基础设施的建立，包括公共教育、现代交通、现代通信等等。[①]

当前，国内研究国家构建的学者引用最多的观点是查尔斯·蒂利关于西欧民族国家的构建理论。1929年，查尔斯·蒂利出生于美国伊利诺伊州一个工人阶级家庭。1958年，蒂利在哈佛大学取得博士学位，师从巴林顿·摩尔（Barrington Moore，1913—2005）。蒂利的研究横跨社会学、政治学和历史学，而且在每一个学科都建树颇丰。2008年，蒂利因淋巴癌不幸在纽约逝世。蒂利关于国家构建的理论主要有三部著作：《西欧民族国家的形成》（1975）、《强制、资本与欧洲国家》（1992）和《欧洲的抗争与民主》（2004）。

蒂利认为政治发展的理论存在着许多问题，把欧洲过去的经验当作政治发展的标准，是一种目的论，很容易引起误导，也根本不能解释第三世界国家的政治现象。不仅如此，蒂利认为政治发展理论对于西方经验的解

---

① 赵鼎新：《社会与政治运动讲义》，社会科学文献出版社，2006，第109~111页。

读也是错误的,其存在三重曲解:"第一是将西方经验曲解为一个持续的过程,自然而然地先后经历了政府的理性化、政治参与的扩大化,以及民众的驯顺化;第二是忘记了西方国家的经验只是众多现代化道路中的一条而已;第三是将政治发展曲解为一种目的论,认为旧制度的消失是一种历史的必然。"① 蒂利致力于解释西欧民族国家到底是如何形成的。

蒂利认为,战争对于民族国家的建立具有关键的作用,战争塑造了国家,国家也影响了战争。现代民族国家并不是有意设计的结果,而是在应对内外冲突的过程中产生的。在欧洲民族国家的形成过程中,所有国家都想扩张自己的边界范围,控制更多的土地和人口,以在残酷的竞争中获胜,统治者不得不通过设立法庭、财政税收等官僚组织和警察、军队等军事组织垄断国家暴力,一方面利用官僚组织进行更为有效的社会管理和财政榨取以支持战争准备过程,另一方面则通过建设军队组织来对国内反抗者进行镇压并和外国竞争者进行作战。

在过去的1000年时间,战争一直是欧洲国家之间的主要活动,只是到了二战之后,欧洲国家之间逐渐才停止了战争。战争是塑造欧洲国家的主要力量,统治者为了在激烈的战争竞争中生存下去,必须赢得战争,为了赢得战争,必须能够动员足够的物质资源和士兵,这就要求必须有现代化的官僚组织作为制度支撑,因此官僚制被认为是国家能力的主要表现。战争是强制性资源的比拼,故而强制性资源的国家垄断是必然的,至关重要的是,国家对军队、警察等暴力的垄断并将其组织化。正如蒂利所言:"战争编织起欧洲民族国家之网,而准备战争则在国家内部创造出国家的内部结构。"②

对于蒂利来说,西欧现代国家构建很大程度上是为了提高效率,以便在不断激烈的战争中取得胜利,因此,现代民族国家的构建过程具有如下特征:第一,原来属于贵族和地方势力的权力逐渐集中到国家手中,国家垄断了使用暴力和征税等权力;第二,国家有了固定的边界,国民有了共同的认同感,民族主义意识逐渐建立;第三,国家超越于其他组织的利益

---

① 陈周旺:《国家建设、抗争与民主:查尔斯·蒂利国家与政治理论述评》,载刘春荣、陈周旺主编《复旦政治学评论10:集体行动的中国逻辑》,上海人民出版社,2012。
② 〔美〕查尔斯·蒂利:《强制、资本和欧洲国家:公元990—1992年》,魏洪钟译,上海人民出版社,2007,第84页。

之上，不被小团体的利益所左右，具有较高的自主性。

蒂利的晚期作品十分关注民主的问题。蒂利认为现代国家构建过程中的一个意外后果是促进了民主的产生。民主和民族国家一样，也不是人为设计出来的，而是源于不断的战争和社会抗争。从西欧民主产生的过程来看，民主是统治者出于获取税收等战争所需资源的需要，与民众不断妥协和博弈的结果。民主化在国家构建过程中的顺序十分关键，民主化如果产生在国家构建之前，有可能导致国家崩溃和衰弱。国家能力和民主之间需要保持一种平衡，国家能力发展快于民主化，可能会导致专制与独裁，民主化进程快于国家能力建设，则国家可能会失序。

三 发展中国家的国家构建

1. 发展中国家的政治秩序问题

关于发展中国家的政治秩序问题，我们在此主要介绍亨廷顿《变化社会中的政治秩序》一书的观点，在该书中亨廷顿表达了一个重要的观点，他认为从政治学的角度看，世界各国之间的最重大差别不是它们政府的形式，而是它们各自政府实行有效统治的程度。二战后，许多经济增长较快，人民生活水平提高幅度较大的新兴国家，反倒在政治上更加动荡不安，暴力频繁、政变迭起，险象丛生，而那些经济起步落后或停滞不前的新独立国家，都能安享相当程度的政治太平。亨廷顿认为引起社会动荡的最重要原因是这些新兴国家没有建立一个有效的政府来维护社会稳定，因此，第三世界各国首先要解决的问题是建立一个强有力的政府，维护社会的秩序与稳定。

亨廷顿阐述的第三世界国家社会失序的过程基本上可以用他的三个公式来描述。第一个公式是：社会动员/经济发展＝社会颓丧。一个国家在现代化的过程中，需要动员社会成员的参与，这种参与会增加人们的欲望，但是如果经济发展不能够满足这种欲望，就会导致社会颓丧。第二个公式是：社会颓丧/流动机会＝政治参与。人们有了社会颓丧，如果社会能够提供一种流动性机会，那么就会减缓社会颓丧。但是，在现代化的过程当中，社会往往不能够提供这种流动性机会，就激发了更多的政治参与。"在大多数处于现代化之中的国家里，流动机会的缺乏和政治制度化的低下导致了社会颓丧和政治动乱二者之间的正相关关系。"第三个公式是：政治参与/政治制度化＝政治动乱。如果一个国家政治制度化能够容纳政治参与，也不会造成政治不稳定。但是，遗憾的是，发展中国家在现代化的过程中，往往政治制度化水平跟不上政治参与的水平，这是政治动乱的根源。

政治稳定的关键在于政治制度化，只有大力提高政治制度化的程度，才可能缓解发展中国家在社会经济现代化过程中必然出现的大众政治参与压力，从而确保现代化进程中的政治稳定，最终实现国家的现代化。政治制度化程度有四个主要判断标准：适应性、复杂性、自主性和凝聚性。适应性主要是指政治体系适应环境的能力和存活能力；复杂性意味着要有完整明确的职能体系、下属组织和高度专门化；自主性意味着政治组织和程序独立于其他社会团体和行为方式而生存的程度；凝聚性意味着政治体系内部成员必须要有基本的共识基础。

2. 革命和国家自主性

斯考切波在革命和国家理论研究方面具有非常重要的贡献。斯考切波的最重要著作是《国家与社会革命：对法国、俄国和中国革命的比较分析》（1979），该著作和后来她参与主编的《找回国家》成为"国家中心主义"研究范式确立的标志。斯考切波的研究确定了国家作为独立行为主体的重要作用，探讨了国家的自主性和国家能力等重要的概念。

与蒂利一样，斯考切波师从巴林顿·摩尔，摩尔的思想对其影响非常大。摩尔的代表作是《专制与民主的社会起源》（1966），该书发表后就立刻成了经典，摩尔因此也成为现代历史社会学研究的鼻祖。摩尔认为世界现代化过程主要有三条路：第一条是英、法、美的民主道路，第二条是德国和日本的法西斯主义道路，第三条是中国和俄国的共产主义道路。摩尔想要回答的问题是这些国家为什么会走上截然不同的现代化之路？摩尔认为最重要的影响因素是农业的商业化程度。农民是一个没落的阶级，为什么在摩尔的理论中却如此重要？关键是因为农民人数众多，他们既可以成为支持民主的因素也可以成为支持专制的因素，他们的政治取向会对国家的政治走向和社会进程发生重要影响。当农业完全商业化时，一个国家就会走向民主，英国之所以会走向民主道路，是因为农业完全商业化了，农民变成了工人，民主的势力大大增强了；当农业半商业化时，一个国家就会走向法西斯，日本明治维新之后，地主成了资本家但是农民没有转变为工人，农民的暴乱把资本家推向了专制和法西斯道路；当农业商业化程度非常低时，一个国家就会走向革命，中国在现代化进程中农业的商业化程度最低，地主没有变成资本家，农民也没有变成工人，面对西方的入侵，没有做出任何实质性的改革，最后走向了革命道路。①

摩尔分析不同国家的现代化之路对斯考切波有重要的影响。斯考切波在《国家与社会革命：对法国、俄国和中国革命的比较分析》一书中，主要分析了法国、俄国和中国发生革命的原因以及在革命危机后走向了不同的革命模式的原因。斯考切波主要从结构性因素中去寻找原因，她考察的结构性因素包括：国家与国家之间的竞争、国家与上层精英之间的矛盾，以及农民的团结程度和自主化程度。

斯考切波的一个重要观点是革命都是发生的，而不是制造的。那么为什么革命会在这些国家发生呢？斯考切波认为主要是因为这些国家在面临战争时，传统国家发生了崩溃。传统国家崩溃的原因是这些国家在国际战争中的失败，无论是战前的准备还是战后弥补失败的影响，这些国家都需要去增加税收，在社会结构性因素的相互作用下爆发了革命。为什么这些国家革命危机后出现了不同的革命模式并产生了不同的革命后果呢？斯考切波认为必须从结构性因素中去寻找原因。其中最主要的是各国传统农业社会的组织模式差异和国家所处的国际背景差异，斯考切波指出："在革命性危机出现之后，法国和俄国之所以都出现了大规模的造反运动而中国没有出现，是因为法国和俄国农民的自治传统及组织能力，地主上层阶级不能直接控制他们的生产和日常管理；而中国村社自治传统的缺失和地主对农民的直接控制能力的强大，使得农民在帝制政权垮台之后无力组织大规模的造反运动，这种状况一直持续到中国共产党在农村中将他们组织起来。"②

斯考切波不仅继承了摩尔的历史社会学分析方法，而且也考察了不同国家农业的组织模式等。与摩尔不同的是，斯考切波特别强调要把国家作为相对独立的结构来看待，在该书中，她强调了国家的自主性。斯考切波

---

① 参见赵鼎新《社会与政治运动讲义》，社会科学文献出版社，2006，第97~102页。
② 〔美〕西达·斯考切波：《国家与社会革命：对法国、俄国和中国的比较分析》，何俊志、王学东译，上海人民出版社，2007，译者序。

认为国家是一种依赖从社会中提取资源并进行分配的组织,行政组织和强制组织是国家权力的基础。"如果把国家看成是一种一套以行政和强制为基础的组织体系,那么,国家在任何时候都具有摆脱支配阶级直接控制的潜在自主性。"① 在后来她与他人编著的《找回国家》一书中,斯考切波进一步强调了国家自主性,"作为一种对特定领土和人民主张其控制权的组织,国家可能会确立并追求一些并非仅仅是反映社会集团、阶级或社团之需求或利益的目标,这就是通常所说的'国家自主性'(state autonomy)。只有国家确实能够提出这种独立目标时,才有必要将国家看作是一个重要的行为体。"②

3. 国家职能范围与国家能力建设

福山的国家构建理论试图解决的是国家能力的提高问题。福山师从亨廷顿,在一定程度上,延续了亨廷顿的观点,福山认为现代新产生的国家陷入政治混乱的原因是这些国家的国家能力不足。因此,对于这些国家来说,首要的任务是提高国家能力,维持国家秩序。福山认为很多第三世界国家政府软弱无能,他们的政府改革在缩小国家职能的同时,也弱化了国家的能力,产生了非常严重的后果。对于这些国家,如何构建一个小而强的国家非常关键,"国家构建的艺术将成为国家力量的关键要素,其重要程度决不逊于动用传统的军事力量来维护世界秩序的能力"③。

1992 年,福山出版《历史的终结及最后之人》一书,该书一出版就引起了强烈的反响,被译为多种文字,在全世界广泛流传。福山从心理学意义人类的最高需要——获得"承认"的需要——入手进行分析,认为自由民主制度可以从形式上满足所有人获得认可的需要,因此从逻辑上讲,历史甚至不是终结于冷战结束,而是终结于法国革命和美国革命之后,因为在那个时候,自由民主制度已经被确立。

2004 年,福山出版《国家构建:21 世纪的国家治理与世界秩序》一书,系统阐述了他的国家构建思想。福山认为:"国家构建是当今国际社

---

① 〔美〕西达·斯考切波:《国家与社会革命:对法国、俄国和中国的比较分析》,何俊志、王学东译,上海人民出版社,2007,译者序。
② 〔美〕彼得·埃文斯等编著《找回国家》,方力维等译,三联书店,2009,第 10 页。
③ 〔美〕弗朗西斯·福山:《国家构建:21 世纪的国家治理与世界秩序》,黄胜强、许铭原译,中国社会科学出版社,2007,第 116 页。

会最重要的命题之一,因为软弱无能国家或失败国家已经成为当今世界许多严重问题(从贫困、艾滋病、毒品到恐怖主义)的根源。"[1] 福山认为国家职能范围过宽会导致国家能力的下降,发展中国家之所以在政治改革中走向了国家秩序混乱和经济衰退的局面主要就是因为在缩小政府职能范围的同时,政府的能力也削弱了,国家构建就是要在缩小政府职能的同时,增强政府力量的强度。对于福山来说,"最佳的改革路径是在缩减政府职能范围的同时提高国家力量的强度。"[2]

我们可以看出,从《历史的终结及最后之人》到《国家构建:21世纪的国家治理与世界秩序》,福山的关注点发生了变化,《历史的终结及最后之人》是冷战即将结束时期的作品,强调的是自由和民主是历史的发展方向。《国家构建:21世纪的国家治理与世界秩序》针对的是第三世界国家内部动荡问题,强调当前这些国家的最重要任务是提高国家能力。福山认为自由民主制是人类历史的终结,但是,由于第三世界国家的国家能力较弱,政治混乱失序,民主出现衰退,因此,民主的前提是国家能力建设。

四 现代国家构建的内涵

国家构建主要是现代民族国家和现代民主国家的建立过程,这一过程牵涉到国家的能力、国家的自主性以及国家的合法性等问题。现代国家需要有能力维护社会治安,有专业的官僚机构进行管理和提取税收,国家还需要超越所有的利益群体之上,为所有的人提供公共产品,国家还需要找到能够稳定获得合法性的制度和工具。

第一,现代国家构建意味着在一定的领土范围内,国家要垄断合法使用暴力的权力。在中世纪的封建制度之下,国王的权力并不是很大,并没有在自己的领土范围内垄断合法使用暴力的权力,有两种重要的力量限制着国王的权力。第一种力量是封建领主,封建领主在自己的领地上拥有高度自治权,国王并没有超越封建领主的绝对权力,因此,在国家内部事实上有非常多的具有较大自主性的政治实体,国家的权力事实上非常碎片

---

[1] 〔美〕弗朗西斯·福山:《国家构建:21世纪的国家治理与世界秩序》,黄胜强、许铭原译,中国社会科学出版社,2007,序第1页。
[2] 同上书,第16页。

化。限制国王权力的第二种力量是罗马教会,在中世纪罗马教皇的权力是非常大的,对国王的权力构成了巨大的挑战,教皇与国王的争斗很多时候十分激烈,教皇获胜则国王被开除教籍,变成异教徒,国王获胜则会贬黜原教皇,扶植新教皇。

从14、15世纪开始的西欧近代国家的构建进程,通过一系列的战争,至19世纪末,国家逐渐实现了对暴力的绝对垄断,西欧各国建立了专业化的效忠于中央的常设机构与官员,中央政府拥有了强大的国家统治与管理能力,国家利用自己对暴力的垄断,利用强力破除了地方权力向中央权力的挑战,促使了国家内部不同族群之间形成了共同的文化认同。

第二,现代国家构建意味着国家自主性的提高。自主性很早就有学者做过深入分析,亨廷顿认为是否具有自主性是判断一个政治共同体制度化的重要标准,他认为:"就自主性而言,政治制度化意味着并非代表某些特定社会团体利益的政治组织和政治程序的发展。凡充当某一特定社会团体——家庭、宗教、阶级——的工具的政治组织便谈不上自主性和制度化","司法机关的独立性表现在它只遵循自己特有的司法规则,表现在它的观念和行为不被其他机构和社会团体的观念和行为所左右。同样,衡量政治机构的自主性,要看它是否具有有别于其他机构和社会势力的自身利益和价值。"①

蒂利在《西欧民族国家的形成》中对构成现代民族国家的要素做了深入分析,他认为国家的自主性是关键的要素,蒂利关于国家自主性的概念延续了亨廷顿的观点,他认为国家自主性意味着国家有超越社会的权力,国家代表公共利益、公共意志,超越各种个人与群体利益。斯考切波等讨论国家构建理论的学者也基本上都认为国家的自主性是现代国家的主要特征。国家自主性的提高要求国家和社会要有明确的区分。如果国家权力膨胀,过多地侵入社会领域,乃至消除了国家与社会之间的界限,国家的自主性就会受到影响。德国著名政治学家、法学家卡尔·施米特认为,国家存在的基本条件是国家与市民社会维持明确的区分。一旦这一区分不复存在,一旦国家干预的范围超出"政治"领域,不再处理纯粹的政治问题,

---

① 〔美〕塞缪尔·亨廷顿:《变化社会中的政治秩序》,王冠华等译,上海人民出版社,2008,第16页。

而是侵入社会生活领域，国家的自主性与独立性就会消失。①

第三，现代国家构建意味着国家能力的提高。国家能力主要指国家执行和贯彻政策的能力。国家构建的研究者基本上都认为国家能力建设应该先于民主建设，国家能力是民主构建的前提条件。亨廷顿认为发展中国家的首要任务是建立稳定的政治秩序；蒂利认为弱小国家走向民主的道路十分缓慢且不健全，言外之意就是强有力的现代民族国家是现代民主的前提。福山认为当前很多人对民主感到失望，原因不在思想层面，而在实践层面，"民主的失败，与其说是在概念上，倒不如是在执行中。世界上大多数人极向往这样的社会：其政府既负责又有效，民众需要的服务能获得及时和高效的满足。但没几个政府能真正做到这两点，因为很多国家的制度衰弱、腐败、缺乏能力，甚至根本不存在。"② 因此，民主的前提是国家能力建设。

迈克尔·曼把国家权力分为专制性权力（despotic power）和基础性权力（infrastructural power）。国家的专制性权力主要指国家精英可以在不必与市民社会各集团进行例行化、制度化讨价还价的前提下自行行动的范围。国家的基础性权力指的是国家事实上渗透市民社会，在其统治的领域内有效贯彻其政治决策的能力。其中，国家的基础性权力才是国家能力，提高国家能力意味着应该弱化国家的专制性权力而强化国家的基础性权力。③

第四，现代国家构建意味着用民主来为国家提供合法性的基础。现代国家构建理论的研究者特别强调国家秩序和国家能力，但是，同时他们也都十分重视民主。亨廷顿在《第三波》中指出："我以前对这种变迁的研究，即《变化社会中的政治秩序》，把重点放在政治稳定的问题上。我写那本书是因为我认为政治秩序是一件好事。我的目的是要发展一项通则性的社会科学理论来解释能否实现稳定的原因、方式和条件。现在这本书的重点是放在民主化上。我写这本书是因为我相信民主自身是一件好东西。

---

① 李强：《从现代国家构建的视角看行政管理体制改革》，《中共中央党校学报》2008年第3期。
② 〔美〕弗朗西斯·福山：《政治秩序的起源：从人类时代到法国大革命》，毛俊杰译，广西师范大学出版社，2012，第11页。
③ 参见李强《国家能力与国家权力的悖论——兼评王绍光、胡鞍钢〈中国国家能力报告〉》，http://www.china-review.com/sao.asp? id=3399。

而且就像我在第一章所表明的那样,它对个人的自由、国内的稳定、国际的和平和美国有正面的后果。"[1] 在 2011 年出版的《政治秩序的起源:从人类时代到法国大革命》一书中,福山认为有效的政治秩序离不开三大要素:国家建设、法治和负责制政府。国家的功能是集中和行使权力,要求公民遵从法律,保护自己免遭他国的威胁。另一方面,法治和负责制政府又在限制国家权力,首先迫使国家依据公开和透明的规则来行使权力,再确保国家从属民众意愿。福山认为:"成功的现代自由民主制度,把这三种制度结合在稳定的平衡中。能取得这种平衡,本身就是现代政治的奇迹。"[2]

蒂利认为民主具有偶然性,但是这并不意味着他认为民主不重要,事实上,蒂利的晚期作品十分重视对民主的研究,尽管蒂利强调国家能力建设应当限于民族建设,但是,他同时认为稳定的民主反过来也会提高国家的能力。

第三节　国家与经济发展

国家与经济发展之间的关系是国家构建理论研究的一个重点,早期国家构建理论的研究者主要关注的话题是经济发展能否促进民主政治的发展。后来研究东亚经济发展的学者试图从国家推动的角度来反思东亚经济的发展,他们倾向于认为东亚经济的发展是由于这些国家的政府强有力的推动。

一　经济发展促进民主政治的发展

亚里士多德在《政治学》当中,就把中产阶级看作维护政治稳定、良好政体的一个重要力量。亚里士多德把共和政体描述为现实当中最好的政体。共和政体以中产阶级为体,混合了民主制(穷人主导)和寡头制(富人主

---

[1] 〔美〕塞缪尔·亨廷顿:《第三波:20 世纪后期民主化浪潮》,刘军宁译,上海三联书店,1998,前言第 3 页。
[2] 〔美〕弗朗西斯·福山:《政治秩序的起源:从人类时代到法国大革命》,毛俊杰译,广西师范大学出版社,2012,第 16 页。

导）两种政体的有益成分，是现实当中最能保持长久稳定的一种政体。

1959年，李普塞特发表《民主的一些先决性社会条件：经济发展和政治合法性》一文，认为经济发展和民主政治的发展有极强的正相关性，经济现代化是支撑民主的必要条件。李普塞特认为随着经济的发展，中产阶级力量开始成长，他们对民主的要求促进了民主转型，因此，要促进民主政治的发展，最好的办法就是促进经济发展。李普塞特从欧洲和美洲选取了48个国家样本，为排除政治文化的影响，他把所有的国家分为两组，28个欧洲国家和说英语的国家以及20个拉丁美洲国家。在第一组中，李普塞特发现，13个稳定的民主国家的人均收入超出15个不稳定的民主国家和专制国家的两倍还多。在拉丁美洲国家一组中，所有国家的人均收入均低于第一组国家，但是7个民主国家和不稳固的独裁国家的人均收入要超过13个稳固的独裁国家的40%。李普塞特的案例说明了社会经济越发达的国家，就越有可能建立持久的民主，中产阶级规模的扩大对于巩固民主意义重大。

亨廷顿认为经济发展水平和民主政治之间有某些联系。亨廷顿（1998）引证了一些材料来说明经济发展水平与民主的联系，他指出，1989年世界银行把人均收入在6010美元（西班牙）到21330美元之间的24个国家归为高收入国家，其中只有3个石油输出国是非民主制度，其余的高收入国家中，除新加坡外都是民主国家；在另一极端，世界银行列为贫穷的42个国家（人均收入130~450美元）中，只有两个国家（印度、斯里兰卡）有过广泛的民主经历。在其余53个中等收入国家（人均收入520~5810美元）中，只有23个民主国家，而25个是非民主国家，5个在向民主制度转变。由此，亨廷顿确认了经济发展对政治民主化具有积极的作用。在《第三波：二十年之后看未来》一文中，亨廷顿指出："如果你想要造就民主，就请促进经济增长。"[①] 亨廷顿认为经济发展至少在五个方面有利于民主政治的发展：第一，经济发展需要高度的城市化、识字率和教育水平。随着教育程度的提高，中产阶级和城市工人能够组织工会、政党和公民团体来促进他们的利益。第二，经济发展产生了更多的公共资源和私人资源可供在各个团体中分配。政治变得越来越不是你死我活的零和游戏。第三，经济增长造成了一个

---

① 〔美〕塞缪尔·亨廷顿：《第三波：20世纪后期民主化浪潮》，刘军宁译，上海三联书店，1998，序第4页。

更为复杂的经济体系。这样的经济越来越难以受到国家的控制。第四，国家对经济控制的放松导致了独立的权力中心的产生和成长。第五，尽管经济增长在短期内常常加剧收入不平等，但从长期看，经济增长将导致更加平等的收入分配。民主政治与巨大的不平等是不相容的，经济增长会降低这些不平等，所以，将促进民主的出现。

二 经济发展和民主转型没有必然关联

二战结束后近30年的时间里，许多国家在威权体制下，经济取得了长足的进步，这使得越来越多的学者质疑经济发展水平与民主之间的必然联系。

亚当·普沃斯基认为发生民主化的原因可能是多种多样的，但是，如果民主转型发生在经济比较发达的国家，那么民主就容易巩固；在穷的国家和富的国家当中，都一样能够出现民主，但在经济发展水平发展高的国家，民主存活的可能性要高一些。他通过对135个国家40年间的数据进行研究发现，经济发展水平提高，从专制政权到民主政权的转型概率并不一定会提高；但对于已经建立民主制度的国家而言，经济发展有利于民主的巩固。也就是说，经济发展不一定引发民主化，但是一旦民主化，经济发展更有利于民主制度的存活。[1]

奥唐奈认为民主与经济发展呈曲线关系，在初始一段正相关以后继而出现的是长期的负相关。[2] 菲利普·施密特认为，民主并不需要一定的经济和社会条件，起决定作用的是经营互动和战略选择过程。Barbara Geddes认为，在经济发达的国家民主容易发生，威权国家的转型往往发生在经济下滑时期。[3] Valerie Bunce通过对苏联解体后的国家的民主转型进行分析，发现经济发展虽然不一定能够促进民主的发展，但是最富有的前社会主义国家多数成了民主制度最巩固的部分，而最穷的前社会主义国家都发展成了有缺陷的

---

[1] Adam Przeworski, and Fernando Limongi, "Modernization: Theories and Facts," *World Politics*, Vol. 49, No. 2 (1997): 155-183.
[2] 〔美〕吉列尔莫·奥唐奈、〔意〕菲利普·施密特:《威权政治的转型》，景威、柴绍锦译，新星出版社，2012，第103页。
[3] Barbara Geddes, "What Do We Know about Democratization after Twenty Years," *Annual Review of Political Science*, 2 (1999).

民主或是专制体制。而且，该地区最穷者在社会主义时代后很早就迈入民主国家之列，至少有一些，特别是阿尔巴尼亚和吉尔吉斯斯坦，在最近几年正在滑离民主。①

虽然这些学者都否认经济发展必然带来民主转型，但是，他们基本上都认为在已经发生民主转型的国家中，经济发展对民主的巩固是有益的。这些学者基本上都是用大量的统计数据进行分析，具有很强的说服力，但是，这些研究也是有缺陷的。这些研究令人信服地说明了经济发展不一定会促进政治转型，但是，到底是什么样的因素致使经济发展在某些国家促进了民主的转型，这些研究并不能给予回答。到底又是什么因素，致使经济发展并不能带来政治的转型，换句话说，到底是什么因素致使威权政体在发展经济的同时，保证了自己权力的巩固，这些理论也没有回答。然而，这些问题，对于威权国家的政治精英选择继续保持威权或者是向民主过渡具有十分重要的意义。

三 经济发展的政治原因

从20世纪60年代开始，日本、韩国和新加坡等国家和地区经济发展十分迅速。日本经过20世纪60年代和70年代的发展，在20世纪80年代已经进入世界发达国家的行列，韩国经济从1965年到1990年，年均增长率为9.82%，新加坡从1960年时人均收入仅为435美元的贫穷的国家而增长到1989年的人均收入为10249美元，经济发展十分迅速，成为新兴的工业国家。

20世纪80年代后，学者们开始研究和探索东亚的"经济奇迹"。究竟是何种原因导致东亚奇迹的产生。经济学家弗里德曼等人认为，东亚经济体之所以成功是它们依靠自由市场机制，特别是依靠金融和贸易市场自由化，务实的汇率和本区域经济对外国商品的开放，在实行进口自由化和关税削减的同时，增加出口。

另外一种解释东亚经济奇迹的理论主要来自政治研究者，这种解释被

---

① Valerie Bunce, "Comparative Democratization: Big and Bounded Generalizations," *Comparative Political Studies*, Vol. 33, No. 6 (2000): 703-734.

称为"国家推动论"。Amsden 和 Wade 等学者认为,东亚各经济体在启动各自经济发展的初期,市场极其不发育或残缺,要求其政府必须动用强有力的行政手段而不只是经济手段,以替代一部分尚不发育的、残缺的或无效的市场机制,通过各种方法干预企业产权归属、决策和经营,人为地培育、组织市场以实现资源的合理配置和有效运用,迅速启动经济增长。[1]

"国家推动论"从政治原因当中去寻找东亚经济发展和繁荣的原因,指出了政府在经济发展初期的作用。政府的干预或者替代行为弥补市场自身发育不全和市场残缺带来的巨大后发成本(主要是后发制度成本),政府推动则以非常小的后发成本使得经济的高速增长得以启动,进而为后发优势的发挥创造条件。但是,什么样的国家才能推动经济的发展呢?Michael C. Davis 指出,在经济发展的初期,合适的经济政策是十分关键的,如果能够制定合适的经济政策,威权国家是能够促进经济发展的,"东亚奇迹"就是这些国家采取了合适的经济政策。

然而,经济的进一步发展,催生出了复杂的社会经济结构和层次,持续的经济繁荣就必须依赖可以为经济持续发展提供秩序、信任和参与的民主制度。[2] 简单地说,就是经济发展的初期需要威权体制,但是,当经济发展到一定程度,威权政体就会成为经济发展的阻碍因素,要想保证经济的持久稳定发展,就必须建立民主制度。

第四节　中国语境下的现代国家构建

一　现代国家构建的两个面相

现代国家构建有许多条道路,查尔斯·蒂利讨论问题的起点是现代意义上的西欧民族国家的成长和特征,战争在西欧民族国家构建过程中发挥

---

[1] A. H. Amsden, *Asia's Next Giant: South Korea and Late Industrialization*, Oxford University Press, 1989; R. Wade, *Governing the Market: Economic Theory and the Role of Government in East Asian Industrialization*, New Jersey, Princeton: Princeton University Press, 1990.

[2] Michael C. Davis, "The Price of Rights: Constitutionalism and East Asian Economic Development," *Human Rights Quarterly*, Vol. 20, No. 2, May 1998, pp. 303–337.

了很大的作用，战争促进了现代官僚制度和税收制度的建立，提高了国家的能力。美国国家构建过程就不同于西欧，中国的国家构建过程更是与西欧大相径庭。国内一些学者把西欧民族国家构建过程中强调的国家能力当作国家构建的唯一因素无疑是有失偏颇的。

吉登斯把西欧现代国家构建过程中产生的国家称为民族-国家，现代民族-国家的政治发展是一个双向发展的过程：一方面是不断走向民主政治的过程，另一方面是对公民社会不断加强监控的过程。前者使公民的权利得到保障和实现，后者则对公民的权利造成侵蚀和损害。吉登斯认为与现代民族-国家产生相伴随的是不断的战争，战争内在要求动员国家整体力量，激发全体国民参与战争。国家对国民的高度依赖，提高了欧洲国家劳动阶级的国内政治地位，推动欧洲国家民主制度的发展。同时，吉登斯认为民族-国家具有很多弊端，首先，民族-国家具有强大的监控能力，会对公民权利造成伤害。民族-国家的"行政力量如今日益进入日常生活的细枝末节，日益深入最为私密的个人行动和人际关系。信息储存、核计和传播的电子方式，已越来越侵入这个时代"。其次，民族-国家具有极权主义倾向、具有军事扩张的倾向。民族-国家为"监控与治安的结合为政治迫害开了绿灯，这又再次回到极权主义的老路上来"。[①]

现代国家构建事实上包含一枚硬币的两面：一面是要加强国家能力，为广大人民提供美好生活所需要的社会秩序和公共服务，另一方面是必须对国家权力进行有效的监督和制约，确保国家权力行使的正确方向。这两者在发展中国家的现代国家构建过程中缺一不可，在国家构建过程中，国家不能垄断暴力，没有强大的治理能力，国家可能会陷入内战，秩序混乱。就如今天的叙利亚，正是因为国家缺乏有效的治理能力，才导致了国家陷入内战，人民流离失所，生活境况十分悲惨。同样，如果国家不能驯化暴力，对国家权力进行有效的监督和制约，不能够建立稳定有序有效的合法性制度，国家就可能会陷入威权甚至滑向专制，国家也将无法长治久安。同样以今天的叙利亚为例，叙利亚陷入内战，遭到西方国家的打击与其政府本身合法性不够，随意使用暴力对待民众也是

---

① 〔英〕安东尼·吉登斯：《民族-国家与暴力》，胡宗泽、赵力涛译，三联书店，1998，第359~360页。

不无关系的。

概而言之,"现代国家理论表现出对无政府状态和极权主义状态的双向戒惧,既要避免陷入霍布斯式的无政府状态,又要避免走向哈耶克所谓的'通往奴役之路'。这种追求所导出的必然是一个'强大法治国家'的概念。"① 中国推进现代国家建设的过程中,一方面要重视现代国家治理体系和国家治理能力建设,深入推进政府改革,理清政府职能,保证国家能够强有力地推进富国富民政策,不受各种利益集团的阻挠;另一方面,也要约束政府权力,推进法治政府、责任制政府建设,建立和完善国家监察制度。

二 中国现代国家构建的关键力量是中国共产党

当前,中国完成现代国家治理体系的构建必须尊重现实,坚持一切从实际出发。中国当前最大的政治现实是中国共产党的执政,在政府治理过程中,中国共产党发挥着首要的作用也承担着首要的责任,只有把中国共产党放在首要的分析位置,才能准确理解和把握中国政治和政府的运作过程。事实上,西方研究者在研究中国时十分关注中国共产党,"费正清、史华慈、孔飞力、魏斐德、史景迁在研究中国历史时,都非常关注中国共产党,对中国共产党的历史定位和意义'情有独钟'——他们知道,讨论中国尤其是讨论现代中国,是离不开对于共产党革命的研究的;更为重要的是,中国共产党革命曾对于20世纪的整个世界秩序、包括'西方'对于世界的统治提出过带有根本性质的挑战,而他们则将如何理解这种挑战的历史根源、走向及其同人类命运的关怀视为己任。"②

中国共产党是国家治理体系构建的组织者和领导者,为了推动现代国家治理体系的构建,首先必须改善和加强党的领导。十八届三中全会提出全面深化改革必须加强和改善党的领导力,充分发挥党总揽全局、协调各方领导核心作用,提高党的领导水平和执政能力。十八届四中全会强调,党的领导是社会主义法治最根本的保证,要把党的领导贯彻到依法治国全

---

① 燕继荣:《现代化与国家治理》,《学海》2015年第2期。
② 〔美〕孔飞力:《中国现代国家的起源》,陈兼、陈之宏译,三联书店,2013,译者导言。

过程和各方面。国家治理体系是党领导人民管理国家的制度体系，包括经济、政治、文化、社会、生态文明和党的建设等各领域的体制、机制和法律法规安排，也就是一整套紧密相连、相互协调的国家制度。十九大报告指出中国特色社会主义最本质的特征是中国共产党领导，中国特色社会主义制度的最大优势是中国共产党领导，党是最高政治领导力量。坚持和发展中国特色社会主义，总任务是实现社会主义现代化和中华民族伟大复兴，在全面建成小康社会的基础上，分两步走在21世纪中叶建成富强民主文明和谐美丽的社会主义现代化强国。

坚持中国共产党的领导，必须处理好中国共产党的领导与多元治理的关系。在中国，国家治理与中国共产党的领导和执政紧密相连。中国共产党既是执政党，又是领导党，这是中国政党制度以及政治运作的最大特征。改革开放带给中国最大的变化就是社会的多元化发展，所有制形式、分配方式、就业渠道、社会阶层、利益群体以及生活方式，都在社会转型中呈现多样化的发展态势，变动的中国以多元发展显现了活力。总之，经济、社会和文化呈现多元发展的趋势，除传统的党和政府组织类型外，非公有制经济企业和各类社会组织发展十分迅速，并成为社会治理的重要力量。如何在改进中国共产党领导和执政地位的同时，充分发挥民主党派和各种经济组织以及社会组织的力量，就成为一个非常重要的理论课题和实践课题。

三 加快推进国家治理能力现代化

现代国家构建首先要解决的是国家的治理能力问题，就是一个国家维护社会秩序、促进经济发展和提供基本公共服务的能力。

重视国家能力建设必须切实转变政府职能，深化行政体制改革，创新行政管理方式，增强政府的公信力和执行力，建设法治政府和服务型政府。十八届三中全会提出，科学的宏观调控，有效的政府治理，是发挥社会主义市场经济体制的内在要求。十八届四中全会提出法律的生命力在于实施，法律的权威也在于实施。各级政府必须坚持在党的领导下在法治轨道上开展工作，创新执法体制，完善执法程序，推进综合执法，严格执法责任，建立权责统一、权威高效的依法行政体制，加快建设职能科学、职责法定、执法严明、公正公开、廉洁高效、守法诚信的法治政府。为此，必须重视和探讨如下问题：第一，政府与市场的关系，主要探讨发展中国家在经济发展过程中面临的问题和政府要发挥的作用；第二，简政放权与政府能力，主要探讨有限政府和有效政府之间的关系；第三，我国当前法治政府建设过程中面临的问题及解决方案；第四，我国当前服务型政府建设过程中面临的问题及解决方案。

政府职能转变涉及政府管理的范围和政府的能力问题，弗兰西斯·福山在《国家构建》一书中指出，发展中国家之所以在政治改革中走向了国家秩序混乱和经济衰退的局面主要就是因为在缩小政府职能范围的同时，政府的能力也削弱了，国家构建就是要在缩小政府职能的同时，增强政府力量的强度。

尽管不同的国家有不同的历史和发展情况，但是，人类社会发展也有某些共同的规律，否则社会科学也就没有存在的必要。以其他国家的发展作为镜子，可以让我们在发展过程当中少走弯路。发展中国家包括非洲、拉丁美洲和亚洲的许多国家在政治发展过程中，很多陷入了混乱，亨廷顿认为主要是因为这些国家的政治参与要求超过了政治制度化的水平，而用福山关于国家治理能力的概念就是说，这些国家在政治发展过程中，在缩减政府职能的过程中，也削弱了政府的能力。当前，我们国家新一轮的政府改革强调要转变政府职能，让市场和社会发挥更大的作用，这一改革方向无疑是正确的。但是，在改革过程当中，我们也要谨记福山的教导，要在缩小政府职能的同时，增加政府的治理能力。

重视国家能力建设必须正确处理政府和社会的关系，加快政社分开，推进社会组织明确权责、依法自治、发挥作用。适合由社会组织提供的公共服务和解决的事项，交由社会组织承担。无所不管的政府效率一定较差，有能力的政府一定是有限的政府，因此，重视国家能力建设必须鼓励协同治理，调动一切可以调动的力量参与到社会治理当中。有效的社会治理也需要全社会的共同努力和行动，要加强党委的领导作用，发挥政府的主导作用，鼓励和支持社会各方面参与，从传统的社会管理转向时代发展要求的社会治理。

四 深入推进民主政治建设

尽管在国家构建的初期，国家能力和民主建设之间可能存在不一致，但是，从长远来看，稳定的民主政治是国家能力的基础。今天，民主已经成为国家和政府获得政治合法性的最主要来源，民主的深入推进，影响到了政治、经济和社会的方方面面。

中国共产党自建立的那一起，民主就是其一个重要的奋斗目标。毛泽东认为中国共产党找到了跳出历史周期律的办法，这个办法就是民主。1947年，黄炎培到延安考察，谈到"其兴也勃焉，其亡也忽焉"，称历朝历代都没有能跳出兴亡周期律。毛泽东表示："我们已经找到新路，我们能跳出这周期律。这条新路，就是民主。只有让人民来监督政府，政府才不敢松懈。只有人人起来负责，才不会人亡政息。"[①] 邓小平说："没有民主就没有社会主义，就没有社会主义的现代化。"[②] 十七大报告指出："人民民主是社会主义的生命。发展社会主义民主政治是我们党始终不渝的奋斗目标。"十八大报告进一步指出："人民民主是我们党始终高扬的光辉旗帜。"2013年12月23日，中央办公厅印发《关于培养和践行社会主义核心价值观的意见》，社会主义核心价值观的基本内容是：富强、民主、文明、和谐，自由、平等、公正、法治，爱国、敬业、诚信、友善。培育和践行社会主义核心价值观，是推进中国特色社会主义伟大事业、实现中华民族伟大复兴中国梦的战略任务。十九大报告进一步强调要坚持人民当家作主，要"发展社会主义协商民主，健全民主制度，丰富民主形式，拓宽民主渠道，保证人民当家作主落实到国家政治生活和社会生活之中"。从这些论断可以看出，从理论上争论发展民主是不是我们国家政治建设的目标可能已经不是紧迫的问题了。当前，比较重要的问题是把我们宪法中规定的人民权利落到实处，切实提高我国民主的质量，让民主造福中国人民。

---

① 黄炎培：《八十年来 附〈延安归来〉》，中国文史出版社，1982，第156~157页。
② 邓小平：《邓小平文选》第2卷，人民出版社，1994，第168页。

第二章 现代国家治理及其评估

党的十八届三中全会通过的《中共中央关于全面深化改革若干重大问题的决定》提出:"全面深化改革的总目标是完善和发展中国特色社会主义制度,推进国家治理体系和治理能力现代化。"如何理解国家治理体系和治理能力成为一个重要问题。国家治理体系和治理能力是一个国家制度和制度执行能力的集中体现。国家治理体系和治理能力是一个有机整体,相辅相成,有了好的国家治理体系才能提高治理能力,提高国家治理能力才能充分发挥国家治理体系的效能。每个国家都有自己的一套治理体系。然而,现代国家在治理的基本面向上有诸多相似之处,现代性也对国家治理体系本身提出了价值预设。因此,理解国家治理体系,首先应该理解现代国家治理体系的基本内涵、构成及其特征。

什么是国家治理的现代化?尽管各个民族国家在其发展的基础、道路和模式上具有较大的差异性,因而我们很难对于何谓国家治理的现代化建立一套普适的标准,但是,国家治理的现代化必定有其特定的意涵所指,现代化的国家治理体系也必然具有某些公认而相似的特征。这样的国家治理体系,既包含先期进入现代化治理行列的国家为后起的、力图进入现代化治理行列国家起示范作用的指标,也包含现代化国家治理不断充实的演进性内涵。因此,现代化国家治理体系应该有一个相对公认的基本指标体系。当下中国的现代化国家治理体系和能力建设,应该承接这些指标体系中的基本指标项,并在此基础上融入和体现中国现代化建设的独特经验,以更好地推动国家治理体系和治理能力的现代化建设实践。

第一节　国家治理体系和治理能力现代化研究综述

一　治理

1. 西方治理理论发端

西方"治理"（governance）的研究是对公共部门管理改革的回应，从"3E 标准"①、"新公共管理"（new public management）、"企业家政府"（entrepreneurial government）到"治理"（governance），代表了处理社会公共事务方式的演变，"统治—管理—治理"。尽管西方很多学者对"治理"进行了内涵的剖析，事实上并没有形成一个明确的共识。詹姆斯·N. 罗西瑙（James N. Rosenau）在其代表作《没有政府的治理》中给出了治理的定义，治理就是在没有强权力的情况下，各相关行动者克服分歧、达成共识，以实现某一个目标。统治是依靠正式权力，而治理则依赖基于共同目标的协商与共识。② 鲍勃·杰索普（Bob Jessop）认为治理是社会科学的一种新的范式。③ 格里·斯托克（Gerry Stoker）提出"治理理论"一说，国内学者有持范式说，也有持思潮说。④ 从词源学的意义上，governance（治

---

① 3E 标准，即撒切尔政府掀起的"新公共管理运动"初始阶段引入私人部门管理技术，以经济（Economy）、效率（Efficiency）和效益（Effectiveness）作为行政管理和公共服务的衡量标准。

② J. N. Rosenau, "Governance, Order and Change in World Politics," in J. N. Rosenau and E. -O. Czempiel（eds）, *Governance without Government: Order and Change in World Politics*, Cambridge: Cambridge University Press, 1992, pp. 3-6.

③ B. Jessop, "The Rise of Governance and the Risks of Failure: The Case of Economic Development," *International Social Science Journal*, Vol. 50, No. 1, 1998, pp. 29-45.

④ 范式（paradigm）一词来自希腊文，其意为"共同显示"，原意是语法中词形变化的规则，引申为范例、模式、模型。1962 年美国科学哲学家托马斯·库恩在《科学革命的结构》一书中首次将这个概念引入科学哲学，指科学共同体在某一时期具有共同的信念，一般建立在公认的、传统的重大科学成就基础上，基于此形成的一种把握研究对象的概念框架、一套理论和方法论信条、一个可供仿效的解题范例。"范式说"参见俞可平《治理和善治：一种新的政治分析框架》，《南京社会科学》2001 年第 9 期；"思潮说"参见田凯、黄金《国外治理理论研究：进程与争鸣》，《政治学研究》2015 年第 6 期。

理）可追溯到古典拉丁语和古希腊语中"操舵"一词，原意主要指控制、指导或操纵，与 government 的含义交叉。1989 年世界银行在《撒哈拉以南非洲：从危机到可持续增长》报告中首次使用"治理"一词，认为非洲发展问题的根源是"治理危机"（crisis in governance）。同时还针对非洲国家当时的权力配置方式和运行方式，提出"善治"的改革目标，即"一种有效率的公共服务"等。此后"治理"一词便广泛地被用于政治发展研究中，特别是被用来描述后殖民地和发展中国家的政治状况。

具有代表性的学者是英国的罗兹（R. A. W. Rhodes）和格里·斯托克。1996 年英国纽卡斯尔大学（University of Newcastle）教授罗兹撰文 "The New Governance：Governing without Gover-nment" 明确了"治理"的六层含义：（1）作为最小国家的管理活动的治理，它指的是国家削减公共开支，以最小的成本取得最大的效益；（2）作为公司管理的治理，它指的是指导、控制和监督企业运行的组织体制；（3）作为新公共管理的治理，它指的是将市场的激励机制和私人部门的管理手段引入政府的公共服务；（4）作为善治的治理，它指的是强调效率、法治、责任的公共服务体系；（5）作为社会控制体系的治理，它指的是政府与民间、公共部门与私人部门之间的合作与互动；（6）作为自组织网络的治理，它指的是建立在信任与互利基础上的社会协调网络。① 2007 年，罗兹将广泛运用的"治理"概括为一种理论，总结为统治的一种新的过程、有序规则的一种新的条件、管理社会的一种新的方法。② 1998 年斯特拉斯克莱德大学（University of Strathclyde）教授格里·斯托克阐述了治理的五个论点：（1）治理意味着一系列来自政府，但又不限于政府的社会公共机构和行为者；（2）治理意味着在为社会和经济问题寻求解决方案的过程中，存在着界线和责任方面的模糊性；（3）治理明确肯定了在涉及集体行为的各个社会公共机构之间存在着权力依赖；（4）治理意味着参与者最终将形成一个自主的网络；（5）在公共事务的管理中，还存在着其他的管理方法和技术，政府有责任

---

① R. A. W. Rhodes, "The New Governance：Governing without Government," *Political Studies*, Vol. 44, No. 4, 1996, pp. 652-667.
② R. A. W. Rhodes, "Understanding Governance：Ten Years On," *Organization Studies*, Vol. 28, No. 8, 2007, pp. 1243-1264.

使用这些新的方法和技术来更好地对公共事务进行控制和引导。[1]

西方治理理论比较有代表性的是"网络治理"(network governance)和"多中心治理理论"(polycentric governance)。

罗兹从英国公共部门改革出发,认为网络(network)是治理的核心特征[2],治理是公共行政和公共政策的产物,意味着:第一,组织间相互依存,治理比 government 更为广泛,包括非政府组织,改变国家的边界意味着公共部门、私人部门和志愿部门之间的边界混乱、不透明。第二,网络成员之间的持续互动,交换资源和协商共同目标的需要产生了。第三,类似游戏的互动,根植于信任和网络内参与者协商同意的游戏规则。第四,国家的高度自治,网络不向国家负责,它们是自组织。尽管国家不再是最高权威,但是可以间接掌舵。罗兹认为,网络是治理的决定性特征,它与广为熟知的市场、政府的区别在于,如果合同以价格和竞争为特征,政府以权威和规则为特征,网络以信任和外交手段为特征。共同的价值和规范是复杂关系的黏合剂,信任是合作行为和网络存在的关键。网络基于高程度的信任,合同基于低程度的信任。概而言之,治理就是通过网络的治理。一方面,它描述了 20 世纪 80 年代和 90 年代英国公共部门改革,促进政府与其他社会组织之间的协同合作;另一方面,它解释了英国政府作为等级制的责任政府已不再被接受,政府从强有力的执行者转变为通过网络治理,国家的局限性凸显,国家的角色在转换,试图以多样化的非正式权威替代政府权力,构建一个更广范围的市场、等级制和网络(markets, hierarchies and networks)协同合作的治理结构。[3]

另一个具有广泛影响意义的治理理论是,印第安纳大学政治理论与政策分析研究所所长、2009 年诺贝尔经济学奖得主埃莉诺·奥斯特罗姆(Elinor Ostrom)和奥利弗·威廉姆森(Oliver Williamson)在《公共事务的治理之道》一书中提出的"多中心治理"理论(polycentric governance),奥斯特罗姆着眼小规模公共池塘资源问题,在大量的实证案例研究的基础

---

[1] G. Stoker, "Governance as Theory: Five Propositions," *International Social Science Journal*, Vol. 50, No. 155, 1998, pp. 17–28.

[2] R. A. W. Rhodes, "Understanding Governance: Ten Years On," *Organization Studies*, Vol. 28, No. 8, 2007, pp. 1243–1264.

[3] G. Stoker and R. Pyper, "Understanding Governance," *Public Policy and Administration*, Vol. 12, No. 2, 1997, pp. 1–3.

上,总结出了公共池塘地下水资源管理的"多中心公共企业博弈"的格局。"多中心治理理论"认为,多中心意味着公共物品的多个生产者,公共事务的多个处理主体;多中心治理意味着政府、市场的共同参与和多种治理手段的应用;多中心治理要求政府转变自身的角色与任务。在公共物品的生命周期中,大致存在着三个角色:"消费者、生产者和连接消费者与生产者的中介者"。在多中心治理中,政府更多地扮演了一个中介者的角色,即制定多中心制度中的宏观框架和参与者的行为规则,同时运用经济、法律、政策等多种手段为公共物品的提供和公共事务的处理提供依据和便利。奥斯特罗姆运用多中心治理理论解释公共物品的提供,仍然没有脱离罗兹网络治理的要义,公共部门、私人部门、志愿部门边界改变,在一个多元主体网络之下协同合作。

2. "治理"在中国的引介

汉语语境中固有的"治理"由来已久,通常指"国家统治和管理"、"处理公共问题"。当今学术讨论的"治理"(governance)是学者们译介而来。国内最早一篇有关"治理"(governance)的文章出现在刘军宁1995年主编的《公共论丛:市场逻辑与国家观念》一书中,书中刊发了署名"智贤"的长篇译介文章《Governance:现代"治道"新概念》。文中将"governance"一词翻译成"治道",认为"治道"是关于治理公共事务的道理、方法和逻辑,是对市场经济条件下国家管理经济职能提出的基本要求,主要涉及运用公共权力的方式,旨在提高发展中国家管理公共事务的效能,驾驭经济发展的能力。1997年,徐勇在《政治学研究》发表《Governance:治理的阐释》一文,认为将"governance"译为"治道"不合适,而译为"治理"较好[1],治理是通过对公共事务的处理,以支配、影响和调控社会。中央编译局俞可平率领的团队在治理理论方面做了大量研究,翻译出版了大量的外国文献,同时也对中国的治理问题进行了较多研究,并于2012年主编出版了中国第一部以"治理"为主题的《中国治理评论》。

2000年左右,"治理"的理念在中国引发了热议,国内代表性的一些

---

[1] 徐勇、吕楠:《热话题与冷思考——关于国家治理体系和治理能力现代化的对话》,《当代世界与社会主义》2014年第1期。

学者专门把"治理"作为一种新的政治分析框架展开探讨。俞可平将治理视为与经济分析、阶级分析、文化分析、制度分析、国家-社会分析并行的政治分析方法①，治理可以被视为一种新的研究范式，一种范式的转换，即新的"话语"（新的讨论场、问题场）。从理论上来看，"治理"概念的复活，可能与七八十年代各门社会科学出现的某些范式危机有关。这些危机部分地由于学术界对既有范式描述和解释"现实世界"的能力不满。把"治理"当作一个重要课题来研究，根源在于对社会科学中一些过分简单化的非此即彼的两分法的否定：市场 VS 计划；公共部门 VS 私人部门；政治国家 VS 公民社会；民族国家 VS 国际社会。把有效的管理看作是两者的合作过程；力图发展起一套管理公共事务的全新技术；强调管理就是合作；认为政府不是合法权力唯一源泉，公民社会也同样是合法权力的来源；把治理看作是当代民主的一种新的现实形式。包国宪认为治理是政治学范式的变迁，治理从宏观层面来讲是一个分析框架②，这个分析框架研究的是政府、市场、社会的相互关系及其演化的路径，以及在此关系中的权力分配以及偏好选择的理论问题；在微观层面上，治理要研究的是与宏观治理构架相符合的微观政府结构，也就是需要怎样的政府组织模式来与宏观的治理框架相匹配的问题，以及如何匹配的具体问题。在学者们的不断探讨下，中国语境中的治理既保持了国外治理研究的一般性，也渐渐产生了与国外治理研究的区别。具有代表性的观点，如，徐勇认为治理作为一个政治术语，强调治理的过程和绩效，并给出治理的定义，"治理是政治主体运用公共权力及相应方式对国家和社会的有效管控和推进过程。概括起来就是：谁治理，如何治理，治理成效如何？"③

二 国家治理

从"治理"的理论演进来看，是对于市场失败和政府失败的回应，

---

① 俞可平：《治理和善治：一种新的政治分析框架》，《南京社会科学》2001年第9期。
② 包国宪、郎玫：《治理、政府治理概念的演变与发展》，《兰州大学学报》（社会科学版）2009年第2期。
③ 徐勇、吕楠：《热话题与冷思考——关于国家治理体系和治理能力现代化的对话》，《当代世界与社会主义》2014年第1期。

伴随第三部门的兴起，国家与公民社会突破零和博弈，公共利益实现方式由一元、强制、垄断走向多元、民主、合作，具有一定的"社会中心主义"色彩。而"国家治理"则代表了一种更为综合的、可操作的评价体系。

中国传统政治思想中，国家治理即"治国理政"，中国共产党的文献中，国家治理通常表述为"党领导人民治理国家"。早在2009年，唐皇凤撰文《新中国60年国家治理体系的变迁及理性审视》提出国家治理体系构建设想，"有效的政党体系、政府体系，发挥政党、政府支撑作用，利用市场、社会组织拓展治理空间"[①]。2013年，党的十八届三中全会通过的《中共中央关于全面深化改革若干重大问题的决定》提出"全面深化改革的总目标是完善和发展中国特色社会主义制度，推进国家治理体系和治理能力现代化"[②]，这也是"国家治理体系"和"国家治理能力"的概念首次出现在党的重大文件中。概而言之，经济、政治、文化、社会、生态五个方面的全方位改革，党的领导、人民当家作主、依法治国有机统一，"治理"的研究逐步扩展到"国家治理"，并延展到"国家治理体系"、"国家治理能力"、"现代化"。据许耀桐考察，党的十八届三中全会通过的《中共中央关于全面深化改革若干重大问题的决定》全文共24次提到"治理"一词[③]，主要有：国家治理、政府治理、社会治理、社区治理、国际经济治理、治理体系、治理能力、治理体制、治理结构、治理方式、系统治理、依法治理、综合治理、源头治理、第三方治理等，涉及治理体系及其结构层次、方式方法、组织人员等诸多方面。

王浦劬认为，"中国共产党人的国家治理，既在本质上区别于中国传统统治者的治理国家，又在价值取向和政治主张上区别于西方的治理理论及其主张。它遵循的是马克思主义国家理论逻辑，即国家的职能由政治统治与政治管理有机组成。社会主义国家的国家治理，本质上既是政治统治之'治'与政治管理之'理'的有机结合，也是政治管理之'治'与

---

① 唐皇凤：《新中国60年国家治理体系的变迁及理性审视》，《经济社会体制比较》2009年第5期。
② 《中共中央关于全面深化改革若干重大问题的决定》，《求是》2013年第22期。
③ 许耀桐、刘祺：《当代中国国家治理体系分析》，《理论探索》2014年第1期。

'理'的有机结合。"①

何增科撰文认为，国家治理的概念是在扬弃国家统治和国家管理概念基础上形成的一个概念，吸收了治理和善治理论与公司治理理论的合理内容。"国家治理的概念又有其独特性。首先，它凸显了国家政权的管理者向国家政权的所有者负责并可以被后者问责这一问题的重要性。其次，它强调国家政权的所有者、管理者和利益相关者等多元行动者、政府、市场、社会等多种治理机制合作管理的重要性。最后，它把增进公共利益同维护公共秩序放在了同等重要的地位，实现这两个目的的能力是国家治理能力最重要的体现。国家治理水平有高低优劣和有效与无效之分。国家治理体系及其运行过程的发达顺畅程度直接影响着国家治理的水平。"②徐湘林对"国家治理"内涵做了阐述认为，"国家治理的价值目标，首先要维护国家的基本秩序和稳定，包括维护国家历史文明传承和演进的道德价值，为社会提供法律框架，保证法律和秩序的实施，保护国家领土免受外来入侵。其次要发展国民经济和提供公共服务，包括调控宏观经济和直接规范管理经济活动，抽取社会资源实施再分配，不断提高全民的社会福祉。"③

诸如学者们的讨论，国家治理有广义、狭义之分。狭义的国家治理仅指国家对政治领域的治理，也即政治治理或者政府治理；广义的国家治理是指国家治理的范围，而非治理的主体，这也是十八届三中全会提出这一概念的内涵，从"国家"概念出发，既是一定的地理范围（疆域），也是一个政治概念（主权）。④"国家治理"受到了西方"治理"理论多元主体协同共治理念的影响，是一种现代国家所持有的概念，同时是经验性、渐进式的内生演化，而非直接移植西方政治学理论框架。

三 国家治理体系

2013年11月12日，中共十八届三中全会通过的《中共中央关于全面

---

① 王浦劬：《国家治理、政府治理和社会治理的含义及其相互关系》，《国家行政学院学报》2014年第3期。
② 何增科：《理解国家治理及其现代化》，《马克思主义与现实》2014年第1期，第11页。
③ 徐湘林：《"国家治理"的理论内涵》，《领导科学》2014年第12期。
④ 丁志刚：《如何理解国家治理与国家治理体系》，《学术界》2014年第2期。

深化改革若干重大问题的决定》（以下简称《决定》）在表述全面深化改革的总目标时，首次使用"国家治理体系"这一概念。而关于"国家治理体系"的阐述并未见于《决定》，学界关于"治理"、"国家治理"的论述不少。

官方论述方面，据薛澜考察，习近平2013年11月12日在党的十八届三中全会第二次全体会议上讲话中，首次公开对"国家治理体系和治理能力现代化"的内涵进行了阐述。①"国家治理体系和治理能力是一个国家制度和制度执行能力的集中体现。国家治理体系是在党领导下管理国家的制度体系，包括经济、政治、文化、社会、生态文明和党的建设等各领域体制机制、法律法规安排，也就是一整套紧密相连、相互协调的国家制度；国家治理能力则是运用国家制度管理社会各方面事务的能力，包括改革发展稳定、内政外交国防、治党治国治军等各个方面。国家治理体系和治理能力是一个有机整体，相辅相成，有了好的国家治理体系才能提高治理能力，提高国家治理能力才能充分发挥国家治理体系的效能。"② 2014年2月17日，习近平在省部级主要领导干部学习贯彻十八届三中全会精神全面深化改革专题研讨班开班式上发表重要讲话再次指出，"国家治理体系和治理能力是一个国家的制度和制度执行能力的集中体现，两者相辅相成。我们的国家治理体系和治理能力总体上是好的，是有独特优势的，是适应我国国情和发展要求的。同时，我们在国家治理体系和治理能力方面还有许多亟待改进的地方，在提高国家治理能力上需要下更大气力。"③ 我们可以发现，"国家治理体系""国家治理能力"并举的同时，落脚在"提高国家治理能力"上，西方治理理论发展是在国家与公民社会突破零和博弈，公共利益实现方式由一元、强制、垄断走向多元、民主、合作的背景下产生的，中国共产党的治理理论更多地带有"国家理论"的色彩。

除了官方论述，学界也尝试给出解答。徐湘林撰文《"国家治理"的理论内涵》把国家治理视作一个结构性的动态均衡调试过程。从这个角度

---

① 薛澜、张帆、武沐瑶：《国家治理体系与治理能力研究：回顾与前瞻》，《公共管理学报》2015年第3期。
② 习近平：《切实把思想统一到党的十八届三中全会精神上来》，《求是》2014年第1期。
③ 《完善和发展中国特色社会主义制度　推进国家治理体系和治理能力现代化》，《人民日报》2014年2月18日，第1版。

出发,将国家治理结构分为六个相互依存的部分①,即核心价值体系、权威决策体系、行政执行系统、经济发展体系、社会保证体系和政治互动机制。他认为,其中任何一个部分的重大混乱和失调都可能导致国家治理结构的崩溃。

中央编译局比较政治与经济研究中心何增科构建的国家治理体系(State Governnance System,SGS)认为它是一个以目标体系为追求,以制度体系为支撑,以价值体系为基础的结构性功能系统(见图2-1)。②

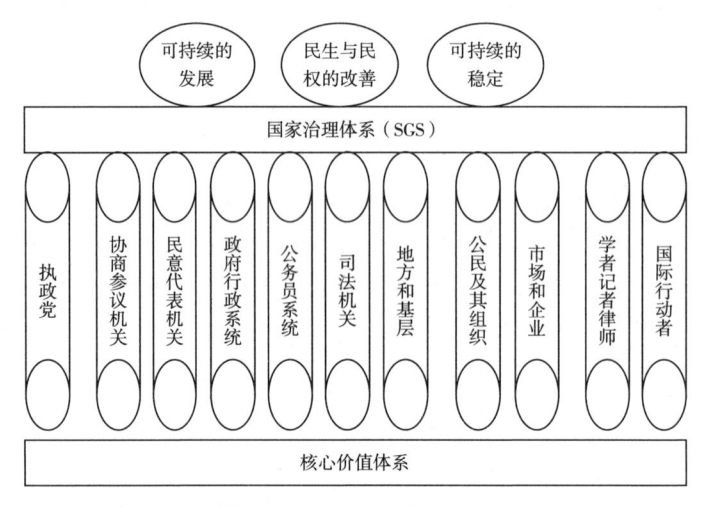

图2-1 国家治理体系框架

许耀桐认为,"按照构成来讲,国家治理体系可以分为系统、结构、层次三个方面。国家治理体系是由政治权力系统、社会组织系统、市场经济系统、宪法法律系统、思想文化系统等构成的有机整体。结构是一系统诸要素之间的组织形态,包括诸要素及组织的序量、张量等。作为系统的结构,其基本特点是层次。层次是系统结构在组成方面的等级秩序。不同层次具有不同的性质和特征,既有共同的规律,又各有特殊规律。概括起来,治理的结构有四个层次,即由治理理念、治理制度、治理组织和治理方式构成。"③ 笔者进行表格化处理见表2-1。

---

① 徐湘林:《"国家治理"的理论内涵》,《领导科学》2014年第12期,第20页。
② 何增科:《理解国家治理及其现代化》,《马克思主义与现实》2014年第1期。
③ 许耀桐、刘祺:《当代中国国家治理体系分析》,《理论探索》2014年第1期。

表 2-1 国家治理体系

国家治理体系	
系统	结构层次
政治权力系统： 政党、政府、人大、政协、法院、检察院等； 社会组织系统： 工会、共青团、妇联、社区组织以及各种公益、科技、商会类组织等； 市场经济系统： 公司治理、法人治理等； 宪法法律系统： 按照各种法律规定的依法治理； 思想文化系统： 涉及思想领域、道德领域，即实行德治。	治理理念 治理制度 治理组织 治理方式

中国人民大学蓝志勇用图表方式给出了"现代治理体系"（见图 2-2）[①]，大椭圆为国家社会，三角为行政管理体系，也称为现代官僚体系，圆形图案代表市场，棱形为非营利组织，折叠形为民间联系国际社会的纽带，角圆形为城市政府。地方政府按公司化或现代财团法人的方式运行，灵活高效，易于监督，也在为民服务方面富有创新能力。

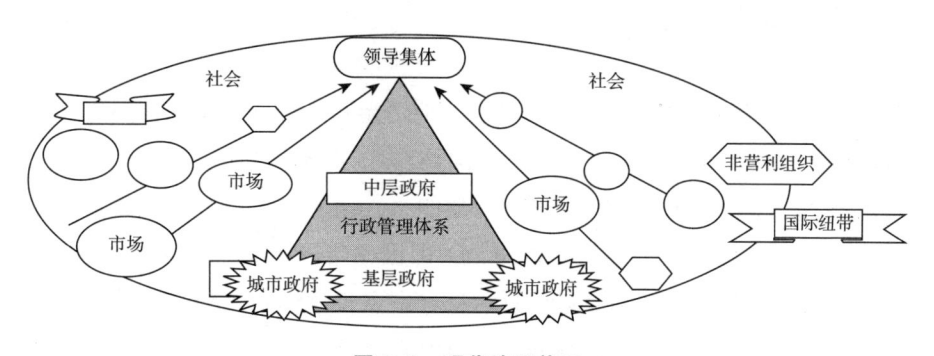

图 2-2 现代治理体系

燕继荣撰文《现代国家治理与制度建设》讨论国家治理与制度建设的关系，说明国家治理现代化所需要的制度条件，认为国家兴衰与国家治理

[①] 蓝志勇、魏明：《现代国家治理体系：顶层设计、实践经验与复杂性》，《公共管理学报》2014 年第 1 期，第 1~9、137 页。

能力密切相关，国家治理能力实则就是国家制度供给的能力。据此，提出基础制度、基本制度和具体制度的分析框架（见表2-2）。

表2-2 现代治理的制度体系

	制度结构	制度要求	制度表现
现代治理的制度体系	具体制度	适应性	政策和规章
	基本制度	稳定性	基本政治制度：政府制度、政党制度、选举制度、国家结构制度等
	基础制度	耐久性	宪法体制：规定公民权利及其保障原则、政府组建和施政原则，以及宪法至上的保障制度

从上面的官方论述和学界阐释，我们可以看出，国家治理体系是一个包含目标（如可持续发展、民生和民权的改善、可持续的稳定）和主体系统（从制度角度出发解构政党、政府、社会、市场的不同具体任务）的体系。"现代化"更多的是从治理的方式而言，因而"制度化"成为很多学者解析国家治理体系的思考出发点，无论是从行政系统思考制度设计，还是从不同层级进行制度安排。

四 国家治理能力

在《中国国家能力报告》一书中，王绍光和胡鞍钢将国家能力定义为国家将自己的意志、目标转化为现实的能力。国家能力包括四种：第一，汲取能力，即国家动员社会经济资源的能力，国家汲取财政的能力集中体现了国家汲取能力；第二，调控能力，即国家指导社会经济发展的能力；第三，合法化能力，即国家运用政治符号在属民中制造共识，进而巩固其经济地位的能力；第四，强制能力，即国家运用暴力手段、机构、威胁等方式维护其统治地位的能力。他们认为财政汲取能力是最重要的国家能力，明确主张以汲取能力和调控能力作为衡量国家能力的指标。他们认为国家能力主要是指中央政府能力，而不是泛指公共权威的能力。[1]

---

[1] 王绍光、胡鞍钢：《中国国家能力报告》，辽宁人民出版社，1993。

徐湘林认为国家治理能力是国家治理结构六个方面所体现出的能力。①即：（1）在继承和改造中重建大众认同的、开放的核心价值体系；（2）通过政治体制改革和民主法治建设维护和完善权威的决策系统；（3）通过行政体制改革、服务型政府建设和问责制的建立，重建公众的信任；（4）加强社会协商机制，培育和促进各类民间团体的发展和自律，逐步建立有序的政治参与和良性的政治互动；（5）完善国家宏观调控政策的决策体制，调整政府干预和市场运行之间的关系，维持和促进经济可持续增长；（6）完善社会再分配体制和社会福利制度，建立起与社会经济发展相适应的社会保障体系。

郑言、李猛认为，"国家治理能力勾勒出的是中国特色国家治理能力的'立体化'特征；不是静态的治理水平，而是动态发展的治理能力；测量没有绝对的标准，而是要在与世界其他国家的对比中得到彰显。"② 作者将"国家治理能力"做了以下划分，笔者进行表格化处理（见表2-3）。

表 2-3 国家治理能力

国家治理能力		
国家资源的生产与汲取能力	国家资源的管理与分配能力	"软"能力
人口、领土 自然资源 国民生产总值 国家税收 财政收支 军事力量	政治过程民主化 经济活动市场化 社会结构扁平化	社会整体教育水平 政治社会化程度 公民参与意识和能力 社会认同和凝聚力水平

王绍光借用迈克尔·曼在《社会权力的来源》一书中对"国家权力"的区分——专断性的国家权力（国家干预的范围）、基础性国家权力，认为当前所谈"国家治理能力"应从属于基础性国家权力，作者称之为"基础性国家治理能力"③。笔者将作者的阐述进行概括整理，作表格化处理（见表

---

① 徐湘林：《"国家治理"的理论内涵》，《领导科学》2014年第12期，第20页。
② 郑言、李猛：《推进国家治理体系与国家治理能力现代化》，《吉林大学社会科学学报》2014年第2期。
③ 王绍光：《国家治理与基础性国家能力》，《华中科技大学学报》（社会科学版）2014年第3期。

2-4)。

表 2-4　基础性国家治理能力

基础性国家治理能力		
近代国家的基本能力	现代国家的基本能力	民主国家的基础
● 强制能力 常备军队、专业警察 ● 汲取能力 财政收入 ● 濡化能力 国家认同、核心价值	● 认证能力 食品、药品安全，税收 ● 规管能力 信息对称、管理精细 ● 统领能力 高效清廉、制度反腐 ● 再分配能力 社会保障、公平分配	● 吸纳和整合能力 社会参与、意见表达

五　国家治理体系和治理能力现代化

在学术讨论中，现代化被认为是一个客观发展过程或趋势，它引发或决定了人们生活价值和理念的变化，从而进一步要求制度变迁和治理体系及能力的重新构建。现代化理论的知名学者艾森斯塔德（Alfred Eisenstaedt，1898—1995）从历史解释学的角度做出定义："就历史的观点而言，现代化是社会、经济、政治体制向现代类型变迁的过程。它从17世纪至19世纪形成于西欧和北美，而后扩及其他欧洲国家，并在19世纪和20世纪传入南美、亚洲和非洲大陆"[①]。美国哈佛大学教授塞缪尔·P. 亨廷顿（Samuel P. Huntington，1927—2008）把现代化一词理解为从传统社会向现代社会（工业文明）转变的过程，并从9个方面系统概括了这个过程的基本特点。

（1）现代化是革命的过程。从传统性向现代性的转变必然涉及人类生活方式根本的和整体的变化。

（2）现代化是复杂的过程。现代化包含着实际上是人类思想和行为一

---

① 〔以〕S. N. 艾森斯塔德：《现代化：抗拒与变迁》，张旅平等译，中国人民大学出版社，1988，第1~2页。

切领域的变化。

（3）现代化是系统的过程。一个因素的变化将联系并影响到其他各种因素的变化。

（4）现代化是全球的过程。现代化起源于15世纪和16世纪的欧洲，但现在已经成为全世界的现象。

（5）现代化是长期的过程。现代化所涉及的整个变化，需要时间才能解决。

（6）现代化是有阶段的过程。一切社会的现代化过程，有可能区别出不同水平或阶段。

（7）现代化是同质化的过程。传统社会以不同的类型存在，相反，现代社会却基本是相似的。

（8）现代化是不可逆的过程。虽然在现代化过程中某些方面可能出现暂时的挫折和偶然的倒退，但在整体上现代化是一个长期的趋向。①

"国家治理体系和治理能力现代化"的解释也脱离不开"现代化"这样一个大的背景。"现代化"治理意味着：（1）现代的治理模式：从"统治"走向"治理"；（2）有限的治理范围：从"全能"走向"有限"；（3）规范的治理标准：从"人治"走向"法治"；（4）人本的治理职能：从"管制"走向"服务"；（5）开放的治理格局：从"封闭"走向"透明"。②

如果说"国家治理体系"和"国家治理能力"规定了"国家治理"的主体和任务，那么"国家治理体系和治理能力现代化"规定了现代国家治理的方式。具体而言，徐勇认为应将"治理"放在"国家"以及国家与社会关系的角度来分析，认为"国家治理体系"和"治理能力"就是"制度"与"人"的关系，同时给出了国家治理体系和治理能力现代化的五个要素："制度化、民主化、法治化、高效化、协调化"③。何增科给出的国家治理体系和治理能力的现代化衡量标准有四个：国家治理的民主

---

① 〔美〕塞缪尔·P. 亨廷顿：《导致变化的变化：现代化，发展和政治》，载〔美〕西里尔·E. 布莱克编《比较现代化》，杨豫、陈祖洲译，上海译文出版社，1996，第44~48页。

② 唐天伟、曹清华、郑争文：《地方政府治理现代化的内涵、特征及其测度指标体系》，《中国行政管理》2014年第10期。

③ 徐勇、吕楠：《热话题与冷思考——关于国家治理体系和治理能力现代化的对话》，《当代世界与社会主义》2014年第1期。

化、国家治理的合法化、国家治理的文明化、国家治理的科学化。① 高小平认为，实现国家治理体系和治理能力现代化，需要做到四个统一、三个结合。四个统一：党和政府的领导与多元主体参与公共事务管理的统一，法治与德治的统一，管理和服务的统一，常态管理与非常态管理的统一；三个结合：坚持解放思想、解放和发展生产力、解放和增强社会活力相结合，坚持顶层设计与"摸着石头过河"相结合、推动治理制度创新，坚持发挥市场和社会在资源配置中的决定性作用与更好发挥政府作用相结合、推进治理方式创新。②

通过考察国内外对"治理"的研究以及近来"国家治理体系和治理能力现代化"方方面面的研究，可以大致总结学界获得的一些共识。"治理"的定义包含治理目标（为什么治理）、治理主体（谁来治理）、治理方式（怎么治理）、治理内容（治理什么）。可以说，"国家治理体系和治理能力现代化"就是要在科学化、制度化、民主化、法治化、透明化等方式之下，政党、政府、社会、市场多元主体协调完成各项国家治理任务，实现可持续稳定和发展等目标。

第二节 国家治理及其评估

国家治理现代化指标体系是作为研究国家之间差异的分析视角而出现的③，它将国家治理的方方面面转化为一系列具体的可衡量的指标，并力图在此基础上形成关于国家治理的分析性框架，从而进一步将国家治理发展为一种理论范式，用以对世界上不同国家的政治及其运行过程进行细致、系统的观察和分析，突破单一的视角或价值预设。

一 比较政治学的范式转换及国家治理视角的产生

理解国家治理指标体系首先要理解政治发展理论的演进以及国家治理

---

① 何增科：《理解国家治理及其现代化》，《马克思主义与现实》2014年第1期。
② 高小平：《国家治理体系与治理能力现代化的实现路径》，《中国行政管理》2014年第1期。
③ 汪仕凯：《国家治理评估的指标设计与理论含义》，《探索》2016年第3期。

视角的产生背景。从比较政治学的角度来看，国家治理理论是对民主化理论的反思，也是对现代化理论的回归和超越。民主化窄化了政治发展理论的议题，而国家治理则回到了一个系统性、整体性的理论框架。①

如果把政治发展理论划分为三阶段，那么，以亨廷顿等学者为代表的第一阶段可以被称为现代化理论阶段。在这一理论范式看来，政治发展可以被大致理解为政治现代化。以亨廷顿为例，他所提出的政治秩序的视角在很长时期内成为比较政治学的一个核心要素。在他看来，政府的有效程度决定了政治秩序的优劣，有效的统治就意味着稳定的政治秩序，而低效的统治就意味着政治秩序的动荡，各国政府在有效和无效、稳定和不稳定之间的差异要远远重要于他们在政体上的差异。以戴蒙德、福山等学者为代表的民主化理论阶段可以被称为第二阶段。这一阶段大致将各国政治体制依是否具有竞争性选举划分为自由民主政体和非自由民主政体两种类型，并认为自由民主体制是具有普世价值的一种政治体制，终将取代非自由民主政体，因而民主化是各国政治发展的应然方向。总体而言，这一阶段的理论范式力图用民主这一较为确定的标准对国家之间进行比较，其重点在于阐述和解释民主转型的必然性、路线、过程及可能性结果。但是这一理论范式始终存在一个问题，即如何建立自由民主体制，民主何以发生，也就是，如何处理一些国家在向自由民主体制转型的过程中所遭遇的种种失败或崩溃问题。

进入21世纪以来，一些新出现的政治现象触发了比较政治研究范式的再次转变。一方面，一些转型中民主国家的发展出现了衰败的迹象。同时，老牌民主国家也遭遇了较为严重的经济危机和社会矛盾激化等问题。这些都促使学界开始从单一的民主化思路跳脱出来，在新的层面思考各个国家所面临的治理问题，发现和认识各个国家不同的治理经验。在这一阶段，我们看多很多学者，例如蒂利、英格尔哈特，甚至民主化理论主导阶段的代表性学者如戴蒙德、福山等，都开始发生某种理论范式上的转向。蒂利提出"去民主化"（De-democratization）的概念，戴蒙德提出"民主回落"（Democratic Rollback）用以描述发生在全球范围内的民主衰落现

---

① 高奇琦、游腾飞：《国家治理的指数化评估及其新指标体系的构建》，《探索》2016年第6期。

象。米格代尔和福山都重新强调国家能力，把以国家为中心的研究范式再次带回人们的视野。伴随着对民主化理论的反思和国家这一概念的重新回归，治理这一概念也从最初的国际关系领域的"全球治理"和公共管理领域的"公共治理"开始向外拓展，与国家结合起来，形成了"国家治理"这一新的概念，并进而形成比较政治领域的一种新的理论范式。

因此可以说，国家治理的理论范式试图规避前两种理论范式的局限性，从国家内部的政党、政府、社会组织、公民等多种主体的角度，在承认各国之间巨大差异性的前提之下，尽量避开意识形态色彩或先在的价值设定，更加客观准确地理解各个国家的政治体制和政策过程。

二 国家治理的指标化

继农业、工业、国防和科学技术现代化之后，国家治理体系和治理能力现代化被表述为第五个现代化。国家治理体系和治理能力的现代化是一个过程化的发展概念。推进国家治理体系和治理能力现代化，就是要适应时代变化，既改革不适应实践发展要求的体制机制、法律法规，又不断构建新的体制机制、法律法规，使各方面制度更加科学、完善，实现党、国家、社会各项事务治理制度化、规范化、程序化。同时，现代化也是一个行为机制，因而我们可以通过评估反映它的状态和程度。

对重要概念及其意涵的基本共识是我们进行比较性研究的前提。衡量一个概念时必须架通概念层次和经验层次的桥梁，操作化就是这种沟通概念层次和经验层次的过程。指标体系的设立就是将国家治理从抽象的概念转化为具体的分析框架的过程，它为我们研究不同国家在治理方法和治理成效上的差异提供了全面而系统的分析视角。目前，虽然国家治理已经成为全球政治领域一个重点词语，但是对于国家治理的概念共识还需要进一步凝聚，而国家治理评估指标构建及其操作化将无疑有助于概念共识的达成。

如何来评价国家治理体系和治理能力的现代化？这就需要首先建立一套科学合理的治理评估体系，以使之体现现代国家治理的主要价值和目标内涵，涵盖现代国家治理的主要内容和领域，体现现代性的国家治理方式和理念。因此，可以说，建构国家治理评估体系的重要意义主要体现在以下几个方面：一是，为国家治理提供一套较为科学合理的标准。只有凭借一系列的标准，人们才能判断治理的绩效，发现治理的问题并比较治理的优劣。而国家治理评估体系作为这样的一种标准，是我们认识和评价一个国家治理状况的重要前提。二是，为国家治理的相关改革指引方向。国家治理的衡量和评估指标反映着现代国家发展的基本价值取向，因而也在相当程度上反映着政治进步的目标。三是，发现治理的现实状态与理想状态的差距，明确治理改革的路径，从而推动和引导国家的治理改革。四是，发现不同国家之间在治理结构和治理体制方面的异同，更好地了解和尊重民族国家的治理特色，拓展国家间的治理合作，推进全球的民主治理。

同时，为了通过指标指数化的方式搭建一套可测量的评估指标体系，治理指标体系的设立必须满足以下几个基本特征：一是，它们必须能全面准确地反映经验事实；二是，它们必须具有内在的逻辑依据；三是，它们最好能有助于对国家治理给出一个一般性的理论解释框架；四是，评估体系不仅要反映国家治理的过程和结果，也应该力求体现在各国治理影响之下的民众对于国家治理过程和结果的主观认识。从以上几方面来看，建立一套国家治理评估指标体系都无疑是一项较庞大和有难度的工程。

第三节　国内外国家治理衡量指标体系

最早的治理评估缘起于国际组织和跨国公司为评定受援国资质及改善受援国或投资国政治环境而对本国及他国所进行的一系列评价活动。比较政治学研究开始向国家治理范式转化以来，为了使治理从一种理念转变为一种可操作和可衡量的实践，学界以及一些重要的国际组织纷纷制定了治理评估体系。据世界银行统计，目前世界上有140多套关于国家治理的评估体系。[①] 这里选取一些具有较高知名度和代表性的指标体系，以呈现现代化国家治理体系的基本指标，以及这些指标所预设的国家治理体系的基本框架。

---

① 任剑涛：《现代化国家治理体系的建构：基于近期顶层设计的评述》，爱思想网，http://www.aisixiang.com/data/88404html。

一 国外治理指标体系研究

最早确立完整的治理标准,并对主权国家的治理状况进行整体性评估的是一些著名的国际组织,例如联合国开发计划署(UNDP)、经合组织(OECD)、世界银行(WB)等。据世界银行有关部门统计,目前经常使用的治理评估指标体系大概有140种。其中影响较大的有世界银行的"世界治理指标"(Worldwide Governance Indicators, WGI),联合国人类发展中心的"人文治理指标"(Humane Governance Indicators, HGI),联合国奥斯陆治理研究中心的"民主治理测评体系"(Measuring Democratic Governance)和经合组织的"人权与民主治理测评"指标体系(Measuring Human Rights and Democratic Governance)。除了联合国及国际社会政府间组织的各种治理评估体系之外,一些重要的国际非政府组织和西方国家也根据自己的价值取向和工作重点发布了各种专门性的治理评估体系。

1. 世界银行的指标体系

世界银行提供的治理指标体系,分为世界治理指标、国家政策与制度评估指标以及治理与反腐败诊断调查指标,这类评估指标体系指向的正是国家治理体系和能力。

一是"世界治理指标"。这一指标体系主要涉及言论与问责、政治稳定性与不存在暴力、政府效率、管制质量、法治、腐败控制六个主要的指标维度。具体而言:(1)言论与问责(voice and accountability),也就是,一个国家的公民能在何种程度上选举产生自己的政府,享有言论自由、结社自由和媒体自由;(2)政治稳定和不存在暴力(political stability and absence of violence/terrorism),也就是,一个国家面临政局动荡、出现政治暴乱或遭受恐怖主义侵袭的可能性大小;(3)政府效率(government effectiveness),也就是一个国家的政府所能提供给民众的公共行政服务和公共政策支撑的能力和质量,以及政府自身政策的可信度;(4)管制质量(regulatory quality),即政府制定和实施良好的政策法规以促进市场主体和私人部门有序良性发展的能力;(5)法治(rule of law),即社会中各主体对公共规则的遵守和信赖程度;(6)腐败控制(control of corruption),即一国的公共权力在何种程度上被用以谋求私利,公共资源在何种程度上被侵占。世界银行的这一套评估指标体系收录了从1996年起较长时段里全球215个国家在上述六个维度的数据，综合了大量工业国家和发展中国家公民、企业及专家的意见，以及多个调查机构、数据库、非政府组织、国际组织和私营部门的数据信息。

二是"国家政策与制度评估"指标体系。这一指标体系包括四大类十六个大指标及其细分指标，例如：宏观经济管理、财政政策、债务政策、贸易、金融部门、商业监管环境、人力资源建设、社会保障和劳动力、环境和可持续发展的政策与体制、预算和财政管理质量、收入动员效率、公共行政管理质量、公共部门透明度问责制及腐败等。这些指标与前述的"世界治理指标"有高度的吻合，只是在具体政策取向上更加细化。

三是"治理与反腐败诊断调查"指标体系。这个体系主要包含三个调查项目。其一是公职人员调查，旨在了解机构具体的腐败行为（包括贿赂、裙带关系、政治干预、挪用公款等），自由裁量权/随意性，绩效和治理情况。调查的结果引发了在治理和消除贫困，治理和公共部门的成果，治理和政治、价值、文化差异的关系上的对话。其二是企业调查，目的是研究商业环境，尤其是公共部门的治理和腐败行为对私有部门发展的影响。这项调查还研究公司作为公共服务使用者、管理规定的服从者、各种执照和许可的申领者的作用和角色。另外，这项调查对司法体系和制度也给予了特别的关注。其三是家庭调查，主要是研究普通公民作为公共服务的使用者、管理规定的服从者、各种执照和许可的申领者，对于公共和私有部门中的腐败行为的体验和认识。其中，调查的重心是社会服务，例如医疗保健和教育。

这三个评估指标体系，其中"世界治理指标"较为宏观，而后两者较为细致微观。但它们都紧紧围绕国家治理现代化的几个主要方面而展开：首先是国家政治体制方面，如公民的权利、政府的法治程度、政治问责等；其次是政府与企业、公私部门的相互关系，如政府预算、公共政策、政府规制、市场导向、政策透明度、营商环境等；最后是公共权力的行使，如惩治腐败、控制犯罪、公众满意度、绩效评估等。在这些指标体系中，民主化和法治化都占有核心的位置，这两项指标可以说被认为是现代化国家治理体系的最重要标志。同时，良好的政府与市场关系、国家与社会关系也是指标体系极为重视和倡导的。

2. 联合国开发计划署的治理指标项目

联合国开发计划署的治理指标通常是以工作报告的形式发布的,这一组织提供的指标数量较多,涵盖了治理的各个方面。在它所发布的各种指标中,较有影响力的是"千年发展目标计划"。2000年9月,在联合国千年首脑会议上,世界各国领导人就消除贫穷、饥饿、疾病、文盲、环境恶化和妇女歧视,商定了一套有时间期限的目标并设定了测定目标达成的若干项指标。这些指标大致包括八大类型,分别是消灭极端贫穷和饥饿,普及小学教育,促进男女平等并赋予妇女权利,降低儿童死亡率,改善产妇保健,与艾滋病、疟疾及其他疾病做斗争,确保换届的可持续能力,全球合作促进发展。这八大指标被认为是全球发展的共同而核心的命题,因此被统称为千年发展目标。

3. 经济合作与发展组织的 Metagora 项目

这一项目旨在引导南北合作,提升国家能力和领导水平,侧重于评价国家的人权和民主治理状况。这一项目的指标体系主要涉及民主、人权和治理三个主要维度,具体包括自有管理、问责、透明度、腐败、参与、效率、法治、控制检查和监督、信息获得、道德等次级指标。

应该肯定的是,这些西方国家或国际组织所研发的治理评估体系都是希望采用具有普遍性的一套指标体系来对世界各国的治理状况进行细致和准确的测量,这也是各种评估体系的共同之处。从这些治理评估指标体系各自的特点来看,应该说它们各有侧重。有的评估体系侧重于从政府过程的角度来衡量一个国家的治理现代化程度,比如公民参与程度、政府能力、腐败治理等;有的评估体系侧重于从国家治理的结构性因素来测量国家治理,如是否选举、是否有独立的文官体系、公民社会的发育程度、法治透明度、言论自由度等。这其中具有代表性的比如联合国开发计划署的治理指标项目,以及自由之家主持的全球自由评估等;有的评估体系则侧重于国家治理的实际效果,比如政府绩效、公民满意度等。[①]

但是,我们也可以看到,这些评估体系最大的问题也就在于,各个不同的国家在历史进程、政治制度、经济发展阶段等方面都存在巨大的差

---

① 肖唐镖、肖龙:《中国公民眼中的国家治理:能力与绩效评估》,《地方治理研究》2016年第1期。

异，我们很难用一个统一的标准来加以衡量。诸多评估指标体系虽然多数宣称自己没有任何价值偏好，是本着中立的原则，力求科学客观地衡量各国治理现状，但是，就其测量的实际效果来看，却毫无疑问存在着明显的价值导向。一些研究表明，在很大程度上，治理指标评估帮助西方国家掌握全球民主政治的话语权，也成为他们对非西方国家进行政治干预和指责的一种话语武器。同时，从测量的数据来源来看，西方国家治理评估指标主要采用问卷调查作为其分析和评估的主要数据支撑，而问卷投放地点的选择以及问卷设计本身可能就带有一定的选择性和引导性，这也是很多评估指标体系不具有较强信度的一个重要原因。也正因为这些原因，这些国际性治理评估体系的客观性、中立性、公正性其实一直都在受到怀疑，其评估结果也往往难以被包括评估对象在内的第三方所接受。

二 国内国家治理评估指标体系

近几年来，中国在国家治理话语领域表现出积极踊跃的势头。中国政界和学术界也开始日益重视国家治理的评估，希望构建起适合中国国情的评估指标体系，一方面改进国内的治理现状，督促国内地方政府加快改革，另一方面也借此总结本国的治理经验，在国际社会中积极掌握更多的自主性和话语权。例如，俞可平认为，衡量一个国家的治理体系是否现代化至少有五个标准。其一是公共权力运行的制度化和规范化，它要求政府治理、市场治理和社会治理有完善的制度安排和规范的公共秩序。其二是民主化，即公共治理和制度安排都必须保障主权在民或人民当家作主，所有公共政策要从根本上体现人民的意志和人民的主体地位。其三是法治，即宪法和法律成为公共治理的最高权威，在法律面前人人平等，不允许任何组织和个人有超越法律的权力。其四是效率，即国家治理体系应当有效维护社会稳定和社会秩序，有利于提高行政效率和经济效益。其五是协调，现代国家治理体系是一个有机的制度系统，从中央到地方各个层级，从政府治理到社会治理，各种制度安排作为一个统一的整体相互协调，密不可分。[①] 与俞可平

---

① 俞可平：《衡量国家治理体系现代化的基本标准——关于推进"国家治理体系和治理能力的现代化"的思考》，《北京日报》2013年12月9日。

的五标准说相似，何增科认为国家治理体系和治理能力现代化的衡量标准至少有四条：一是民主化。人民成为国家政权的所有者，能够通过合法的渠道直接地或通过自己选举的代表参与决策、执行和监督等国家治理的全过程，并拥有追究责任者的制度化手段。二是法治化。国家政权的所有者、管理者和利益相关者参与国家治理的行为，都应纳入法治化的轨道进行；国家公共权力的运行也应受到宪法和法律的约束；规则和程序之治要代替人治。三是文明化。国家治理应是"更少的强制，更多的同意""寓管理于服务之中""更多的对话协商沟通合作，更少的独断专行""更多的激发权能，更少的排斥和歧视"。四是科学化。各类治理主体拥有更多的自主性，他们履行各自功能的专业化和职业化分工程度不断提高，执政党和政府机关协调其他治理主体的能力、进行战略和政策规划的能力不断提高等。① 沈传亮认为，国家治理能力现代化评估至少有三个维度。一是对治理主体治理能力的评估。从治理定义看，中国治理主体主要包括党和政府、市场组织、社会组织等。对治理主体的治理能力评估就是对党和政府、市场主体、社会组织等进行的能力评估。不同的治理主体，国家治理能力要求各不相同。要根据不同的治理主体构建差别化治理评估体系。世界上通行的治理能力评估体系多是围绕治理主体展开。二是对治理过程评估。治理是一个过程性概念。这一评估维度主要针对治理主体在治理过程中展现出的能力进行评估。治理过程评估是随时性的、动态的。世界上绝大多数治理能力评估体系都还没涉及治理过程评估。② 三是对治理绩效的评估。这一评估主要从经济治理、政治治理、社会治理、文化治理、生态治理的成效上来测量和判断。

1. 中国发展指数（RCDI）

该指数由中国人民大学中国调查与数据中心编制，于2007年开始发布，迄今为止已经连续发布超过10年，这一指数借鉴了联合国人类发展指数的若干评估指标和设置方法，旨在弥补GDP指标的片面性，全面地测量国家和地区的发展。这一指数旨在测量中国不同地区的社会经济发展状况及地区差异。该指数共分为四大类指标：健康指数（由出生预期寿命、婴

---

① 何增科：《国家治理现代化及其评估》，《学习时报》2014年1月13日。
② 沈传亮：《建立国家治理能力现代化评估体系》，《学习时报》2014年6月3日。

儿死亡率、每万人病床数等次级指标构成）、生活水平指数（由农村居民年人均纯收入、人均 GDP、城乡居民年人均消费比、城市居民恩格尔系数等次级指标构成）、教育指数（由成人文盲率、大专以上程度人口比例等次级指标构成）、社会环境指数（由城镇失业登记率、第三产业增加值占 GDP 比例、人均道路面积、城市居民人均居住面积、人均环境污染治理投资总额等次级指标构成）。

2. 中国治理评估

这一指标体系由政治学界的俞可平教授发起，较早对世界上现存的主要国家治理评估指标体系进行了较全面的学术介绍，并在此基础上凝练了评估中国治理绩效的 12 个指标维度，分别是：公民参与、人权与公民权、党内民主、法治、合法性、社会公正、社会稳定、政务公开、行政效益、政府责任、公共服务、廉政。在此之下，共分解为 98 个二级指标。以社会稳定为例，这一指标维度之下包括：政府处置突发事件的能力、政策的延续性、公民的社会安全感、社会治安状况、通货膨胀率、民族区域的冲突事件、群体性事件的数量、上访数量及比例、公民的社会危机感、家庭暴力的数量和公共暴力事件等。应该说，这一评估体系在内容上是较为全面的，既力图较大程度地引导中国各层级政府向更好的方向改革和转变，同时也力图打破西方治理评估体系的价值偏向性。

3. 国家治理质量监测指数

这一指标评估体系着重监测和评估国家治理的真实绩效。该体系由政府、市场、社会三方面共 9 个指标构成，分别是：政府能力指标（包括经济控制力、腐败程度、国防能力等次级指标）、市场有效性与经济发展指标（包括市场机制、产业发展和宏观经济等次级指标）、社会稳定性和社会发展指标（由社会稳定、社会发展、社会福利与社会保障等次级指标构成）。这一指标体系由南开大学景维民教授的研究团队主导完成，先后对原苏联及东亚 18 个民主化转型国家进行了治理评估。

4. 国家参与全球治理指数（National Governance Index，NGI）

这一指标体系由华东政法大学于 2014 年前后研究并发布，旨在测量全球主要国家的国家治理质量和状况。该评估体系选取亚非欧共 100 多个国家作为评估对象，评估的主要依据来自这些国家的 GDP 总量、人口数量等可获得的信息和数据资源。该评估体系主要分为基础性指标（包括基础设施、秩序和基本公共服务,具体指标例如交通设施、通信设施、水利设施、民生设施;社会治安、政局稳定、食品供应;健康状况、教育程度、就业水平等)、价值性指标(包括公开、公平、公正,具体指标例如财政公开、立法公开、决策公开、分配公平、保障公平、性别公正、少数群体公正等)、持续性指标(包括效率、环保和创新,具体指标例如能源消耗、资源消耗、污染物排放、创新投入、创新产出等)这三个指标维度。

5. 天则经济研究所"中国省市公共治理指数"

这一指标体系包括3个二级指标:公民权利、公共服务、治理方式。之下又分为18个三级指标:收入和财产权、言论自由、新闻出版自由、人身权利、出行自由、权利救济(公民权利),基础教育、公共卫生、就业医疗和养老社会保障、环境、公共安全、公共道路和交通(公共服务),选举、透明、多元、参与、廉洁、信任(治理方式)。

6. "中国社会治理评价指标体系" (China Social Governance Index) (2012)

这一体系由中央编译局比较政治与经济研究中心和清华大学凯风发展研究院政治发展研究所联合发布,下设6个一级指标和35个分指标,分别是:人类发展(人均可支配收入、平均受教育年限、平均预期寿命、居民幸福感),社会公平(城乡居民收入比、基尼系数、高中毕业生的性别比系数、县处级以上正职领导干部中女干部比重、居民公平感),公共服务(基本公共服务支出占财政总支出比重、人均基本公共服务支出、人均公共服务设施指数、一站式服务普及率、失业率、居民对公共服务的满意程度),社会保障(基本社会保险覆盖率、住房支出占人均可支配收入比例、社会救助比例、低保标准与人均消费支出比、居民对社会保障水平满意度),公共安全(万人刑事案件发案率、万人治安案件发案率、非正常死亡率、群体性事件数量、万人恐怖袭击伤亡人数、居民安全感),社会参与(万人社会组织数量、万人志愿者数量、政府购买社会组织公共服务支出占公共服务支出比重、居民委员会直选率、居民参选率、重大决策听证率、预算制定过程中的公众参与率、媒体监督的有效性、居民对参与社会管理的满意度)。

应该说,对于国家治理评估指标体系进行更深入的研究,并在此基础上构建一套中国自己的治理评估体系已经成为近年来国家治理体系和能力建设研究的一项重要工作和显著发展趋势。这一点对于构建中国自己的一套国家治理评估指标体系，突破西方的话语霸权是具有重要意义的。目前较有影响力的治理评估或国家现代化、民主化评估体系都是西方国家主导的产物，这些指标体系在很大程度上存在着意识形态的软性输出意味。如何构建一套更科学、客观、公正的指数体系，从尊重各国，尤其是后发国家的发展经验和治理绩效的前提出发，更多地聚焦于国家秩序、基础设施、基本公共服务等基础性指标，纠正西方相关政治类指数对后发国家的过度误导，是十分有意义的。因此可以说，构建一套中国国家治理的分析框架和评估指标体系，其重要目的之一就是要将中国国家治理的经验理论化，从而构建中国在国际社会中的制度性话语权。[①]

总体而言，目前国内的治理评估体系分为几种主要类型。从评估目的来看，一种是研究性的评估体系，也就是主要用于理论探讨和价值引导的，例如俞可平在2002年发布的"中国民主治理评价标准"；另一种则侧重于实际测评，例如"生态文明指标体系"，这些指标体系是为了真实测量治理的绩效程度。从评估内容来看，有的指标体系较为综合，涵盖政府、经济、社会、文化、环境等诸多方面，有的指标体系则专门针对某一特殊领域来进行专项评估，如"城市法治环境评估指标体系"等。从评估的对象层级来看，有的指标是面向国际社会的各个国家，进行国家间比较性评估，有的指标则面向国内各个次级政府层面，旨在对地方政府治理绩效进行比较，例如"中国省会城市公共治理指数"。

从指标体系的编制思路和编制特点来看，目前国内治理评估指标体系主要分为以下几种类型：第一类是只报告评估框架，不细化指标，也不考虑指标实操性和数据可得性，重在理论论证。第二类是将评估的维度逐级细化形成多级指标，并为指标赋权，得出计量模型，最终形成一套可测量的指标体系。重点在开发指标体系，未进行完整实测。第三类是将评估的维度逐级细化形成多级指标，并为指标赋权，得出计量模型，最终形成一套可测量的指标体系。重点在实测，因此不仅发布了指标体系，同时进行实测并发布了实测结果（会涉及数据挑选、调适计量模型，从而使测评结果符合预期）。

---

① 汪仕凯：《国家治理评估的指标设计与理论含义》，《探索》2016年第3期。

尽管近年来国内学者在广泛借鉴各类评估体系的基础上研发和测试了多种治理评估指标体系，但也应该看到，国内的治理评估无论是在理论层面，还是在实际操作层面，都仍然存在不少问题，目前尚没有较为成熟的治理评估指标体系可以在国际范围内获得较大程度认可并被广泛使用的。一方面，部分指标体系的数据和信息资料缺乏可靠性。这些体系所设计的数据可能具有较大政治敏感性，或过分依赖于主观因素，因此难以获得，或及时获得也不太具有可信度。另一方面，部分指标体系内容较为庞杂，主题和重点不突出，目标不明确，以至于即使获得了准确的数据，其分析结果也不具有客观性和全面性。同时，相当多数量的指标体系也还只是学术界研究的辅助性工具，只进行了学术的发表和单次测量，并没有持续发布，因此在影响力上仍然较为欠缺，下一步仍需进入实际测评应用，获得稳定的信度和效度。

第四节 "个体—社会—国家"三维治理评估体系

在国内外现有国家治理评估体系的基础上，我们亟待提出更加具有合理性又体现中国治理特色的治理评估体系。这套体系需要兼具逻辑严密性和实操性，兼具规范性和实用性。为此，我们在梳理和借鉴国内外现有治理评估指标体系的基础上，提出了中国国家治理评估的一种新的思路。

一 中国国家治理现代化的基本衡量维度

在目前国内外学者给出的关于现代国家治理的一系列衡量指标中，有效性、制度化、民主化、法治化、参与与问责、腐败防治等始终居于核心地位，也是具有最高认同度的治理现代化指标。这些指标无疑也是中国在构建现代化国家治理指标体系的时候应该高度重视的。此外，现代化国家治理体系的顶层设计中，明确的国家权力系统、市场价格机制与社会管理创新基础上的多元互动与多元共治，也是对现代化国家治理体系运行机制的落实。①

我们应该从哪些维度来衡量中国国家治理的现代化程度呢，并在此基础上更清楚地界定治理现代化的发展目标呢？从根本上说，国家治理的目标就是要让人民幸福、社会和谐、国家富强。人民的自由、民主和福利是人民幸福的保障；社会发展的多元化、自治化及相互宽容自律，是社会和谐的基础。那么，当讨论国家富强的时候，除了人民幸福和社会和谐这两大要素之外，还有哪些具体要素值得关注？国际关系理论和国际社会格局演变的实践说明，规避国家风险，提升国家的综合竞争力，构成了各国行动的主要动机。国家之间（尤其是大国之间）为了国家利益而竞争，这种竞争可以归结为一场实力较量。从长远来看，这种较量实则是国家统一性、国家创新性、国家成本性、国家阻力性、国家风险性五个要素的比拼。由此不难得出结论：推动国家统一性、促进国家创新、降低国家成本、减少国家阻力、降低或规避国家风险，是国家治理在国家建设层面上的主要任务。基于以上分析，我们可以进一步界定中国国家治理的目标。

1. 国家统一性和均等化

从一个现代国家的发展标准来看，国家统一性整合表现在三个方面：第一，主权统一，其标志是领土完整，国家主权独立且不被分割；第二，治权统一，不同地区具有相对统一的管理办法，法定的中央政府管理权力在统一的管辖范围得以实施；第三，民权统一，不同地区、阶层的公民享有基本相同的权益。

中华人民共和国成立以来，国家做过多种努力，也做了很多基础建设，但在国家治理方面，还有许多短板，甚至还有一些问题尚未解决。比如，属地化管理基础上形成的各省、自治区、直辖市之间的不同，作为历史遗产的不同阶层的差异，以及公共服务和基础设施在城市和乡村以及地区之间的不均等，造成国家发展的障碍。因此，从国家治理的角度讲，推进国家的统一性和均等化是必要的。

国家必须不能随着发展而分裂解体，这就需要一种高度整合的力量，

---

① 任剑涛：《现代化国家治理体系的建构：基于近期顶层设计的评述》，爱思想网，http://www.aisixiang.com/data/88404.html。

需要"黏合剂",例如通过文化、宗教、意识形态、交通、信息网络、经济发展、市场化、人口杂居、族群通婚等机制和手段来高度融合。如果差异化太多,而且相互隔阂,国家的发展就会埋下祸患。从长远来讲,提供一个更有包容性的制度平台,有助于提高国家整合的能力,使它具有更大的凝聚性。要避免宗教排斥、观念分裂、民族矛盾、族群冲突、地域隔阂、阶层仇视等等。最好的办法就是全国整合统一,制度平台上不仅要做到主权统一、治权统一,还要做到民权统一。依据这一标准来评价国家状况,可以推导中国国家发展需要解决的问题,包括克服哪些不足,补上什么短板,为此进行怎样的制度性、政策性改革。除了制度上要设计一个更具包容性的框架之外,国家目标要建立在基本人性需要的基础上,保障基本的自由、民权,直到保障每个人的权益,坚持民主、自由、平等、公正、公平等最基本的原则,才能使民众对制度、政策、观念有共识,国家共识也就自然形成。

　　现代国家应该是均等化、统一性、一致性的,公民的权益应该是平等的。为了推动实现这一目标,就要有制度、体制的创新,实现国家治理体系的现代化。体制创新、制度变革都要围绕现代国家的标准来展开,创新性反映的是国家发展的动力和发展的可持续性。首先,要破解属地化管理的困境,建立全国统一的管理体系。历史上形成的管理体制很多是属地化管理,不只是经济发展,基本上所有社会事务都是属地化管理,这在很大程度上制造了区域之间的差距和不协调,形成地方主义。这种以行政属地化为基础而构建的一套管理体制,在很大程度上分解或者碎片化了国家资源,使管理变成以地方为单位的割裂状态。其次,要以基础设施和公共服务的均等化推动城乡、地区之间的均衡。从国外来看,欧美国家的均等化达到一定程度,一是需要一段时间,二是依靠市场的力量,亦即政府给出政策导向,民间自己做出选择,最终促成地区之间相对均等。所以体制、机制的变化最终还是回到政府职能上,政府要在政策导向、利益驱动和激励机制方面,提出明确的标准和要求,然后更多的是让市场、民间去选择,就可能做到相对均衡的状态。最后,要强化中央政府的协调机制和协调功能。现在要建立全国统一的制度,加强中央权力的协调性,跨地域之上要有更强大的协调能力。现代公共管理很多强调的就是协同性、协调能力,这是我们一个短板。要改变不协调、大失衡格局,必须全国统一布局。

2. 有限强政府与有序强社会

政府应该是有限的适度规模的强政府，亦即该它做事情时一定是很强的适度的，这是一个基本要求。政府有大小、强弱、有限无限之分：大小是从规模而言，强弱是从能力而言，政府在很多方面都应该强，尤其是希望它发挥重要作用时；有限与否是从范围权限而言，这一点必须首先搞清楚。政府的责任可以理解为是无限的，也就是必须所有的事情最后来兜底，老百姓对政府责任的要求是无限的，但政府的权力是法律赋予的有边界的，"法治政府"的提法是对的，政府在法律赋予的权力内必须积极作为，中国作为后发国家更该如此。

政府的强弱是相对市场的力量、社会的力量而言。如果政府想要在某些方面做得稍微超脱一点，那必须要有另外一支力量，亦即社会的力量和市场的力量能够补上才行，否则公共事务当中的缺位会造成很多麻烦，所以强弱是相对的。现在之所以讨论这个问题，是因为市场的力量、社会的力量已经有了足够的储备，政府可以做得超脱、放手一些。但是由于观念的影响、行为的惯性，这些方面没完全做到，政府依然很强，社会的力量、市场的力量反而没有充分发挥。

从政府的角度来说，分权好还是集权好，是一个两难的问题。20世纪90年代后期，对政府集权化的呼声越来越强，到现在更加强调顶层设计，集权化成为一个新的方向。在一般意义上来说，分权是一个方向，就是把政府的权力下放给社会，把中央的权力下放给地方。今天的两难实际上就是政府还没有跳出"统"和"分"的怪圈。要对权力的类型和内容作更加科学、细致、合理的划分，应该对有些权力进行统一和集中，有些权力必须要下放，下放到哪一级要有更加合理、合法的说明。中国政治发展体现分权的原则，不是所谓"三权分立"，也不是削弱党的领导，分权可以有纵向、横向、官民之间等多个方面。首先，政府和社会分权，要给社会提供更多的出路和管道，不要都走政府这条渠道；其次，中央政府和地方政府之间要有相应的分权原则，中央主要强调协调性，地方在中央的协调和政策法律下发挥自主性；最后，政府和市场的分权，公共服务和管理向市场化转变。分权、分流、分治是现代政治的基本要求，要给人提供多种道路，特别是民间社会要有各自的价值追求、利益实现。

另一方面是给民间开放自己的通道,允许组织渠道的自主性、自治性。对民间需要,应该释放更多途径,提供保障和基本管理。民间自治实际上反映了人性的基本要求,人作为社会的动物,要进行社会活动、社会交往,从中体现和实现价值。第一,社会自治满足了社会归属感和社会交往活动的需要,这是第一大功能,要肯定这种需要,应该有多样性的社会自治组织与生活。第二,社会自治对于实现社会的自我管理,提高社会的秩序化和制度化是大有帮助的。要社会民间自治,行为就要有规范,社会自治满足了社会的自我约束和自我规范,提供了制度化的渠道。第三,社会自治实际上是减轻公共管理负担,特别是政府负担的重要渠道。那些小政府、弱政府的地方,往往是民间组织比较发达,民间自治相对完善的地方。这三点决定了社会自治在未来中国发展中的重要性。至于如何培养社会自治,第一,尽快规范政府的行为,避免和社会发生直接的冲突和矛盾。第二,要有更大的胸怀来允许和鼓励民间自治组织的发展成长。第三,要积极引导,将其规范化,纳入管理体系和服务体系中来,让它成为政府功能的延长。

3. 制度供给与制度执行

政府这只手代表法治,代表制度供给和制度执行,要出台大家都能认可的规则,并且要有效地执行,这两个方面的要素决定了法治和国家治理的水平,这才是政府该做的,当然法治在宽泛意义上就是制度化、规范化的管理。过去的问题是政府没有扮演好法治的角色,有些制度供给明显不足,或者没有很好地执行,存在潜规则,放任人们去破坏规则,对违规者不能及时惩治,以至于最后变成全社会都在违规。法治建设就是要做到有规则和真正有效执行这两点,加强法律的实施和执行很关键。

法治政府不仅要依法治理社会,更主要的是自己守法。要让各级政府做得更加规范和守法,事前、事中、事后几个环节都要有相应的规定和措施。事前有预防、防范机制,表现为决策要有一些程序,有不同的人参与,不同部门来检验,多方论证、反复论证、反复质疑;事中有及时的信息沟通,透明公开,行为都在观察中;事后追责。这些环节都有相应的机制,就会避免个人拍脑袋决策和违反行为,政府的行为规范就会好得多。

国家治理的任务之一就是整体上降低或控制国家的成本。国家成本应该包括系统成本、维护成本、运行成本。一般来说，一个国家的系统成本和维护成本是相对稳定的，也是容易计算出来的，而运行成本则通常是可变的，也是不太容易计算的。不过，一般的经验告诉我们，一个国家如果公权力的公信力或者法治水平比较高，政府有效守法护法，百姓自觉遵纪守法，那么，国家的运行成本相对就会低，相反就会高。所以，国家的成本很大程度上取决于国家的法治水平。仅通过法治宣传和法治教育来实现这个任务，无法收到理想中的效果。发达国家的经验显示，全国统一的公民身份信息平台建设和全国统一的金融、工商、税务、交通、质检、环保等信用信息平台建设是至关重要的。以此为参照，中国法治建设的基础性工程建设的任务依然艰巨。

对于中国来说，民主的关键问题就是把正式的制度激活，特别是代表民意的机构。人大、政协是中国民主的正式制度渠道和重要体现，要更具有民意的广泛性，更好地发挥作用，这才是正道。如果把民主仅仅定义为选举民主，肯定是不对的。西方国家也没有把民主仅仅定义为选举，选举完就万事大吉，那议会代表、立法机构对行政机构的制约又是什么？民众对议会的制约又算什么？民主是多重机制，是综合、复杂的体系，有多重手段，是多元的，不能简单理解。要建设中国民主，也要多方面考虑，既要在选举环节上做文章，也要在决策的环节、监督、参与、信息公开透明等方方面面做文章。

民主不仅需要理念和激情，更需要组织和制度安排。民主必须通过某种特定的组织结构和组织方式来实现。以往人们关注的是民主的基本理念，一切争论都围绕民主是什么、民主好不好（要不要）、哪种民主更合适等问题而展开，现在要自觉地"引导民主"，让人们更多地关注如何通过组织结构和组织方式的逐步调整，为民主的真正实现寻找出路，寻找具体的制度途径。中国的发展事实表明，通过推动政府创新来拓展有效的政治发展空间，克服既有体制的约束，寻找和培育新的制度生长点，可以化解来自民主化方面的压力。因此，旨在推进责任政治和民主制度建设的改革日益成为知识分子和普通大众的共同期待。

综上所述，一个现代化的国家治理体系必须是尽力提升国家的统一性和均等化，政府有限、社会有序、两者互强，能进行充分的制度供给并保障制度执行效率的治理体系。

二 中国国家治理现代化评估思路

1. 从"国家治理"视角出发，以治理的主体要素为横轴构建评估体系

既有评估国家发展、公共治理的指标体系大都以评估者的价值偏好为基轴去设置评估体系，这种评估方式与其说是对治理状况从各个维度进行客观周全的观测和评估，不如说是先入为主、削足适履式地拿某一类序的价值去比对现实。此外，大部分既有评估体系都没有对治理的层次做出区分，导致指标指向模糊，层次不明。

《中共中央关于全面深化改革若干重大问题的决定》在改进治理方式上指出，"坚持系统治理，加强党委领导，发挥政府主导作用，鼓励和支持社会各方面参与，实现政府治理和社会自我调节、居民自治良性互动"，明确强调了个体、社会和国家三个主体要素。本评估体系采用这一理解国家治理的视角，围绕治理的一般目标——人民幸福、社会和谐、国家富强——构建评估体系。评估体系在横向上分解个体—社会—国家三个层级，在这三个层面上各自建构纵向的评估指标，进而构成一个可进行分层观察、评估的指标体系。

2. 结合规范性和经验性，以"高线"和"底线"设定评估体系的纵轴

一般而言，国家治理评估指标分为"建构型"或"描述型"两种设计思路，前者基于对国家治理目标与相关理论的认知进行学理推导进而构筑指标体系，这种方法重视指标的学术成熟度和逻辑自洽水平，但操作性易受质疑且经验性不足，有闭门造车之嫌；后者则立足治理经验和现状作出观测与总结，经验性和可操作性强，但这种评估体系往往在指标结构上非常臃肿，且体系评估的目标较为模糊，同时也容易失去评估应有的批判性和改促作用。

新的治理评估需要将规范性的"建构型指标"和经验性的"描述型指标"结合起来，以"高线"和"底线"为纵轴设定评估指标体系，使个体—社会—国家三个层面的评估指标既具有经验意义和可操作性，同时又具有学理上的合理性和价值上的可辩护性。因此，我们所设置的评估指标框架，对于个体—社会—国家三个层面的评估指标进行

"高线"和"底线"的分层,高线指标指向完善治理的规范要求,底线指标则糅合了国家治理中的经验问题和差异性,是对治理最基础的托底性要求。

第一,个体层面的治理评估指标设计。评估个体层面的治理水平和状况,需以促进和保障公民权利的不断完善和实现为旨归。指标体系从自由权利、民主权利、福利权利三类个体权利进行指标设计和验证,其中自由权利含经济自由、政治权利、言论自由;民主权利包括民主选举、民主决策、民主管理和民主监督;福利权利指公民福利保障水平。这三类权利共计八项权利内容既囊括了治理中个体层面底线性的要求,如温饱(含在福利权利中),又包括了规范性的治理要求如自由和民主(含在自由权利和民主权利中)。在设计个体层面的评估指标时,以上述八项权利内容为测量对象进行高线和底线的双层指标设计,从而能够精确检测国家治理在个体层面的实现水平。

第二,社会层面的治理评估指标设计。评估社会层面的治理水平和状况,主要是对社会的发育及合作程度进行评估,这方面拟从以下几个方面进行指标设定:社会冲突状况,即不同社会群体的矛盾和冲突状况;社会组织水平,即社团和自治组织发展状况;社会建设水平,即社区发展和社区作用状况;社会自治能力,即社会自主和自助水平。同样,根据这四个方面设定具体测评指标,既可以囊括底线性质的治理要求如基本的社会稳定性和安全水平(社会冲突状况可以反映出),又可以设定规范和示范性的高线指标比如社会自治程度(其余三个方面皆可反映)。

第三,国家层面的治理评估指标设计。评估国家层面的治理水平和状况,主要以国家富强为总目标,测评国家在整合程度、均等化水平、创新水平、成本付出水平、阻力水平、风险水平六个方面的表现。因此,指标体系拟从国家的统一性、均等化、创新性、成本性、阻力性和风险性六个侧面去设定评估指标。统一性包括主权统一水平、治权统一水平、司法统一水平、市场统一水平等四方面内容,均等化包括收入分配均等化、区域均等化、族群均等化和城乡发展均等化等四个方面,创新性包括知识创新、技术创新、管理创新三个方面,成本性包括系统成本、维护成本和运行成本,阻力性主要是测定贫富差距、地区差距、城乡差距和族群差异,风险性则是对与阻力所蕴含风险的评估。从以上6个方面共计22项内容看，国家层面治理评估指标可以同样兼具基准底线性的指标，同时也可设置高线指标，如以风险性为内容设置评估指标，主要测评的是一个国家的稳定水平，这是"治理"在国家层面的基础要求，而就创新性和均等化设置的指标，则体现了一个国家在创新力和平等方面的表现，属于高线指标。

第三章　现代国家治理能力的构建

中国的国家治理能力构建紧密围绕现代中国的复兴和觉醒。2018年是中国改革开放40周年，如何评价这40年在中国发生的一切必将在人类历史中留下浓墨重彩的一笔。有人将改革开放誉为过去一千年发生的屈指可数的重大历史事件之一，其意义堪比欧洲的文艺复兴、英国的工业革命和美国的强大崛起。中国近几十年的经济成就举世瞩目，仅用35年的时间，就从一个贫穷落后的农业大国变成一个举足轻重的世界工业国和制造业中心。从1860年第二次鸦片战争至今的150余年间，中国进行了四次工业化尝试。第一次尝试发生在鸦片战争之后清王朝的维新改革，第二次发生在辛亥革命之后中华民国的努力，第三次发生在新中国成立之后对于苏联工业化模式的模仿和改进，第四次发端于1978年开始的改革开放。前三次工业化尝试虽然取得了一定的成绩，但最终未能实现工业强国的目标，唯有第四次努力造就了"中国奇迹"。如果笼统地来说，前两次工业化尝试失败在于缺少一个强大的国家和政府，第三次失败则在于中国取消了"市场"。强大的国家（包括有效的政府）和繁荣的市场是经济增长的两大助推器，也是改革开放后中国经济治理的两个主要维度。

国家治理能力的构建是现代化过程中形成的产物。以赶超为目标的发展型国家，持续性地面临改革和稳定的双重挑战，进而形成国家治理能力的探索。初期，国家治理能力类似于国家能力，现在又融入"治理"的内涵。国家治理能力的构建是强大的国家、有为的执政党、有效的政府、有活力的社会四者的共同作用。

第一节　背景：发展型国家和转型危机

一　赶超视角下的发展型国家

工业革命之后，英国成为世界工厂，其创新能力和生产能力成为世界第一。此后，其他国家发生过若干次的现代化"赶超"。美国凭借第二次工业革命，成功地超越英国成为世界第一经济强国。19世纪，落后的俄罗斯和普鲁士通过"赶超战略"实现了早期工业化。二战结束后，拉美国家开始发展本国经济，甚至在20世纪60年代末70年代初进入中等收入国家行列，但后来由于国内政局动荡、产业政策失调、社会冲突加剧等原因没有成功地实现赶超，甚至出现了倒退。20世纪最引人注目的是日本和被称为"东亚四小龙"的韩国、中国台湾、中国香港、新加坡通过出口导向型战略，重点发展劳动密集型的加工产业，在短时间内实现了经济的腾飞，并成功地实现了产业升级，达到了发达国家地区的经济发展水平，被称为"东亚奇迹"。改革开放以来，中国大陆取得了持续30多年的高增长。越南自革新之后，通过模仿中国的发展模式，其经济也取得了持续的快速发展。如何对这些国家和地区经济发展的成功或者赶超给出解释，成为社会科学的一个命题。

国际学术界从1980年使用"发展型国家"来阐释上述政治经济现象。"发展型国家"源于对日本和"东亚四小龙"成功经验的研究，其认为政府在实施经济赶超战略中起到了很重要的作用。[①] 也就是说，"发展型政府拥有一批具有强烈发展意愿的精英，他们超脱于社会力量或利益集团的左右，有能力自主地选择产业发展的战略制高点，制定高瞻远瞩的发展战略，并最终将有限的资源动员起来，通过产业政策的实施，推动所管辖地

[①] H. Alice, *Asia's Next Giant: South Korea and Late Industrialisation*, New York: Oxford University Press, 1989.

区的产业发展和经济成长。"① 这更接近格申克龙的观点，其在 1962 年出版的《经济落后的历史透视》一书中在阐释俄罗斯和普鲁士成功的赶超战略时，认为追赶国家需要采用现有的工业化国家未曾采取过的新制度手段。市场力量本身对于成功的追赶难以起到根本的作用，相反一些组织创新或政府作用对于追赶十分必要。② "发展型国家"的概念由查默斯·约翰逊的《通产省与日本奇迹：产业政策的成长（1925—1975）》一书提出，该书的核心观点是通产省或者广义而言的日本官僚精英操控下的"产业政策"对于日本经济奇迹起了至关重要的作用。③ 之后出版的《亚洲新巨人：南韩与后发工业化》《驾驭市场：经济理论与东亚工业化中政府的作用》两本书和《通产省与日本奇迹》一起成为早期"发展型国家"理论的奠基之作。1995 年，埃文斯的《嵌入型自主性：国家与工业转型》从国家与市场、国家与社会的角度切入，认为发展型国家具有嵌入型自主（embedded autonomy）的特征，即官僚机构和工业资本之间的制度纽带可以使公共部门和私人部门之间就目标和政策问题进行持续协商，推动经济发展的落实。

"发展型国家"理论的兴起被视为与西方新自由主义相对抗的一种发展理论。该理论的影响力日益壮大，可能与两个因素有关。其一是苏联的休克疗法导致了社会动荡，甚至最终解体，让人反思从计划经济转到市场经济的方式，以及新自由主义思潮在其中扮演的角色。另一个因素是国家理论的复兴。二战之后，随着经济社会对于统计的需求和行为主义革命兴起，对于个体和集团的实证研究取代了国家的制度分析。自由主义和新马克思主义都将国家视为缺少自主性的派生变量。1985 年出版的《把国家找回来》成为国家回归学派的一个标志。其实该书编者之一的斯考切波早在 1979 年就出版了其成名作《国家与社会革命：对法国、俄国和中国的比较分析》，该书将国家自主性纳入分析框架中，批评那些将国家看成是一个

---

① 顾昕：《发展主义的发展：政府主导型发展模式的理论探索》，《河北学刊》2014 年第 3 期。
② Alexander Gerschenkron, *Economic Backwardness in Historical Perspective*, Cambridge, Mass：Belknap Press, 1962. 中译本《经济落后的历史透视》，商务印书馆，2009。
③ Chalmers Johnson, *MITI and the Japanese Miracle：The Growth of Industrial Policy*, 1925-1975, Stanford, CA：Stanford University Press, 1982. 中译本《通产省与日本奇迹：产业政策的成长（1925—1975）》，吉林出版集团有限责任公司，2010。

争夺基本社会经济利益而展开冲突的理论。① 1987 年出版的《新亚洲工业主义的政治经济学》论文集汇集了国家回归学派和发展型国家两类学者的论文。② 当然，发展型国家理论也不断受到全球化的冲击。

用"发展型国家"理论来解释中国改革开放以来快速的经济增长是中国学术界关注该理论的现实基础。中央政府对于经济政策的制定起着决定性的作用。中国五年计划的转型表明中国逐渐找到一条计划和市场互补的道路。③ 试点和试错是中国在改革进程中的一种成功经验，这避免了经济政策的大起大落。韩博天（Sebastian Heilmann）提出了"分级制试验"概念。其认为中国拥有一种独特的政策制定循环过程，在制定国家政策之前，分级进行政策试验在很多方面起到了有力的纠错功效。④ 这使得决策者和政策倡导者能够利用各种形式的实践和实验进行学习和获取必要的经验教训，进而调整政策目标和政策工具以回应不断变化的社会环境。⑤ 除了中央政府的作用，地方政府推动经济发展也被认为是"发展型国家"理论解释中国经济增长的最直接证据。地方政府推动经济发展的动力之一来自地方政府之间的竞争关系，其中最有影响的理论是钱颖一、温加斯特（Barry Weigast）等人提出的"中国特色的财政联邦主义"，认为中央与地方的行政和财政分权，造成了地区竞争，促使地方政府吸引投资、推动经济增长。⑥ 官员的个体激励也十分重要，经济增长与地方官员晋升有关联，被称为"锦标赛体制"，认为地方官员为了获得晋升机会，积极招商引资并给予良好的投资环境，通过拉动地方经济增长展开晋升的锦标赛。⑦ 除

---

① Theda Skocpol, *States and Social Revolutions: A Comparative Analysis of France, Russia and China*, Cambridge University Press, 1979.
② Frederic C. Deyo (ed.), *The Political Economy of the New Asian Industrialism*, Ithaca and New York: Cornell University Press, 1987.
③ 胡鞍钢、鄢一龙、吕捷：《从经济指令计划到发展战略规划：中国五年计划转型之路（1953—2009）》，《中国软科学》2010 年第 8 期。
④ Sebastian Heilmann, "From Local Experiments to National Policy: The Origins of Chinaps Distinctive Policy Process," *The China Journal*, No. 59, 2008, p. 1230.
⑤ 王绍光：《学习机制与适应能力：中国农村合作医疗体制变迁的启示》，《中国社会研究》2008 年第 6 期。
⑥ Qian, Yingyi and Barry R. Weigast, "China's Transition to Market: Market-Preserving Federalism, Chinese Style," *Journal of Policy Reform*, Vol. 1, No. 2, 1996, pp. 149-185.
⑦ 张军、周黎安：《为增长而竞争：中国增长的政治经济学》，格致出版社、上海人民出版社，2008，第 1~18 页。

了获得晋升，地方政府在推动经济发展的同时也给其带来巨大的经济利益，这是它的另一个动力之源。在研究乡村工业化的著作中，戴慕珍（Jean Oi）的"地方政府公司化"，认为财政体制改革和农业的非集体化激励着地方政府积极推动乡村工业化，地方政府官员与一些重要的私营企业之间存在共生关系。① 魏昂德（Andrew Walder）提出了"地方政府即厂商"，他强调"财政包干"、"分灶吃饭"的财政体制改革给地方政府带来压力的同时，也刺激了地方政府谋求经济发展以获取较大的财政收益。② 杨善华和苏红的"谋利型政权经营者"也是类似的概念。③ 之后关于"土地财政"的研究更是指出地方政府在城市建设中的作用和冲动。④ 在中国经济腾飞中，强国家和强政府成为国家能力理论最为有力的现实依据，这也是现在讨论国家治理能力的论文中，学者特别强调国家能力的原因。

二 发展中的转型危机：改革与稳定

发展是一个国家从传统向现代转型的过程，对于政治、经济、社会、文化等诸多领域都会产生很大变化，进而影响到一个国家的稳定。在传统与现代二元对立的前提下，发展政治学认为从传统社会向现代社会的转变中，经济发展将带来社会秩序上一系列的变化，从而带来政治的改变。在变迁的过程中，政治结构趋于分化，政治组织趋于制度化，人民的动员参与支持趋于增强，并且民众从臣民转变为公民。同时社会更加趋于平等，政治系统的执行能力也随之加强。最著名的是李普塞特在1959年提出的著名命题："经济越富裕的国家，拥有稳定民主的机会就更高。"经济发展是否会带来民主化这一核心问题贯穿着发展政治学和比较政治学学科的发展。亨廷顿在《变化社会中的政治秩序》中指出，

---

① Jean Oi, "Fiscal Reform and the Economic Foundation of Local State Corporatism in China," *World Politics*, Vol. 45, No. 1, 1992, pp. 99-126.
② Andrew Walder, "Local Governments As Industrial Firms," *American Journal of Sociology* Vol. 101, No. 2, 1995, pp. 263-301.
③ 杨善华、苏红：《从代理型政权经营者到谋利型政权经营者》，《社会学研究》2002年第1期。
④ 周飞舟：《生财有道：土地开发和转让中的政府和农民》，《社会学研究》2007年第1期。

社会经济现代化将导致民众更高的政治参与要求以及原有社会秩序的解体,而这种政治参与要求还会使政治系统不稳定,如果没有及时地进行制度改进,经济现代化将导致政治秩序崩溃。奥唐奈尔在1973年的著作《现代化和官僚专制主义》中对于李普塞特定律的批评为转型理论的出现铺下了基石。其认为发展中国家从工业化的初期向更高级的阶段演进时,需要大量的资本投入,来生产更加复杂的工业产品。为了吸引资本促进经济增长,政府就会忽视经济发展过程中的工人对于权利和民主的要求,并形成上层的精英同盟。所以经济的发展并不一定会带来民主。普沃斯基使用博弈论分析了拉美和共产主义国家转型后的民主和经济改革问题,但是作者并没有得出一个普遍性的结论。在1997年和2000年的文章和著作中,普沃斯基提出了"内生民主"与"外生民主"的概念。所谓"内生民主"指的是经济发展增加了穷国发生民主转变的可能性;"外生民主"指的是经济发展使得已经建立起来的民主政权得以保持,而不易蜕变为独裁统治。普沃斯基使用大量的样本进行统计学分析,得出外生民主存在而内生民主不存在。普沃斯基的这个结论遭到了来自两方面的攻击。博伊克斯和斯托克斯认为普沃斯基选择的样本范围使其得出了错误的结论。当样本的时间延伸到早期工业化刚开始的时候,内生民主同样成立。爱泼斯坦等人则对普沃斯基的样本使用了不同的民主的测量方法,产生了不同的结果。他们认为经济发展对于威权政体的民主转型具有很强的预测能力,而对于从绝对的独裁转为绝对的民主影响较小。总之,李普塞特命题被再三地证实,推翻,继而又被证实。①

转型危机成为中国经济高速增长的另一个副产品。经济增长是否会对中国政治产生巨大影响导致了学界巨大的争议,学者们有着不同的观点。概而言之,主要可分为三类:"中国崩溃论"、中国延续论和民主转型论。"中国崩溃论"者的主要观点认为中国目前的政治体制很难应对市场化和全球化所带来的治理挑战,大量的官员腐败和社会贫富差距拉大,大大降低了政权的合法性。虽然人民的支持曾经维持了这个威权国家,威权政权

---

① 刘瑜:《经济发展会带来民主化吗?现代化理论的兴起、衰落与复兴》,《中国人民大学学报》2011年第4期。

的崩溃将指日可待。① 同时中国的"局部改革"也已经陷入了"转型陷阱"。② 中国延续论者则认为现有的政治体制将不会有大的变动,其本身极具韧性。黎安友(Andrew Nathan)将这种"韧性"归结于制度化的建设。③ 徐湘林认为中国目前面临的社会危机是一种"转型的危机",它与西方社会历史上发生过的转型危机大致相似。中国并未陷入局部改革的陷阱,而是更有可能在"危机—体制改革—适应"的推进模式中渐进实现国家治理体制的转型和发展。中国共产党可能采取一种渐进民主化的形式提高国家治理能力。④ 高柏通过定义"魔方国家"(The Rubik's Cube States)这个概念,对中国式的民主与民主化转型之间的微妙差别进行了很好的阐述。他认为中国共产党通过促进经济增长来争取其政治延续,同时拒绝把民主化当作一个选项。为了实现这一目标,它愿意吸收各种不同类型国家的经验,不断增强其国家能力,将自身转变为一个具有六面特征的魔方式的国家,即威权主义国家、新自由主义国家、发展型国家、掠夺型国家、改进的社会主义国家与统合主义国家。⑤ 民主转型论者认为,经济发展导致中国中产阶级的兴起以及教育的普及,为民主化创造了有利条件,其将会对中国现有政治体制产生不断增加的压力,迫使高层精英进行民主化改革。亨利·罗文(Herry Rowen)在1991年预测,中国将到2015年时成为民主国家,他预计,到了那个时候中国的人均收入将达到7000美元,而此时对于各项政治自由的需求增加,将推动中国走向民主。⑥ 1996年,亨利·罗文使用经过修订的经济数据,他再往后推了5年把预测实现的时间推至2020年。⑦ 杜林(Bruce Gilley)认为中国的财富数额已经足够可以去

---

① Gordon G. Chang, *The Coming Collapse of China*, New York: Random House, 2001.
② Pei Minxin, *China's Trapped Transition: The Limits of Developmental Autocracy*, Cambridge: Harvard University Press, 2006.
③ Andrew J. Nathan, "Authoritarian Resilience," *Journal of Democracy*, Vol. 14, No. 1, 2003, pp. 6-17.
④ 徐湘林:《中国的转型危机与国家治理:历史比较的视角》,《经济社会体制比较》2010年第5期。
⑤ Gao Bai, "The Rubik's Cube States," in Lisa Keister ed., *Work and Organizations in China after Thirty Years of Transition*, Emerald, 2009, pp. 409-438.
⑥ Henry S. Rowen, "The Growth of Freedoms in China," *APARC Working Papers*, Stanford University, 1991.
⑦ Henry S. Rowen, "The Short March: China's Road to Democracy," *National Interest*, No. 45, 1996, pp. 61-70.

支持民主转型，在不久的将来由精英领导们向一个议会民主制度进行转型。① 目前来看，中国延续论的观点得到更多现实的验证。但是另外两种观点成为当代中国政治研究的重要内容：稳定和改革。前者是由于经济增长而产生了大量的社会问题，这些社会问题会影响社会的稳定，甚至影响到政权，这就是"中国崩溃论"的推演。后者由于经济发展导致社会体制发生变化，个体相对于国家的独立性增强，同时也出现了大量的社会组织，这些个体和组织会向国家呼吁更多的公民权利，这就是民主转型论的推演。

为了应对社会问题和权利呼吁，国家就需要采取稳定和改革的方式，相应地就要在政府治理和社会治理中增强自身的能力。亨廷顿在《变化社会中的政治秩序》中指出，社会经济现代化将导致民众更高的政治参与要求以及原有社会秩序的解体，而这种政治参与要求还会使政治系统不稳定，如果没有及时地进行制度改进，经济现代化将导致政治秩序崩溃。② 社会问题产生了大量的社会抗争，但是这并没有对政权的稳定造成很大的冲击。已有很多定性的案例研究说明基层纠纷会引发民众使用多种途径进行维权表达，这种利益诉求不同于政治诉求。如果政党、政府和司法机构无法及时有效地化解这些矛盾，民众就有可能通过其他途径维权表达，导致政府无法控制的结果，即群体性突发事件。大量的群体性突发事件必然导致政权的不稳定。对于社会抗争和群体性事件，政府应加强应急管理的能力③、健全预防和处置群体性突发事件的机制④、利用大调解模式等替代性纠纷解决机制化解社会矛盾以及完善信访制度⑤。如何有效地化解社会抗争、维护社会稳定成为中国在转型发展中的重要命题。对于单位体制解体之后的个体和社会组织，一方面，要发展私营企业主入党、在非公有制企业和新社会组织中强化党的领导来回应各种社会挑战，⑥ 加强枢纽型社会组织的作用。另一方面，也要使用政府服务外包、PPP 等方式和社会共同治

---

① Bruce Gilley, *China's Democratic Future: How It Will Happen and Where It Will Lead*, New York: Columbia University Press, 2004.
② 〔美〕亨廷顿：《变化社会中的政治秩序》，三联书店，1996，第 1~3、73 页。
③ 中国行政管理学会课题组：《政府应急管理机制研究》，《中国行政管理》2005 年第 1 期。
④ 严励：《论群体性突发事件的特点及预防处置机制》，《政法学刊》2000 年第 1 期。
⑤ 周永坤：《信访潮与中国纠纷解决机制的路径选择》，《暨南学报》（哲学社会科学版）2006 年第 1 期。
⑥ 景跃进：《转型、吸纳和渗透——挑战环境下执政党组织技术的嬗变及其问题》，《中国非营利评论》2011 年第 1 期。

理。如何化解社会抗争、吸纳社会力量只是政府治理和社会治理中的一部分，如何更好地完善政府治理和社会治理，学界形成了一定的共识，并积累了丰富的理论。这既与中国的现实需求有很大关系，也为国家治理能力提供了理论渊源。

第二节 国家能力和国家治理能力的构成

一 国家能力与国家治理能力的关联

在发展赶超和转型危机的双重背景下，学界根据现实的经验观察提出了国家能力的概念。国家能力的概念仍然来源于西方理论。在现代化理论中，亨廷顿在《变化社会中的政治秩序》一书中虽然没有明确提出"国家能力"这一概念，但其认为在现代化的进程中"政治稳定依赖制度化和参与之间的比率。如果要想保持政治稳定，当政治参与提高时，社会政治制度的复杂性、自治性、适应性和内聚力也必须随之提高"[①]。亨廷顿从组织和程序所具备的适应性、复杂性、自治性和内部协调性来衡量一个政治体系的制度化程度，这可以认为是国家能力讨论的开端。20世纪70年代末的"国家回归学派"开始系统分析国家能力。斯考切波的《把国家找回来》认为国家能力是国家实行政策并实现其目标的能力，由于其研究对象的原因，斯考切波的"国家能力"包括税收的汲取能力和军队的控制力、战斗力。米格代尔在1988年出版的《强社会与弱国家》一书中从国家社会的角度对国家能力做了定义，其认为国家能力指"国家领导人通过国家的计划、政策和行动来实现其改造社会的目标的能力。国家能力包括渗入社会的能力、调节社会关系、提取资源，以及以特定方式配置或运用资源四大能力"[②]。迈克尔·曼在《国家的自主权力》一文中区分了专制性权力和基础性权力两种权力，前者是指国家精英可以不经过与市民社会常规的、制度化的协商妥协而单独采取一系列行动的权力，后者指国家实际渗

[①] 〔美〕亨廷顿：《变化社会中的政治秩序》，王冠华译，三联书店，1996，第73页。
[②] 〔美〕米格代尔：《强社会与弱国家》，张长东等译，江苏人民出版社，2009，第5页。

透到市民社会、在其统治的疆域内执行决定的能力。① 关于国家自主性的讨论可以认为是专制型权力的范畴。诺德林格在《论民主国家的自主性》一书中将国家相对于社会的三类自主来研究国家的自主性，在第一类和第二类中，国家使用权威改变社会偏好或者将国家偏好强加于社会，国家的自主性就比较强；在第三类中，国家与社会的偏好趋同，国家运用宣传等工具削弱潜在的反对力量。② 国家能力推动经济发展则形成了发展型国家的概念。国内对于国家能力的研究源于王绍光和胡鞍钢对于中国央地税收分配的研究，其在《中国国家能力报告》一书中认为"国家能力是指国家将自己的意志、目标转化为现实的能力"③。他们认为国家汲取财政的能力是国家汲取能力的表现，具体表现为中央政府的税收能力。

国家能力和国家治理能力区别关键在于"治理"两字。在研究国家能力的著作中，也会使用"国家—社会"的二元框架，但研究对象始终在国家这一主体，评价国家能力一般使用强或者弱。而国家治理能力的研究对象是国家内部的各类公共事务，评价治理能力一般使用有效或者无效。有学者将两种能力做了比较分析（见表 3-1），认为国家能力指的是"国家实行政策实现其目标的能力/国家决定社会生活按何种秩序组织起来的能力"，治理能力是"运用国家制度管理社会各方面事务的能力"④。对于"治理"概念的不同理解形成了对"国家治理能力"的不同理解。学界对于"治理"的理解更多来自西方学者的概念。这种"治理"在基本含义上不同于管理和统治。虽然"治理"（Governance）来源于"统治"（Government），但是 20 世纪 90 年代以来，"治理"不断被赋予新的内涵。"治理"被认为不同于管理和行政。欧文·E. 休斯引用弗兰查特（Frenchard）和斯沃德（Saward）对于管理的定义，认为"管理"是"执行某种任务的过程、活动或研究"⑤。其认为行政是管理的一部分，行政只是服从指令，注重的是过程、程序和符合规

---

① M. Mann, "The Autonomous Power of the State: Its Origins, Mechanisms and Results," *European journal of sociology*, 1984, 25（02）：185-213.
② Eric Nordlinger, *On the Autonomy of the Democratic State*, Cambridge: Harvard University Press, 1981.
③ 王绍光、胡鞍钢：《中国国家能力报告》，辽宁人民出版社，1993，第 6 页。
④ 张长东：《国家治理能力现代化研究——基于国家能力理论视角》，《法学评论》2014 年第 3 期。
⑤ 〔澳〕欧文·E. 休斯：《公共管理导论》，彭和平等译，中国人民大学出版社，2001，第 6 页。

定,而管理则是注重实现既定目标,并为此负责。治理理论对于中国学界而言,是一个舶来品。在20世纪90年代初,中国学术界开始引入西方公民社会的理论,而治理理论恰好与公民社会理论互相契合。按照王诗宗的总结,国内关于治理理论的研究可以归纳为四类,分别是对于治理理论的引进和介绍;对于治理理论中国化的阐述;公民社会特别是NGO和政府关系的研究;地方政府创新和中国治理。① 在总结国外学者对于治理定义的基础上,俞可平认为治理和统治有两方面的不同。其一,治理的权威并非一定是政府机关,而统治的权威则必定是政府。也就是说,统治的主体是政府,而治理的主体可以是公共机构、私人机构,或者公私合作机构。其二,统治的权力运行是自上而下的,治理则是一个上下互动。自上而下的过程就往往使用政府的权威,通过行政命令等方式执行。而上下互动则是通过合作、协商、伙伴关系的形式去执行。② 总而言之,西方学术语境中的"治理"意味着政府分权、社会自治、政府和社会的多元共治。

表3-1 国家能力和治理能力的比较

	国家能力	治理能力
本质与内涵	国家实行政策实现其目标的能力/国家决定社会生活按何种秩序组织起来的能力	运用国家制度管理社会各方面事务的能力
分类	不同政策领域的能力;提取、渗透、规制、分配、推动经济发展,等等	改革发展稳定、内政外交国防、治党治国治军
现代化	未能很好讨论	社会主义民主、法治中国
不同能力间关系	无关、互补、冲突、取决于其他因素	未讨论
制度性原因及其演变	历史演进、制度设计、社会结构、相互赋权	制度基础、文化基础,演进的内生性

资料来源:张长东《国家治理能力现代化研究——基于国家能力理论视角》,《法学评论》2014年第3期,第31页。

中国当代政治语境下的"国家治理"不同于西方学术语境中的"治理"。中国的国家治理和治理能力现代化在官方话语中被定义为:"国家治

---

① 王诗宗:《治理理论及其中国适用性》,博士学位论文,浙江大学公共管理学院,2009,第128~129页。
② 俞可平:《治理与善治引论》,《马克思主义与现实》1999年第5期。

理体系和治理能力是一个国家制度和制度执行能力的集中体现。国家治理体系是在党领导下管理国家的制度体系，包括经济、政治、文化、社会、生态文明和党的建设等各领域体制机制、法律法规安排，也就是一整套紧密相连、相互协调的国家制度；国家治理能力则是运用国家制度管理社会各方面事务的能力，包括改革发展稳定、内政外交国防、治党治国治军等各个方面。"[1] 中国的国家治理不仅仅有多中心治理，还有执政党治国理政的含义。有学者认为中国的国家治理"遵循的是马克思主义国家理论逻辑，即国家的职能由政治统治与政治管理有机组成"[2]。也就是说，国家治理不仅仅是政府管理，还有政治统治的内涵。国家治理能力即执政党能否有效地实现治国理政的能力。用官方话语来说，十六大提出了"党领导人民治理国家"。十七大提出"要坚持党总揽全局、协调各方的领导核心作用，提高党科学执政、民主执政、依法执政水平，保证党领导人民有效治理国家"。十八大提出，"要更加注重改进党的领导方式和执政方式，保证党领导人民有效治理国家""更加注重发挥法治在国家治理和社会管理中的重要作用"，等等。在这一中国语境下，王浦劬教授认为治理的"基本含义是指在中国共产党领导下，基于人民当家做主的本质规定性，遵循人民的意志要求，在社会主义市场经济发展和社会变化的新的历史条件下，按照科学、民主、依法、有效性来优化领导方式和执政方式，优化执政体制机制和国家管理体制机制，优化执政能力，实现国家与社会的协同和谐，达成政治的长治久安"[3]。在此角度下，国家治理能力可以认为是公共领域有效治理的一种体现。

二 国家治理能力的构成和特征

国家治理能力包括改革发展稳定、内政外交国防、治党治国治军等各个方面，研究其构成是进一步剖析国家治理能力的基础。如果从官方认定

---

[1] 习近平：《切实把思想统一到党的十八届三中全会精神上来》，《求是》2014年第1期。
[2] 王浦劬：《国家治理、政府治理和社会治理的基本含义及其相互关系辨析》，《社会学评论》2014年第3期。
[3] 王浦劬：《科学把握"国家治理"的含义》，《光明日报》2013年12月29日，第7版；王浦劬：《全面准确深入把握全面深化改革的总目标》，《中国高校社会科学》2014年第1期。

的五种现代化角度，可分为政治领域治理能力、经济领域治理能力、文化领域治理能力、社会领域治理能力和生态领域治理能力，每个领域都有不同的治理需求和治理方式。中央编译局比较政治与经济研究中心2014年出版的6卷本"国家治理现代化"丛书由《大国治理》《政府治理》《基层治理》《社会治理》《生态治理》《全球治理》等六卷组成。其中《大国治理》主要研究全球化进程以来美国、俄罗斯、英国、德国、日本、巴西、印度、越南、伊斯兰国家、中国等国家的国家治理情况和外交战略；《基层治理》侧重于基层政权建设和社区自治，《社会治理》主要研究社会组织在地方治理中的角色和作用。从政治学角度，王浦劬教授讨论了国家治理、政府治理和社会治理这三个概念。其从国家政治权力角度阐释国家治理，而政府治理是国家治理的具体实施和行政实现，国家治理包含社会治理还规定和引领社会治理，政府治理与社会治理之间则具有交集联系。[1] 徐湘林教授是较早从转型危机研究国家治理的学者，其认为治理应该适应渐进改革，现代国家治理的结构性要素包括大众认同的核心价值体系意识形态、权威的决策系统、有效的政府执行体制、有序的政治参与和良性的政治互动、适度的经济增长以及社会福利保障体系等部分。[2] 后来又归纳为核心价值体系、权威决策体系、行政执行系统、经济发展体系、社会保证体系和政治互动机制等六部分。[3] 这种分类和政治系统的思维有一定关联。也有学者认为"国家治理能力"不仅包括人口领土、自然资源、国民生产总值、国家税收、财政收支、军事力量等国家资源的生产与汲取能力，也包括政治过程民主化、经济活动市场化、社会结构扁平化等国家资源管理与分配能力的现代化，还包括社会整体教育水平、政治社会化程度、公民参与意识和能力、社会认同和凝聚力水平等一系列"软"能力。[4]

国家治理能力的特征也就是其规范性的目标。何增科认为国家治理能力现代化应包括民主化、法治化、文明化和科学化。其中文明化指的是通

---

[1] 王浦劬：《国家治理、政府治理和社会治理的含义及其相互关系》，《国家行政学院学报》2014年第3期。

[2] 徐湘林：《中国的转型危机与国家治理：历史比较的视角》，载陈明明主编《复旦政治学评论第九辑：转型危机与国家治理》，上海人民出版社，2011，第66~67页。

[3] 徐湘林：《"国家治理"的理论内涵》，《人民论坛》2014年第10期。

[4] 郑言、李猛：《推进国家治理体系与国家治理能力现代化》，《吉林大学社会科学学报》2014年第2期。

过自治、沟通、协商、服务等方式代替强制、排斥，科学化指的是在专业化的基础上多元主体之间建立合作的互动网络。徐勇认为国家治理体系和治理能力现代化包括五个要素或者标准，即制度化、民主化、法治化、高效化、协调化。[①] 有学者认为国家治理能力包括制度形成能力、制度实施能力、制度调适能力、制度学习能力和制度创新能力五个方面。[②] 有学者认为国家治理能力至少包含能力强大，国家、市场、社会共治且相互赋权，能力的多元化及各种能力间的协调发展而非相互冲突，基于制度化和法治化等四个特征。[③] 也有学者认为国家治理能力的现代化包括国家治理手段、治理方法的时代化、科学化，国家治理行为、治理过程的程序化、制度化，以及治理结果的有效性。[④] 俞可平认为，衡量一个国家的治理体系是否现代化至少有五个标准。其一是公共权力运行的制度化和规范化，它要求政府治理、市场治理和社会治理有完善的制度安排和规范的公共秩序。其二是民主化，即公共治理和制度安排都必须保障主权在民或人民当家作主，所有公共政策要从根本上体现人民的意志和人民的主体地位。其三是法治，即宪法和法律成为公共治理的最高权威，在法律面前人人平等，不允许任何组织和个人有超越法律的权力。其四是效率，即国家治理体系应当有效维护社会稳定和社会秩序，有利于提高行政效率和经济效益。其五是协调，现代国家治理体系是一个有机的制度系统，从中央到地方各个层级，从政府治理到社会治理，各种制度安排作为一个统一的整体相互协调密不可分。[⑤] 虽然没有直接论述国家能力，但是对于国家治理体系的特征描述仍然值得参考。

如何推进国家治理能力？不同的学者给出了不同的政策建议。徐湘林在国家治理六体系分类的基础上，认为提升国家治理能力要在继承和改造中重建大众认同的、开放的核心价值体系；推进政治体制改革和民主法治建设；推动行政体制改革、服务型政府建设和问责制；加强社会协商机

[①] 何增科：《理解国家治理及其现代化》，《马克思主义与现实》2014年第1期。
[②] 魏治勋：《"善治"视野中的国家治理能力及其现代化》，《法学论坛》2014年第2期。
[③] 张长东：《国家治理能力现代化研究——基于国家能力理论视角》，《法学评论》2014年第3期。
[④] 郑慧、何君安：《试论国家治理体系和国家治理能力现代化》，《新视野》2014年第3期。
[⑤] 俞可平：《衡量国家治理体系现代化的基本标准——关于推进"国家治理体系和治理能力的现代化"的思考》，《北京日报》2013年12月9日，第17版。

制，培育和促进各类民间团体的发展；完善国家宏观调控政策的决策体制，调整政府干预和市场运行之间的关系；完善社会再分配体制和社会福利制度。① 何增科推进国家治理现代化的重点任务包括六方面：进一步放权和分权，让各类治理主体在国家治理中发挥更大的作用；以民主责任制建设为方向完善国家治理结构；健全国家治理过程中的负反馈调节机制，实现可持续的稳定；发展决策咨询系统健全协商民主，提高公共政策决策质量；培养职业政治家、职业文官和法官、职业律师，推进国家治理的专业化和职业化；推动核心价值体系的内化和普及化，夯实国家治理体系的基础。②

第三节 多维度的"国家治理能力"现代化构建

根据上述研究梳理可以发现，学界讨论的"国家治理能力"是在多重维度下，即国家治理体系维度、多中心"治理"维度以及国家能力维度（见图3-1）。王绍光认为中国治理国家可以分为三个阶段，第一个阶段是从1800年到1956年，主要实现治国能力，即有一个政治力量能够统治国家；第二个阶段是从1986年到1990年，主要实现政府管理，不让其他力量参与；第三个阶段是现在的国家治理，即政府不能管所有的事情，也要让其他力量来管。③ 笔者认为这种历史的分类与现实政治现象有不一致的地方，但是提出了统治、管理、治理三个重要概念和理想类型。根据国家理论和政治发展理论，中国的国家发展大致可以抽象为国家统治、国家管理和国家治理三个理想类型。有学者称之为管制、管理和治理三种状态，即从传统行政到新公共管理，再到治理现代化。④ 也有学者认为国家治理包含着国家统治、国家管理，因为国家治理是一个多层次的体系。⑤ 还有学者认为中国在建国之后形

---

① 徐湘林：《"国家治理"的理论内涵》，《人民论坛》2014年第10期。
② 何增科：《理解国家治理及其现代化》，《马克思主义与现实》2014年第1期。
③ 王绍光：《国家治理与国家能力——中国的治国理念与制度选择（上）》，《经济导刊》2014年第6期。
④ 许耀桐、刘祺：《当代中国国家治理体系分析》，《理论探索》2014年第1期。
⑤ 徐勇、吕楠：《热话题与冷思考——关于国家治理体系和治理能力现代化的对话》，《当代世界与社会主义》2014年第1期。

成了全能型国家治理模式与管制型政府的实践,发展型国家治理模式与管理型政府的实践,以及服务型政府等三种模式。[①] 新中国成立以后到改革开放前,我们的国家主要是国家统治,新中国成立后传统社会组织逐渐瓦解,国家力量不断渗透并且取代旧社会组织提供的功能。在乡村中,国家取消了区乡保甲四级制,变为区乡二级制,彻底废除了保甲制度。同时,乡(行政村)政权组织向基层社区渗透,使宗族组织丧失了生存的空间。在城市中,城市社会建立了市—区—街三级人民政府,并且通过镇压反革命运动肃清了各类帮会势力。[②] 在这一时期,执政党治国理政的主要方式是政治动员。改革开放之后,中国共产党不再采用运动的形式治理国家,运动逐渐演变为政治动员、集中教育活动和社会自身的动员。1999年,全国人大九届二次会议通过宪法修正案,明确"中华人民共和国实行依法治国,建设社会主义法治国家",将"依法治国"这一治国方略以国家根本大法的形式确定了下来。随着制度化程度不断提高,社会动员和政治动员出现分离,特别是地方政府在推动经济发展中发挥了重要作用,执政党治国理政慢慢通过指标考核执行相关政策。十八届三中全会之后,国家管理模式逐渐转向构建国家治理体系和治理能力现代化。治理和管理的区别在于治理是党、人大、政府、政协等多元主体一起进行国家治理。因此治理能力也包含多种能力。执政党的执政能力如何与其他治理主体的治理能力相互协调就显得尤为重要。这种协调机制就是通过领导方式和执政方式的创新,将执政党和其他政治权力主体,执政党和其他公民权利主体协同起来。

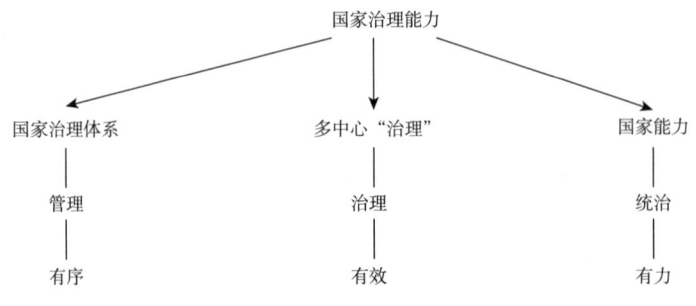

图 3-1 国家治理能力的三重维度

[①] 邵鹏:《国家治理模式演进与国家治理体系构建》,《学习与实践》2014年第1期。
[②] 李立志:《变迁与重建:1949—1956年的中国社会》,江西人民出版社,2002,第29~72页。

在国家能力维度，对应的是统治，追求的是有力。学界一开始讨论的国家治理能力近似于国家能力，但是国家能力不等同于国家治理能力。国家能力和国家治理能力有交集。一方面，国家能力包括国家建设，即制度建设，这部分属于国家治理体系范畴。另一方面，国家治理的重要主体是国家，或者说是政府，国家和政府能力的强弱直接影响治理的有效性。国家能力在新中国成立前表现为统治全国的军事力量，在新中国成立后中国共产党进行的各类运动也是国家力量的一种展现形式。改革开放之后，运动转变为各种运动式治理。在政治、经济、社会、文化、生态等诸多领域都可以看到运动式治理的身影。当国家召开一些重要的政治性会议或者纪念日庆典，比如中国共产党全国代表大会、全国人民代表大会、中国人民政治协商会议、APEC峰会、国庆五十周年等，我们会对社会安全和稳定工作进行集中治理。当我们举办一些重要的国际性活动，比如2008年北京奥运会、2010年上海世博会、2010年广州亚运会，我们会对城市环境、交通秩序等进行集中治理。当社会出现突如其来的危机和灾害，比如1998年特大洪灾、2003年抗击"非典"、2008年汶川地震，我们会动员全国之力共同抗震救灾。当出现重大的安全事故和环境污染，比如山西小煤矿重大事故、2007年太湖蓝藻污染事件等，国家部门和地方政府就会形成一个跨部门的专项整治工作小组，对事故进行全国性或区域性的集中整顿。当我们面对社会上一些久治不除的顽疾，比如黑车运营、食品安全、黄赌毒、假冒伪劣产品等现象，行政部门会时不时地进行联合打击和整治。当一些欠发达地区要实现经济发展时，也往往会出现运动式招商、大拆大建等行为。相关的例子不一而足。集中力量办大事是国家能力和国家治理体系的交集。不可否认，改革开放之后，运动不可持续，但是中国共产党仍然保持了较强的政治动员能力。在管理中，运动式治理就会经常被执政党和政府使用。但由于运动式治理的成本仍然较高，因此常规性、制度性的管理方式是更加好的一种选择。这也就是现在大力提倡"国家治理体系"的原因。国家能力在改革之后最显著的表现就是上文提及的发展型国家和经济赶超。中国在这方面取得了令世界瞩目的成绩，这也是一部分学者提出"中国模式"的基础。

在国家治理体系维度，对应的是管理，追求的是有序。对于国家治理能力的官方阐释基本和国家治理体系联系在一起。国家治理能力就是贯彻、落实执政党治国理政制度的一种能力。按照王绍光的研究，实现私有制改造之后，中国进入计划经济时期。在这一阶段，经济、文化等各方面都由政府管理。① 计划经济是执政党在改革开放前在生产领域实行的一种经济管理方式。这种体制被科尔奈描述为"经典社会主义体制"。科尔奈认为经典社会主义体制源于三个方面：马克思列宁主义政党的无产阶级专政和官方意识形态的支配性影响，国家或近似国家所有权的支配地位，官僚协调机制的主导地位。② 显然在计划时期，管理能力十分重要。改革开放之后，虽然经济发展和社会转型打破了官僚协调机制的主导地位和国有所有权的支配地位，但是有效的政府管理能够缓解经济发展和社会转型带来的无序状态。因此，在转型危机中，执政党就特别强调治国理政的经验。

在多中心"治理"维度，对应的是治理，追求的是有效。经济发展带来的不仅仅是民主转型的可能性，西方学者对于经济发展和威权转型、崩溃的研究已经在上文论述。经济发展还带来社会动员的困境，社会组织管理的困境等一系列体制机制问题。比如如何化解社会组织管理困境，现有的体制机制对于社会组织的管理出现了大量弊端。第一，政社不分、管办不分的现象使大量社会组织在人、财、物上依赖行政部门，降低了社会组织的独立性和灵活性。第二，在实际工作中，政府部门很难投入精力进行专门的服务和管理。第三，有些社会组织找不到业务主管单位而无法登记，大量"草根"组织产生。也有些社会组织随意挂靠单位，加重了管理混乱。③ 造成这些弊端的制度因素即为双重管理体制。已有大量的研究对双重管理体制进行了深入剖析。为了化解行政管理体制弊病，激发社会组织活力，十八届三中全会通过的《中共中央关于全面深化改革若干重大问题的决定》认为要"正确处理政府和社会关系，加快实施政社分开，推进社会组织明确权责、依法自治、发挥作用。适合由社会组织提供的公共服务和解决的事项，交由社会组织承担"④。政社分开成为社会组织管理改革

---

① 王绍光：《国家治理与国家能力——中国的治国理念与制度选择（上）》，《经济导刊》2014年第6期。
② 科尔奈：《社会主义体制：共产主义政治经济学》，中央编译出版社，2007，第343页。
③ 刘轩：《关于"枢纽型"社会组织建设的思考》，《学习与实践》2012年第10期。
④ 《中共中央关于全面深化改革若干重大问题的决定》，新华网，http：//news.xinhuanet.com/mrdx/2013-11/16/c_132892941.htm，最后访问日期：2014年3月30日。

的要求和趋势。如何对社会组织进行有效的管理，进而激发社会活力？管得太死肯定不行，放任不管也不行。这时就需要一些"治理机制"。笔者提出执政党对于社会组织的"收放"机制就是其中一种。一方面，执政党要主动削弱社会组织管理的行政色彩，这是"放"；另一方面，加强执政党在社会组织中的影响力，这是"收"。① 又比如社会动员困境。在现代都市的陌生人社会，受到流动性和个体化的影响，政府对于个体的动员能力越来越弱。特别是商务楼宇成为非公有制经济组织和新社会组织的主要集中点，也是人才、资本、信息的主要集散地。如何在商务楼宇中实现有效治理，以及如何对白领进行社会动员呢？笔者根据上海和北京两地的调研提出了"服务式治理"的机制。总之，随着所有制结构的变化，国家与社会之间如何协调是实现有效治理的关键，其中能够发现很多治理机制。

第四节 "发展型国家"的中国模式

好的政策如果无法落实，便只是空中楼阁，从文件转化为实践需要的是强大的执行力。在变动的社会和经济中，一个国家能够乘风破浪、披荆斩棘，与其国家治理能力和执政党的组织能力密切相关。在学术界，"发展型国家"的概念就被用来描述这种能力。其源于国际学术界对于"东亚奇迹"的解释，即20世纪中后期日本和"东亚四小龙"成功赶上发达国家的经济水平。通过对东亚相关国家和地区的研究发现，其政府能够超越社会力量或者利益集团的束缚，通过资金、税收、政策等方式重点扶持相关产业，实现地区的产业发展和经济增长。因其政府具有强烈的发展意愿和自主性，以及理性化的经济官僚机构，故被称为"发展型国家"或"发展型政府"。其中尤以日本的通产省为典型案例。中国三十多年的发展创造了另一个经济奇迹，一些学者认为存在一种"中国模式"。相比于新自由主义的"华盛顿共识"，中国的经济发展模式似乎更接近于发展型国家。最新出版的一本研究中国模式的著作《伟大的中国工业革命》揭示了中国

---

① 程熙、张博：《枢纽型治理：中国共产党对于社会组织的领导》，《理论月刊》2015年第10期。

工业革命成功的秘密：通过"重商主义"、自下而上、由简到繁、从农村到城市、由轻工业到重工业，政府主导的"市场创造"到循序渐进的产业升级的发展战略塑造了中国的经济奇迹。①

改革开放至今，中国的工业奇迹是市场和政府共同发挥的结果。或许政府在资源配置中起着更大的作用，中国模式也被认为是"发展型国家"的又一例证。政府和市场的关系应该如此辩证地看待，发展社会主义市场经济，既要发挥市场作用，也要发挥政府作用。十八届三中全会提出市场在资源配置中起决定性作用，这将不同于过去的"中国模式"，将有利于转变经济发展方式，有利于转变政府职能，有利于抑制消极腐败现象，在未来将产生一种新的"中国模式"。这种新模式不是放弃"发展型国家"，而是对政府的职能做了更明确的要求，即政府的职责和作用主要是"保持宏观经济稳定，加强和优化公共服务，保障公平竞争，加强市场监管，维护市场秩序，推动可持续发展，促进共同富裕，弥补市场失灵"②。

在新旧模式切换的过程中，一个强大的国家、一个有为的执政党、一个有效的政府就显得十分重要。下面分别从中国特色的五年规划、中央全面深化改革领导小组和政府的简政放权做一说明。

改革开放之后，中国从计划经济转为市场经济，但是"计划"并未在中国消失，五年规划的演变就是一个很好的例子。五年规划是一个周而复始的过程，从收集信息、分析研究、起草文件、组织实施，到评估和修订规划，每五年就会重复这些步骤。1953年以来，中国五年计划经历了大推动计划期、半统制计划期、混合计划期、指导规划期、战略规划期五个阶段，从经济指令计划转型为发展战略规划，由经济计划转向全面发展规划，由微观转向宏观领域，由经济指标为主转向公共服务指标为主。③ 2015年，中国开始制定第十三个五年规划，由习近平总书记担任组长，李克强总理、张高丽副总理担任副组长。通过制定"十三五"规划，明确了下一个五年中国经济社会发展的基本思路、主要目标，并首次提出创新、

---

① 文一：《伟大的中国工业革命》，清华大学出版社，2016，第239页。
② 《〈中共中央关于全面深化改革若干重大问题的决定〉辅导读本》，人民出版社，2013，第6页。
③ 胡鞍钢、鄢一龙、吕捷：《中国发展奇迹的重要手段——以五年计划转型为例（从"六五"到"十一五"）》，《清华大学学报》（哲学社会科学版）2011年第1期。

协调、绿色、开放、共享的发展理念和一些具有标志性的重大战略、重大工程、重大举措。

领导小组是中国政治中比较独特的一种组织形式，其性质主要属于议事协调机构，功能包括权力配置、横向协调、准决策、信息汲取与传递、组织枢纽、供给制度合法性等。由于全面深化改革是一个复杂的系统工程，单靠某一个或某几个部门往往力不从心，这就需要建立更高层面的领导机制，因此成立了中央全面深化改革领导小组，负责改革总体设计、统筹协调、整体推进、督促落实。这个领导小组由习近平亲自挂帅担任组长，三位副组长分别为李克强、刘云山、张高丽，四名正副组长均为中央政治局常委，深改办主任由王沪宁担任，这样的高规格人员配置体现了中央全面深化改革领导小组的权威性以及改革的力度。从2014年1月至2017年2月，中央全面深化改革领导小组总共举行了32次会议。值得比较的是，中央全面深化改革领导小组和中央财经领导小组形成了执政党领导经济的双引擎模式，后者也由习近平总书记担任组长，而以往这个职务都由总理担任。根据相关材料，十八大以来至2016年底，中央财经领导小组共召开14次会议。相比之下，中央深改组的会议频率更高、人员范围更广、协调力度更大。世界各国历史表明，改革总是有阻力、需要付出代价的。相比于西方国家三权分立或者多党制的选举体制，没几个政治家敢于将改革真正付诸行动，结果往往是"心想"而"事不成"。而中国的中央深改组和中央财经领导小组是中国共产党的独特制度优势，能形成共识、并下很大力气执行改革，最终取得成效。

有效的政府必然是一个廉洁、便民的政府。享誉世界的德·索托在其名著《资本的秘密》中举过这样一个例子：很多欠发达地区不是缺少"资本"，而是烦琐的手续阻碍了资本的流动和信用的产生，比如在秘鲁要申请经营一家小企业，他的研究团队每天花6小时从事这项工作，最终在289天之后把企业登记注册下来，尽管这家企业只需1名工人就可以经营，办理法律注册登记却花费了1231美元，是工人最低月薪的31倍。要提高市场机制对于经济活动的有效调节，必须最大限度地减少政府对于微观事务的管理。[①] 简政放权是转变政府职能的有力体现，也是全能型政府向服

---

① 〔秘鲁〕赫尔南多·德·索托：《资本的秘密》，王晓冬译，江苏人民出版社，2001，第18页。

务型政府转变的重要方面。2013年以来，国务院共取消和下放800多项行政审批事项，国家投资项目在线审批，实现了网上"一条龙"服务；修订政府核准的投资项目目录，中央层面核准项目累计减少了76%；工商登记实行"先照后证"，企业登记实行"三证合一"，前置审批事项85%改为后置审批。国务院大力推行权力清单、责任清单、负面清单制度，让每一项权力都晒在阳光之下，以此促进简政放权，提高政府运作效率。中央机构编制委员会办公室最新统计数据显示，全国31个省份已全部公布省级政府部门权力清单，其中24个省份公布了责任清单，17个省份公布了市、县两级政府部门的权力清单和责任清单。

经济增长和政治稳定是世界所有国家的目标和期望。但是两者的关系却不一定相辅相成，这成为发展政治学和发展经济学研究的核心问题之一。亨廷顿的著作《变化社会中的政治秩序》是这个领域的经典，其学生福山在近作《政治秩序的起源》中又提出了良好的政治秩序的三个基本标志：强大的国家、法治和负责制政府。这些理论能否用来解释鸦片战争以来中华民族救亡图存、新中国成立之后中国共产党寻求富强，以及改革开放以来中国共产党力挽狂澜的历史演变，是需要仔细推敲和论证的。在一个更短的时间段，十八大以来中国面临经济转型和改革重任，形成了一个强大的国家、有为的执政党和有效的政府，必将为"发展型国家"的中国模式提供新的实践支撑。

第四章　当前中国国家治理面临的挑战

改革开放以来，中国经历了重要且深刻的变化：社会、政治、经济、文化转型正在发生，转型期形成了许多独有的特征，也使国家面临着诸多挑战。不同的学者试图从不同的角度对国家面临的挑战做出解释。一些学者从国家治理的角度指出，转型时期国家面临着固有的转型危机，即在经济和社会层面上，结构性的重大改变带来了难以调和的冲突和危机，唯有依靠国家的有效治理与干预才能解决这些冲突和问题。① 从国家治理的角度来分析转型时期国家面临的挑战，实际上是按照"冲突—应对"的逻辑对转型时期所产生的危机加以分析。

大量的经验和事实使我们认识到，转型时期所面对的冲突不是简简单单的小问题，而是由于社会阶层的分化、利益结构重组、制度体制变迁等重大原因所产生的结构性问题。新的利益结构既是社会转型的一项基本内容，同时也是社会转型的基础。基于这样的认识，有学者从制度变迁的角度思考我国在转型期面临的挑战。社会问题的出现以及国家面临的挑战，既是制度发生作用的机会，也是制度接受挑战以及引发制度变迁的内在驱动力。② 从这个角度来看，我国在转型阶段面临的挑战，更加直观且深刻。

---

① 徐湘林：《转型危机与国家治理：中国的经验》，《经济社会体制比较》2010 年第 5 期。
② 熊跃根：《转型经济国家的社会变迁与制度建构：理解中国经验》，《社会科学》2010 年第 4 期。

我们可以清晰地看到，改革开放以来在取得巨大成就的同时，同样伴随着一些问题，或者说是艰巨的制度建构的任务：社会发展水平远没有赶上经济发展水平；城乡二元结构非但没有解决，问题反而更加严重，并出现了农民工这一特殊群体，乃至出现了三元结构；市场经济正逐步完善，然而行政体制与非正式制度仍旧发挥着重要作用，影响市场法治体制的形成。从制度变迁的角度来认识我国在转型时期面临的挑战，就要求我们要勇于创新，推进改革，通过相应的制度供给以解决发展中遇到的问题。

第一节　全球化和现代化的挑战

一　全球化时代的管理难题

全球化在影响各国经济贸易活动的同时，也改变着社会治理的宏观环境，对一个国家的社会治理格局产生影响。社会治理面临全球化首当其冲的影响是，人员、资金、技术等全球化进程大大提高了各国社会内部的流动性和竞争性，原有的属地管理模式遭到挑战。

1. 全球化时代及其流动性和竞争性

作为当今世界的基本特征，全球化是资本、物质、人员、信息等要素在世界范围内的越境流动现象。伴随着要素全球化的深度发展，世界各国各地区在政治、文化、科技、军事、安全、价值观念等多层次、多领域也出现跨境流动和融合特征。因此，全球化在表现形式上除科技和经济外，还主要包括政治、文化、思想观念、人际交往、国际关系等多方面的全球化。全球化对各国经济社会发展产生的影响是多方面的。从经济发展来看，经济全球化、金融全球化、贸易全球化、投资全球化为国家或地区带来了经济繁荣和进步。从社会治理来看，全球化带来的流动性和国际竞争构成各国社会治理的新型挑战。纵观全球，从南美到北美，从南非到北非，从南亚到北亚，从南欧到北欧，政府陷入各种形式和内容上的治理困境，已经成为普遍的现象。在眼下的全球化时代，世界很多地方发生社会治理危机具有明显的共同原因①，其中，一个重要原因就是全球化带来的日益增加的社会流动性和日益激烈的国际竞争性。

进入 21 世纪以来，全球化进入 3.0 阶段，随着以人为主角的全球化深度发展，社会流动性和国际竞争程度大大加深，各国社会治理将面临更多来自全球化的挑战。从发展历史上看，经济学家弗里德曼将全球化划分为三个阶段：第一个阶段，全球化 1.0 时期，即 1492 年到 1800 年，全球化的主要动力是国家。第二个阶段，全球化 2.0 时期，即 1820 年或 1825 年开始，一直持续到 2000 年。全球化的主要动力是公司。第三个阶段，全球化 3.0 时期，即 2000 年后，个人成为全球化的主角。在全球化 3.0 时期，个人超越国家、公司成为全球化的主角后，个人拥有着各自的机会进行全球化，与其他个人进行竞争。

纵观全球化及其发展过程，全球化与日益增长的流动性和国际竞争具有显著的相关关系。

首先，在全球化、工业化和信息化的驱动下，资本的流动性大大增强。在全球范围内，1961 年，发达国家资本输出总额为 1400 亿美元，1975 年增至 5800 多亿美元；2010 年至 2013 年年均资本流动规模达到 3 万亿美元。面对日益加速的资本流动，各国为了吸引资本而制定竞争性的产业政策。一方面，资本流动给落后国家带来机会，竞相出台招商引资政策，造成制造业大转移，结果导致发达国家产业空心化，引发一系列新的社会问题。另一方面，落后国家为了招商引资，降低技术、环境、劳动等要求，也带来一系列问题。快速流动不仅意味着资本量成几何级数增长，而且这种前所未有的大规模资本严重挑战了国家疆界壁垒、传统产业壁垒、文化差异壁垒，乃至一切现有的政治权威形式。②

其次，在全球化、工业化提供的条件支持下，社会领域人员的流动性显著增强。全球化条件下，人口在全国甚至世界范围内发生流动。这种人口流动性是一种突破地域或国家的人口迁徙，包括：人才流动（人才转移）、人口流动（如商务旅行和居民旅游）、劳动力流动（如农民工进城）。从全球范围内来看，移民海外人口数量的增长，体现了全球范围内

---

① 参见潘维《社会治理危机：一个世界性的问题》，《北京日报》2015 年 10 月 26 日。
② 参见潘维《社会治理危机：一个世界性的问题》，《北京日报》2015 年 10 月 26 日。

人员流动性的加剧。联合国数据显示，2013年全球2.32亿人口移民海外，占全球人口的3.2%，而这一数字在2000年和1990年分别是1.75亿和1.54亿。大规模的人口流动为国家或地区社会治理提出了新的问题和挑战，例如流动人口、流动犯罪、流量管理等问题。在全球人口流动的大背景下，中国面临的人口流动问题更加复杂。中国人口流动包括多种类型：外籍劳工的流入、农村人口的城市化、农村劳动力的跨省转移、本国劳工的外出等等。

此外，全球化在带来社会流动性的同时，也增加了国际竞争，使各国之间的冲突更加频繁。齐格蒙特·鲍曼在其《被围困的社会》中指出，全球化造就了共生共存的世界。在全球化的驱动下，地球变得狭窄了，地球内部国家之间的竞争增强了，发生于国家边界上的冲突也变得更加频繁了。

2. 流动性和竞争性挑战属地化管理

传统的属地化管理、城乡区隔化管理正遭遇全球化过程中人口流动的挑战。就人而言，也许自古就渴望着流动，但是，当人类进入农业社会后，由于土地的束缚而使人放弃了流动的念头，随着人对土地依赖程度的下降，渴望流动的热情又被重新点燃；在历史上看到，从农业社会向工业社会的转变首先是反映在人的流动上的，表现为人们离开了千年耕种的土地而流向了城市；正是这一波人的流动，掀起了工业化、城市化的浪潮，奠定了现代社会得以建构的各项基础。①

针对日益增长的社会流动性，传统的属地化政府管理思维必须变革。在这个以流动性为尺度的开放社会里，人类社会通过管理型政府所开展的控制导向的社会管理遭受了质疑，超越民族国家框架的人类共同事务几乎都不能作为一种"特殊情形"而在这样一个控制体系中加以解决。如果说在民族国家框架下所建构起来的控制导向的社会管理方式是与管理型政府追求同一性的思维方式和行动逻辑相契合，当我们在全球化这个新的空间坐标中去思考如何进行流动性、开放性世界中的社会管理时，则必须充分考虑全球流动所产生的差异性的问题。②

---

① 参见张康之《流动性迅速增强条件下的社会治理》，《常州大学学报》2016年第5期。
② 参见周军、程倩《全球化、后工业化对社会治理的挑战》，《党政研究》2014年第11期。

一方面，面对全球跨境的大规模人口流动，以国家为单位的社会管理框架难以招架。面对国际移民问题已成为全球化时代的中心问题，各国纷纷调整移民政策应对国际人口流动。另一方面，面对国家和地区内部大规模人口流动，原有的一个国家之内以行政管理属地化为核心的管理框架也难以应对。这是因为在全球化时代，从操作层面来看，在流动性日益增长的社会中，身份识别困难是传统政府管理难以奏效的重要原因。身份识别是政府进行传统社会领域管理和控制的基础，但是随着全球化的发展，社会流动性日益增加，这种身份识别基础正受到各方面的冲击。社会的流动性对身份造成了冲击，或者说，流动性造成了身份识别的困难，即便可以通过身份证件等解决身份识别的问题，而身份承认的强弱却不是与身份识别必然相对应的。① 所以，就身份作为社会化存在的人的先验条件或先验规定性而言，不仅受到流动性的冲击，而且对于迅速流动中的人来说，也失去了意义。在流动性较弱的情况下，在社会治理的制度安排以及行动中，可以忽略流动性的因素，或者，可以通过建构起稳定的政府管理制度而实现对流动性因素的控制。

二 双重现代化的挑战

现代化和后现代化是社会发展的两个不同过程，它们具有不同的属性和特点。从过程来看，现代化是伴随着工业化开始的过程，而后现代化是与工业现代化相区别或相对立而形成的发展态势。从目标来看，现代化的核心目标是经济增长，后现代化的核心目标是使个人幸福最大化。任何国家的现代化发展过程都具有阶段性，不同的国家处在不同的现代化发展阶段。作为后发国家，中国目前处在现代化和后现代化叠加的时期，因此，社会管理的要求、难度、任务等更加要求体现中国化。中国社会治理正面临双重现代化的治理挑战。政治文化研究学者罗纳德·英格尔哈特在《现代化与后现代化》中区分了现代化与后现代化概念。作为发展中国家和地区，现代化是发展的主要任务；同时，中国社会治理也体现出一定意义上的后现代化性质的任务。现代化与后现代化为中国社会治理提出了新型任

---

① 参见张康之《流动性迅速增强条件下的社会治理》，《常州大学学报》2016年第5期。

务和挑战。

1. 现代化进程中的社会治理风险

伴随着现代社会科学技术的高速发展和全球化的发展，人类社会开始进入一个"风险社会"时代。德国社会学家贝克（Ulrich Beck）在20世纪80年代提出的"风险社会"（risk society）概念是对人类进入风险社会的预测和判断，他指出"风险"（risk）本身并不是"危险"（danger）或"灾难"（disaster），而是一种危险和灾难的可能性，风险的"人为性"是现代社会与传统社会的重要区别。风险是发展的副产品。

在人类社会进入"风险社会"的全球大背景下，中国社会由于正处在经济社会发展的转型期，各种矛盾和问题相互交织，社会问题高度复杂，社会治理风险加大，各种新的社会治理风险接踵而至。现代化和社会转型是中国社会治理风险产生和扩张的基本背景。面对转型期中国社会治理风险的挑战，仅仅依靠传统的科层制社会管控模式，不能有效地实现社会的长治久安，需要探索和构建新的社会治理模式。

如何有效化解和治理中国社会转型期面对的风险，是中国提出和推进社会治理的理论和实践动因。在当前的社会转型阶段，中国社会不仅有许多产生风险的源头——风险源（例如，贫富差距逐渐拉大、阶层分化等），还有许多将已有风险放大的因素（例如，城镇化加速推进过程中人口流动大风险传播快、社会信任度低、社会抗风险能力脆弱）；同时，传统治理主体发现识别风险、治理风险能力相对较差，社会风险治理任务艰巨。

自上而下集中式的政府社会管理模式使社会风险集中化。中国传统自上而下的集中式社会管理模式面临将社会风险集中化的负面效应。长期以来，依托我国国家和地方治理体制，传统的中国社会管理在动员社会、整合社会资源、规范社会行为方面有很强的优势。这种优势能够集中力量办大事、针对某个社会问题开展集中式整治和管理，具有很强的权威性、统一性和集中性。但是，面临现代社会治理风险的挑战，这种自上而下高度集中的政府对社会的科层制社会管控模式也体现出很强的负面效应，即将全社会面临的社会治理风险集中化，不利于社会治理风险和治理责任的分散化。典型例子是，社会生活中，社会主体之间发生的一些正常的纠纷和冲突，在经过升级和发展之后，往往将矛头指向地方党委和政府，形成大规模的群体性事件。中国社会管理模式是一种全能主义模式，政府是无所不管、无所不包，权力无限的同时，责任也是无限的，承担的社会风险也是无限的。

传统的科层制社会管控模式不能从根本上治理转型期社会风险。从理论上来看，长期以来，传统的科层制社会管控模式在我国社会管理过程中之所以能够有效地发挥作用，根本原因是这种管控模式是与单位制相适应的。改革开放之前，中国社会管理主要是在单位制体制下进行。社会各阶层人们的社会行为被逐一整合到一个个具体的"单位"中，单位赋予社会成员社会行为的权利、身份和合法性，满足他们的各种需求，代表和维护他们的利益，控制他们的行为。① 改革开放三十多年来，随着我国市场经济体制的建立和发展，越来越多的人已经从"单位人"转变为"社会人"，单位制正在弱化和解体。强调社会管理的传统科层制社会管控模式在维护社会秩序中的效果和作用日渐薄弱。从结构上看，这种模式在中国社会治理体制中，过度碎片化，治理效率低下。

从实践来看，传统的科层制社会管控模式在社会管理中的实质是管控社会风险，并不是从源头上化解和治理社会风险。传统的科层制社会管控模式的特点是：在社会管理的主体上，政府占有绝对主导地位；在社会管理手段上，管理手段与方式相对单一，主要以行政手段管理社会，重在行政控制；在管理过程上，政府的管理行为倾向于消极管理，以应对"危机"处理社会问题，以管为主，防控结合，事后处理，掩盖事实；在内容上，重点在于社会治安、摆平纠纷和矛盾、平息群体性事件等方面；在结果表现上，盲目、片面追求社会稳定与社会秩序，维稳成本较高，管控效果不明显。② 这种模式虽然是一种见效快的治标模式，但并不是立足长远的治本模式。有学者指出："风险控制其实只能做到灭火作用，社会和谐发展的关键是要让老百姓不上火"③。相关机构对基层干部做的调查显示，多数基层干部都认为社会管理创新应该选择以风险控制、社会稳定为核心，而不是以群众的权利保障为核心。

---

① 李汉林：《中国单位现象与城市社区的整合机制》，《社会学研究》1993年第5期。
② 郁建兴、关爽：《从社会管控到社会治理——当代中国国家与社会关系的新进展》，《探索与争鸣》2014年第12期。
③ 姜晓萍：《社会治理不应以风险控制为基础》，http://news.ifeng.com/exclusive/lecture/special/zhiliyantao/content-5/detail_2013_12/02/31717397_0.shtml，2016年11月12日。

面临蓬勃发展的市场经济和日益严峻的社会治理风险,中国传统社会管理模式强化和重视政府管控,导致国家与社会不能实现有效互动,需要新的制度供给和创新安排。传统的社会管理模式,过度重视运用管控和行政等直接管理手段、工具,导致官民矛盾加剧。社会矛盾是中国社会治理面临的首要风险。在中国的各种社会矛盾中,"官民矛盾"居重要位置,①影响面大、涉及面广。产生这些"官民矛盾"的原因,与在社会管理中过度使用管控,忽视民众的利益和诉求有很大的关系。"官民矛盾"问题由上到下逐层递增现象也说明了,越到基层,传统的社会管理模式越重视管控手段的使用,难免与社会民众产生许多直接的纠纷和冲突。面对社会矛盾,有的地方不管是非曲直,采取花钱买平安的方式息事宁人,"人民内部矛盾用人民币解决";有的地方官员则采取简单、武断甚至是粗暴的方式进行封堵和高压;以"维稳"为借口,采取非法方式对当事者进行控制。② 这种社会矛盾化解办法只能加剧官民矛盾,为社会治理留下隐患。

传统的社会管理模式,强调自上而下的分级管控,导致民众在社会生活中的诉求难以自下而上地传导、上达,国家与社会互相间偏差加大。政府习惯运用行政管控社会,建立起严密的高度行政化的社会管理结构,这种模式短期来看,具有一定的效率;但从长远来看,忽视社会民众自下而上的诉求表达,刚性的行政模式抑制了社会发展活力。在行政管控的模式下,民众利益诉求往往缺乏有效畅通的表达机制。一方面,现实社会生活中,尽管立法机构和代表是民众的法定代言人,但是由于这些机构和代表发挥的作用有限,社会民众缺乏能够代言自身利益和诉求的组织代言人。另一方面,近年来,我国社会组织蓬勃发展,迅速成长,在表达民众诉求方面应该发挥一定的作用。但是以居委会、村委会和行业协会等为代表的、与民众利益相关的社会组织往往呈现出行政化发展特征,难以有效地传导民众的社会利益诉求。在传统的社会管理模式下,国家与社会偏差逐渐加大,亟须建立一套使国家和社会融合发展的社会治理新体制。

2. 后现代化对政府管理的挑战

即使能够成功应对现代化的挑战,也并不意味着社会治理就大功告

---

① 吴忠民:《当代中国社会"官民矛盾"问题特征分析》,《教学与研究》2012年第3期。
② 吴忠民:《当代中国社会"官民矛盾"问题特征分析》,《教学与研究》2012年第3期。

成，问题和麻烦还在后面。一个基本的事实是，就在人们忙于应对现代化变革的时候，后现代化的进程却悄然而至。政府正在忙于"扶贫"，帮助人们从农村转移到城市，让农民住上高楼大厦的时候，城里的人们正在向往窝头咸菜式的乡野生活；政府正在埋头于经济发展，"把 GDP 做大"，甚至不惜以降低环境和能源要求为代价的时候，越来越多的人对高大上的生活目标失去了兴趣而开始追求"小确幸"式的幸福感。

上述事实暗示了两种生产方式和社会方式——工业化和后工业化的转换。工业化社会和后工业化社会是两种不同的组织形态，由于物质发达水平的不同，人们生活其间的想法和追求也有所不同，对于管理的要求也会大不相同。正如有学者指出，"工业化带来了一个重大的文化变迁过程，带来了官僚化、理性化、集权化和世俗化。后工业社会的兴起导致了第二个重大的文化变迁过程：新潮流指向日益强调个人自主和自我表达的价值观。……现代化的工业阶段带来了权威的世俗化，而后工业阶段造成了从权威中解放出来"；与工业现代化相联系的是世俗—理性价值观的兴起，导致权威的合法性基础从传统宗教信仰转变为世俗—理性观念，而与后工业现代化相伴随的是自我表达价值观的兴起，导致个人自主感的增强和从权威中解放出来的愿望。①

现实变化已经显示，后现代化的发展变化至少为传统政府管理带来如下几方面的挑战：首先，税务财政系统受到了挑战。税收财政是现代国家运行的基本保障，现代国家普遍采用主要以企业为征税对象的管理体制，而后工业社会基于网络的私人定制化生产方式在很大程度上挑战了传统的以企业为生产单位的国家财政税收体系。典型的例子是，当政府税务官继续前往大商场、大卖店征集税款时，以往的大商场和大卖店却因为网店和网购的兴起而纷纷倒闭关门。其次，现代金融系统受到了挑战。银行业的发展与现代市场的兴起相伴随，成为政府管理的重要手段。然而，基于网络的支付宝一类的新型交易系统和交易方式直接挑战了传统的以银行为中介的货币和信用卡结算的金融系统，使政府的金融监管和政策杠杆面临难题。最后，日常的社会管理模式受到了挑战。由于信息不对称，供需双方

---

① 〔美〕罗纳德·英格尔哈特：《现代化与民主》，载弗拉基斯拉夫·伊诺泽姆采夫主编《民主与现代化：有关 21 世纪挑战的争论》，徐向梅等译，中央编译出版社，2011，第 133、138、139~140 页。

难以直接交易，因而中介和代理成为必需，而政府管理部门也经常以不可缺少的中介和代理自居。后工业社会基于网络平台的供需双方直接交易，使政府或第三方中介机构变得多余，从而挑战了传统的以政府或委托代理机构为基础的社会管理模式。世界各大城市出租车管理遭遇各种网络约车模式的挑战就是典型例子。

这确实是社会转型的一个大变革时代。现代性和后现代性带来稳定，现代化和后现代化导致变动和不稳定。对于当下的中国而言，现代化与后现代化两个目标和过程的"叠加"①，更加增添了社会变化的复杂性，进而极大地提升了政府管理的难度，因而，如何在政府行政导向之外寻求有效应对社会转型而释放出来的需求，更具有现实的紧迫性。

第二节 市场化的挑战

一 经济发展模式转变带来的挑战

市场化的转型是一个国家在向现代化迈进过程中不可逾越的阶段。发达国家的现代化历史表明，实现现代化需要跨越两道门槛：市场化和民主化。这意味着，中国要实现现代化目标，必须完成两个转型，即经济转型与政治转型。从现代化的进程来看，统一国家、建立全国性的政治权威，这仅仅是现代化起步的开始。毛泽东等第一代领导者，锻造了一个强有力的政党，领导中国人民完成了这一基础性的工作，为中国探索现代化的道路奠定了政治基础。邓小平等第二代领导者，以改革开放的方针政策，正式启动了中国的现代化进程，通过"摸着石头过河"的方式，开始了跨越上述两道门槛的探索过程。

客观地说，中国共产党和政府并没有从一开始就对中国现代化需要跨越的两道门槛形成自觉的意识。1978 年，中国开始实行经济体制改革，但

---

① 南开大学朱光磊教授用"两化叠加"来概括中国治理的难题，他认为，政府改革的目标不应该是简单的服务型政府，而应该是建设管理与服务并重的"管理服务型政府"，参见《"两化叠加"是治理中国最大难题》，（新加坡）《联合早报》2016 年 8 月 22 日。

那个时候，人们并没有意识到经济改革要以市场化为导向。中国市场化发展过程的理论形态所经历的四个阶段清楚地表明，"市场化"这块大石头是在经济改革的探索中逐渐"摸"到的。

1992年中共十四大明确了市场化的目标，确定到2010年完成市场化进程。这也就是说，中国要用大约30年时间完成对计划经济的市场化改造。根据实际的状况来看，前20年主要在于构建市场经济体系，后10年在于完善市场经济体系。现在，中国初步建成了社会主义市场经济体系，加入世界贸易组织这一事实表明，市场化这道门槛就要被跨过去了。

市场化与全球化为我国在转型时期既带来了机遇同时又提出了挑战。首先，就经济增长本身而言，我国的经济增长方式不合理，制度建设方面还有较多缺陷。国有企业改制过程中的大量国有资产流失，现代管理体制改革遭遇了行政主管机构的掣肘；同时，粗放的生产经营模式仍旧没有改变。缺乏有效竞争对于国企来说就丧失了提高效率、加速创新的动力，集约化的生产经营模式始终难以形成。另一方面，在分税制的影响下，地方保护主义盛行，重复建设问题严重，房地产经济泡沫问题已成为上至官员下至百姓普遍关心的问题。

其次，经济增长以牺牲社会、环境为代价。唯GDP的官员升迁模式以及不顾子孙后代的发展冲动，使得我国在经济发展的同时牺牲了社会与环境。在经济发展中，社会利益重组，形成了新的利益集团及新的利益诉求，这些都会给我们带来新的挑战。

最后，出口导向型的经济受世界经济的影响颇为严重。世界经济一体化时代的来临使得一国的经济发展已经不仅仅局限于本国。1998年的亚洲金融危机就是一个很好的例子。2008年之后，新的全球金融危机正在席卷世界。我国以出口导向型为主的经济发展受到了相当程度的打击，而这种不科学的经济增长方式最终会阻碍我们经济的发展。

总的来看，中国经济出现了内部失衡与外部失衡的局面。内部失衡的主要表现是投资和消费的失衡，过度投资而消费不足。这里所谓的消费不足不是说绝对量增长不足，而是相对于投资的增长不足。根据世界上许多研究机构的研究，近30年来中国人消费绝对水平的提高速度在世界上是居于前列的，但是因为投资以更高的速度增长，消费在GDP中的相对份额不断下降。目前，投资和消费的比例已经大大偏离正常状态。从国际上来说，消费和投资的比例大致是 75∶25，有的国家稍微高一点，有的国家稍微低一点。在有些阶段，例如在工业化初期，在一些发展中国家，投资有可能高一些。比如，中国在"大跃进"期间投资率就达到 30% 以上。又比如，日本在高速增长时期，投资的比重也偏高，但它的最高水平也没有超过 35%。中国现在投资率越来越高，特别是 21 世纪以来，基本上处于 45%~50% 的水平，而消费比重严重偏低。这种类似于马克思分析过的"有机构成不断提高"的偏差，造成了一系列例如产能过剩、最终需求不足等经济问题，以及群众的生活水平提高过慢，收入水平差距拉大等社会问题。外部失衡的主要表现，是国际贸易和国际收支的双顺差，外汇存底的大量增加。它会造成我们跟贸易伙伴国之间的摩擦加剧，同时使自己的贸易条件变差，出口产品贱卖，还搭上了我们的资源和环境。内部失衡和外部失衡在宏观经济上的集中表现，是货币的过量供应，而货币的过量供应又必然导致房地产、股票、收藏品等资产泡沫的形成，通货膨胀即居民消费价格指数（CPI）的快速上升或二者兼而有之。这个问题在 2007 年下半年浮出水面，变成一个人人都能感觉到的危险。

就我国目前面对的这些困境，吴敬琏指出，主要是由于体制性的障碍导致出现了内部失衡与外部失衡的局面。① 这些障碍主要有以下几个方面：

第一，各级政府依然掌握着一些重要资源的配置权力。例如信贷资源，因为银行体系、金融体系改革没有到位，所以各级政府依然对于信贷的发放有着很大的影响力。还有土地资源，因为土地的产权不明确，依然是由各级政府自由裁量运用。1992 年的中共十四大在确定市场经济的改革目标时就已经明确，所谓市场经济，就是在资源配置中由市场起基础性作用的经济，就是由市场供求决定的价格起作用，因为这种价格是能够反映资源稀缺程度的。但是现在一些重要资源却不是由市场，而是由党政领导机关按自己的意图配置的。

第二，把 GDP 的增长作为各级政府政绩的主要标志，不光在党政机关考核干部时如此，社会舆论也是如此。这种观念从政府体系产生，并不断蔓延至社会的各个单位，由表及里地对社会各个领域产生激励，并使得一切与之冲突的激励机制趋于失效。

---

① 吴敬琏：《中国经济转型的困难与出路》，《中国改革》2008 年第 2 期。

第三，各级政府的财政状况和物质生产增长紧密相连，从收支两方面看都是如此。从财政收入看，各级预算的主要收入是生产型的增值税，生产型的增值税与物质生产部门的速度是直接挂钩的，所以使各级政府不能不把主要注意力放在物质生产部门的扩张上。

第四，资源配置上市场的力量受到很大的压制。这表现在土地、资本、劳动力等生产要素的价格没有市场化，而是由行政机关定价的或者受行政机关的影响，而行政定价是按照计划经济的惯例压低价格，因为要素价格压低有利于国有企业降低成本和增加盈利，而价格的扭曲促使了以浪费资源的方式进行生产。

二 经济增长方式转变带来的挑战

经济增长方式转变不仅是改善经济发展质量，实现可持续发展的客观要求，更是应对经济全球化，提高我国国际竞争力的必由之路。尽管早在1995年中央就提出转变经济增长方式的目标，但从技术创新、结构优化、环境保护、资源节约等几项主要指标来看，我国过去十几年的经济增长方式转变历程并不顺利。我国粗放型经济增长方式长期延续的根本原因在于制度，即缺乏有效的制度支撑体系。对我国而言，制度对经济增长方式转变的制约已经超过了技术、结构等其他限制因素。因此，必须从制度上寻找我国经济增长方式转变的突破口。[①]

当前，我国正处于社会主义市场经济体制完善阶段，市场机制还有待进一步完善，支撑经济增长方式转变的制度基础还不健全。要实现经济增长方式转变，必须重视制度创新，加强有助于经济增长方式转变的制度基础设施建设，包括有利于提高生产经营效率的现代企业制度，有利于资源节约的生产要素价格形成机制，有利于促进优胜劣汰的公平竞争机制，引导企业把生产经营行为切实转到依靠科技进步和管理创新上来，转到科学发展的轨道上来，从而实现经济增长方式的集约化转变。[②]

实现经济增长方式转变必须选择适宜的推进模式。已经有学者指出，

[①] 马凯：《转变经济增长方式，实现又好又快发展》，《中国发展观察》2007年第4期。
[②] 刘伟：《经济发展和改革历史性变化与经济增长方式的历史性变革》，《经济研究》2006年第1期。

从目前来看，市场增进型模式是我国转变经济增长方式的最佳选择，即充分发挥市场机制的引导作用，并辅以适度的政府干预。具体包括三个方面：一是充分发挥企业等市场主体作用；二是充分发挥市场机制的资源配置功能；三是充分发挥政府的宏观调控职能。① 从这三个方面的内在关系来看，政府职能转变和宏观调控水平直接关系到前两个条件作用的发挥。如果政府职能存在越位、错位或缺位，使一些本应该由市场机制发挥作用的领域，由于政府过度干预而得不到充分发挥，同时在一些本应该政府发挥作用的领域，政府反而无所作为或作用发挥不当，这都会对经济增长方式的转变构成阻碍。因此，在推进经济增长方式转变的进程中，要重视发挥政府干预的积极推动作用，但最根本的途径是继续深化改革，培育和完善市场机制，增进市场的功能，以体制创新推动经济增长方式转变，特别要明确界定政府干预与市场机制调节的不同范围，解决市场机制和政府干预的不协调问题。

应该说，与经济体制改革相比，我国的行政管理体制改革步伐是相对滞后的。随着我国改革不断向纵深推进，行政管理体制改革对其他改革的牵制作用日益明显地体现出来，加快行政管理体制改革已成为全面深化改革的关键。② 从广义上讲，政企不分、政资不分的问题得不到根本解决，政府与企业的行政关系、资产纽带继续存在，规范的现代企业制度就不可能真正建立，企业也难以成为自主经营、自负盈亏的市场主体；行政性垄断及地区性封锁不打破，统一、开放、竞争、有序的市场体系就不可能最终形成；政府掌握过多的经济资源配置权，控制重要生产要素的价格决定权，这就使生产要素的稀缺性不能及时转变为价格信号，不能成为经济增长方式转变的内在驱动力，反而为粗放型经济增长方式提供了生存空间。今后，我们要以健全政府职责体系为核心，进一步推进行政管理体制改革，合理界定政府在市场经济活动中的职责范围，减少对微观经济运行的直接干预，强化其社会管理和公共服务职能，从根本上保障市场在资源配置中的基础性作用，建立起既可以发挥市场经济长处又能够发挥社会主义优越性的制度体系，为我国经济增长方式转变奠定坚实的制度基础。③

---

① 吴敬琏：《中国增长模式抉择》，远东出版社，2006，第35页。
② 王小鲁：《中国经济增长的可持续性与制度变革》，《经济研究》2000年第7期。
③ 洪银兴：《论经济增长方式转变的基本内涵》，《管理世界》1999年第4期。

总的来看，我国的体制改革有效地促进了经济增长，但是并没有真正实现经济增长方式的转变和发展质量的提升，并没有真正有效地促进全面、协调和可持续发展。十九大报告指出我国经济领域仍然面临许多挑战："发展不平衡不充分的一些突出问题尚未解决，发展质量和效益还不高，创新能力不够强，实体经济水平有待提高，生态环境保护任重道远。"因此，进一步深化改革，完善中国特色社会主义市场经济体制是当前我国体制机制创新的重要任务。

三 经济增长方式转变与制度基础设施建设

市场增进型模式使政府干预和市场机制的作用能够实现交互，既可以增强市场机制的作用，又可以在市场失灵的领域由政府的适度干预予以补充，这种模式更有利于加快经济增长方式的转变。对处于经济转型阶段的我国而言，这种推进模式的重要意义更是不言而喻。

从实践上讲，我国30多年的改革和发展历程告诉我们，随着社会主义市场经济体制的不断完善，转变经济增长方式需要一个服务型"小政府"，由政府直接配置资源向着让"权"于市场机制的方向转变，需要体制机制发挥更大的作用。但是，体制机制改革是利益格局调整、社会矛盾集中和凸显的过程，社会稳定的压力又反作用于体制机制改革，这又需要一个对宏观经济有调控能力的政府。总之，只有政府能够有效调控宏观经济和保障社会稳定，才有能力坚持既定方针，坚持走中国特色的社会主义发展道路。[①]

只有政府干预和市场机制协调发挥作用，才能有效促进经济增长方式的转变。如何使政府干预和市场机制协调发挥作用呢？这需要从以下三个方面入手。

第一，政府要加快自身的改革步伐，推进体制和机制创新。一方面，要针对增强发展活力和推进经济增长方式转变的需要，深化财政体制改革，理顺中央与地方的财权和事权；逐渐放开垄断领域，建设公平竞争秩序；减少审批事项和资源及产品定价。同时，要加强重大产业政策的制定

---

① 厉无畏、王振：《转变经济增长方式研究》，学林出版社，2006，第71页。

和发布，加强市场执法能力建设。总之，政府要从"全能型"大政府向"服务型"小政府转变。另一方面，针对社会转型时期各方面矛盾冲突凸显的问题，进一步强化政府执政能力建设，加强社会保障能力建设，为社会提供社会事业服务。①

第二，要加快市场体系建设。市场机制是社会主义市场经济体制框架下的运行机制，建设公平的竞争市场、公平的市场准入条件、健全的价格形成机制，加强行业协会、法律、会计咨询等专业中介服务机构建设，最大限度地发挥市场对资源配置的基础性作用。

第三，体制改革和机制建设要同步、协调推进。1978年改革开放政策实施以后，市场微观经济主体领先于宏观体制改革起步，市场微观层面对宏观体制改革提出了更高要求。由于宏观经济体制，即社会主义市场经济体制建设相对滞后，经济增长方式没有取得根本的转变。具体而言，在推进经济增长方式转变的过程中，市场机制和政府干预的作用有所不同。市场机制主要通过反映资源稀缺程度的价格和优胜劣汰的竞争机制，激励企业采取先进工艺技术和科学管理方式，提高生产经营效率。政府通过实施一系列有效的产业政策、财税政策，把节约资源、合理利用资源与企业的经济利益紧密联系起来，调动企业节约资源、合理利用资源的积极性和主动性，从而推动经济增长方式的转变。② 此外，由于市场机制在资源配置方面具有滞后性和盲目性，政府可以通过其资源和信息等优势进行及时"补位"。

当然，如何在推进经济增长方式转变过程中保证市场机制和政府干预协调发挥作用是一个制度设计难题。戴维·皮尔斯与杰瑞米·沃福德在对典型发展中国家资源环境问题的研究中指出，实现全世界的可持续发展，面临着极大的制度设计难题，尤其是在市场失灵与政府失灵都很严重的发展中国家或地区。③ 这句话值得我们认真思考，我们在今后的发展过程中一定要重视制度设计问题，以制度体系的完善推动经济社会的全面发展。

从目前情况看，我国经济增长方式转变的关键在于制度。因此，我们

---

① 张卓元：《转变经济增长方式：政府改革是关键》，《宏观经济管理》2006年第10期。
② 李广杰：《切实加快经济增长方式转变》，《山东经济战略研究》2006年第3期。
③ 〔英〕戴维·皮尔斯、杰瑞米·沃福德：《世界无末日——经济学、环境与可持续发展》，张世秋等译，中国财政经济出版社，1996，第293~294页。

要不断加强制度基础设施建设，营造有助于经济增长方式转变的体制环境。一方面，要推进现代企业制度建设，培育经济增长方式转变的微观主体；另一个方面，要建立反映资源稀缺程度和市场供求关系的价格机制并强化市场竞争机制，完善经济增长方式转变的市场载体。

微观主体的培育对于经济增长方式的转变十分重要。目前，作为经济增长方式转变的主要承担者，我国许多国有企业缺乏技术和管理创新的主动性，这是我国经济增长方式难以转变的根本原因。[①] 因此，必须推进现代企业制度建设，激发国有企业转变生产经营方式的内在动力，使其真正成为经济增长方式转变的主体力量。[②] 深化国有企业公司制股份制改革、健全国有企业公司治理结构、完善企业激励和约束机制等途径都能为经济增长方式转变培育充满生机和活力的微观主体。

世界各国的发展经验表明，市场机制的完善程度直接决定和影响着整个经济的运行效率。一般来说，市场机制是一个有机的整体，包括价格机制、供求机制、竞争机制和风险机制等构成要素，并主要通过价格机制和竞争机制来发挥资源配置作用。

第一，完善生产要素的价格形成机制。在市场经济条件下，价格是反映资源稀缺程度的信号，也是影响企业生产经营决策和行为的机制。因此，完善反映市场供求关系、资源稀缺程度、环境损害成本的生产要素和资源价格形成机制，是促进经济增长方式转变的一个重要条件。[③] 目前，我国一般商品和服务的市场化比重已经达到90%以上，但资金、劳动力、土地和矿产等生产要素和资源的市场化程度还远远不够，尤其是它们的价格形成机制亟待改革。而扭曲的生产要素和资源价格只能扰乱市场供求关系，促使企业更倾向于通过扩大生产经营规模，而不是通过技术和管理创新的途径来实现发展，这在一定程度上使粗放型经济增长方式得以延续。因此，推进生产要素和资源价格的市场化改革，既是完善社会主义市场经济体制、提高资源配置效率的客观需要，也是促进我国经济增长方式转变的迫切要求。要通过生产要素和资源价格改革，充分发挥市场价格机制的调节作用，提高资源的使用效率，抑制对资源尤其是不可再生资源的不合

---

① 生连科：《国有企业制度创新对策研究》，《合作经济与科技》2006年第1期。
② 张维迎：《西方企业理论的演进与最新进展》，《经济研究》1994年第11期。
③ 林毅夫、苏剑：《论我国经济增长方式的转换》，《管理世界》2007年第11期。

理需求，缓解或消除资源供需的尖锐矛盾，使资源的开采和使用在市场机制的作用下走上集约化的道路。值得注意的是，在推进生产要素和资源价格市场化改革的过程中，必须统筹考虑企业发展的需要和社会承受能力，合理把握资源价格调整的力度和时机，统筹安排，分步到位。①

第二，强化市场竞争机制。正如有学者指出，市场经济的力量产生于竞争以及在竞争中形成的竞争力。市场经济的不可替代性在于没有更好的制度可以激发经济主体进行持续性创新的主动性和进取心。② 在竞争性的市场结构下，一个企业只有比其他企业更有效地使用资源，如以等量的资源创造更大的市场价值，或者使用较少的资源创造同样的市场价值，才能获得生存和发展。可以说，正是竞争机制推动了专业化分工和技术进步，从而推动经济效率的提高和经济增长方式的转变。相反，如果市场结构不是竞争性的，处于垄断地位的企业应对成本上涨的最简单办法就是将新增成本转嫁给消费以消化成本上涨的压力。换句话说，这些企业没有必要和动机去创新和提高生产效率。通过强化市场竞争机制，激发企业开展技术创新和管理创新的主动性是推动经济增长方式转变的重要途径。

目前，与"竞争、有序"的现代市场体系要求相比，我国市场结构还存在相当大的差距，突出表现为垄断行业过多，垄断程度过高，而且多以行政性垄断为主。在这样的市场结构下，部分垄断企业由于缺乏市场竞争的外在压力，机构臃肿、人浮于事、工作效率低下，通过技术创新和管理创新来提高生产经营效率的积极性和主动性不强，有时还通过人为地制造市场短缺而干扰市场秩序，造成社会整体福利的损失。同时，一些垄断企业还依靠自身的垄断地位，随意提高价格来获取高额垄断利润，损害消费者利益，从而扭曲分配效率、损害消费者利益，影响国家的经济发展和社会和谐。③

因此，从完善社会主义市场经济体制的需要出发，我国必须进一步深

---

① 姜作培：《着力创造经济增长方式转变的体制条件》，《实事求是》2006年第4期。
② 金碚：《科学发展观与经济增长方式转变》，《中国工业经济》2006年第5期。
③ 曼库尔·奥尔森在《国家兴衰探源》中用利益集团的分析框架来解释各国经济增长率的差异。他认为寻求再分配目标的利益集团大部分活动致力于创造或保护垄断地位，造成效率损失，得出一个国家的增长率与利益集团活动的水平呈反向变化的结论。参见〔美〕曼库尔·奥尔森《国家兴衰探源——经济增长、滞涨与社会僵化》，吕应中等译，商务印书馆，1993，第52页。

化垄断行业改革，强化市场竞争机制，充分发挥市场竞争在优化资源配置和有效利用资源方面的基本功能和基础作用。通过有效的市场竞争，推动企业开展技术创新和管理创新，促进企业和产品的优胜劣汰，从而提高经济发展的质量和效益。

强化市场竞争机制，深化垄断行业改革必然涉及国有资产的布局调整问题。要适应完善社会主义市场经济体制的需要，不断优化国有经济布局和结构。具体地说，就是完善国有资本有进有退、合理流动的机制，做到"有所为，又有所不为"。"有所为"是指推动国有资本向关系国家安全和国民经济命脉的重要行业和关键领域集中，向具有竞争优势的行业和未来可能形成主导产业的领域集中，向具有较强国际竞争力的大公司大企业集团集中以及向国有企业主业集中，以增强国有经济的控制力、影响力和带动力。"有所不为"是指通过走市场化的路径，有计划、有步骤、有选择地把不属于国家安全和国民经济命脉领域的国有资本通过资产重组、优胜劣汰等方式从某些竞争性、非关键性生产领域中退出来，把滞留于产业前景已经黯淡、资源趋近于枯竭、产品老化、规模不经济或要素组合方式不合理的领域中的国有资本从不断折损的状态中解脱出来，适当收缩国有经济战线。同时，在部分垄断性领域放宽市场准入，吸引社会资本参与经营，发挥它们的相对优势，增加社会财富总量，最大限度地满足广大人民群众的生产和生活需要。

综上所述，推动现代企业制度建设，培育经济增长方式转变的微观主体至关重要。但是，如果市场机制不健全，价格机制、竞争机制不能充分发挥作用，企业就会对生产成本、产出效益"不敏感"，从而不会主动寻求生产经营方式转变，由此可以看出市场载体对于经济增长方式转变的重要性。同时，在市场经济体系中，价格机制和竞争机制必须相互配合、协调发挥作用。企业是根据市场价格信号的变化调整投入结构、产品结构并通过技术创新来创造竞争优势的。然而，企业对市场价格信号的反应要以竞争性的市场结构为前提，如果市场中不存在其他企业的竞争，那么价格变化就不会对其生产经营决策产生影响。也就是说，实现经济增长方式转变必须把培育微观主体和完善市场载体并举，不能顾此失彼。

总之，在推进经济增长方式转变的过程中，我们不仅要关注如何通过技术创新提高产出效率，降低资源消耗和污染排放，更重要的是通过制度创新，为经济增长方式转变提供强大的制度推动力。

第三节　社会转型的挑战

一　社会转型带来的挑战

随着现代化的进展与市场经济的建立，传统社会结构在各个层面上都出现了巨大变化。比如，社会资源的分配方式和获取方式，社会权力结构、利益结构、职业结构，社会组织的结构与方式，社会流通模式、生活模式、生活方式，社会认同方式，社会价值观与社会评价等方面都发生了改变。这些转变对传统社会结构带来了极大的挑战，具体表现可以归结为以下几个方面。

第一，社会分化迅速。一是包括政治、社会、经济三大领域内部的分化。在转型时期，社会分工的细化，经济领域和文化领域逐步从政治领域中分化出来并具有相对的独立性。同时，政治领域本身也不再以全社会代表的身份，履行维护社会稳定和社会公平的职责，获得了自身的独立性。而社会正逐步走出低分化高融合的社会组成模式。二是区域分化。区域分化主要表现在社会不同区域的层面上发展的不平衡性，尤其是东西部经济社会发展水平的差距不断加大，区域分化显得越来越严重。三是阶层分化。在转型时期，社会分化最为严重的就是社会阶层结构的巨大分化。1978年以来，经济体制转轨和现代化过程的推进使中国社会阶层结构发生了结构性的改变。陆学艺等研究认为，当代中国已经形成了十大社会阶层和五种社会经济地位等级。[①] 阶层分化带来的利益分化，已经表现得非常明显。四是组织分化。社会组织结构由一元向多元方向发展。加速转型之前，中国只有机关、企业和事业单位几种形式的社会组织。加速转型以来，社会组织结构由一元向多元方向发展，并形成了大量新型经济组织和民间组织，其结构模式多样化，包括社会中介组织在内的各种新的社会组

---

① 陆学艺主编《当代中国社会阶层研究报告》，社会科学文献出版社，2002，第9页。

织迅速发展。社会组织的异质性十分明显。五是观念的分化。随着社会主义市场经济体制的建立以及外来文化的大量涌入，人们的观念发生了严重分化，与主流价值观不同甚至相悖的价值观念也大量出现。

第二，社会冲突加剧。在加速转型的过程中，快速的社会分化与社会流动使社会趋于复杂化多元化，社会变动不已，社会矛盾与摩擦大大增加。许多潜在的社会冲突不断被激发出来。目前，中国的社会冲突集中表现在以下几个方面：（1）利益性冲突。随着社会主义市场经济的深入发展，分化产生了许许多多的利益群体和阶层，这些群体和阶层的利益意识不断被唤醒和强化，正如有学者所说，追逐金钱的活动，在中国从未形成这样一种全民参与、铺天盖地、势头汹汹的金钱潮；对于金钱意义的张扬，也从来没有达到这样一种藐视任何道德法则的地步……商品拜物观念已渗透中国社会各阶层的意识深处，以至教养、文化水准很不相同的社会各阶层，在追逐金钱的过程中，其行为方式之不道德在本质上竟没有多大差别。[①] 而社会结构转型又是一个对利益格局重新调整的过程，这必然会在不同的利益主体间产生广泛的矛盾和冲突。不可否认，利益冲突是目前中国社会冲突中最主要的表现形式。利益冲突的不断激化，是转型时期诸多社会问题产生的一个深层次根源。（2）结构性冲突。社会转型是一个社会结构新旧转换的过程。传统社会结构在其漫长的历史发展进程中，已趋于高度成熟和定型，有较强的历史惯性，新的社会结构要素在发育生长过程中必然受到传统结构的制约、束缚，因而，新旧结构冲突不可避免。同时，在加速转型期，中国社会结构转型又恰好与体制转换交织在一起。改革开放30多年来，旧的体制不断解体，新体制正处于建立过程中，新旧体制并存即所谓的"双轨制"衍生了一系列的结构性冲突。转轨时间越长，这种摩擦和冲突带来的问题越严重。（3）规范性冲突。在目前社会转型加速过程中，传统与现代、新的结构要素与旧的结构要素杂然并存，此消彼长。旧的规范还在发挥作用，新的规范还不具备整体上规范的能力。因此在社会加速转型过程中，必然会程度不同地出现新旧规范的冲突与脱节，新的社会规范的形成滞后于实际社会生活，加剧了社会的混乱和无序。

[①] 何清涟：《现代化的陷阱——当代中国的经济社会问题》，今日中国出版社，1998，第204~205页。

第三，社会流动加快。在原有的体制下，对于绝大多数人来说，自由流动的空间是不存在的。体制转轨以来，最引人注意的问题首先是大规模的人口流动，人口流动的范围已经从国内不同地区扩展到不同国家之间。据统计，全国有1亿多人口处于流动状态。除了区域性流动，由于社会转型主要是一个新旧社会结构转换的过程，因而转型期我国社会成员的流动还表现为其他各种结构性社会流动：所有制之间的流动，即公有制部门或单位向非公有制部门或单位流动；产业结构之间的流动，即第一产业劳动者向第二、三产业流动；职业结构之间的流动，即低收入、低社会地位职业向高收入、高社会地位职业的流动。合理的社会流动对于增强社会活力，加速社会转型具有重大意义。但是，由于转型时期社会发展不平衡，我国社会流动的单向性、自发性、群体性、失控性情况比较突出。近几年来，庞大的人口流动超过了社会正常的承受能力，尤其是农民工流入城市，一方面他们得不到正常的社会保障，另一方面社会成员在无序的社会流动中往往难以接受社会规范的有效约束，社会行为的失控程度加剧，这也是现阶段中国犯罪率不断攀升的一个重要原因。

第四，社会整合力弱化。正如前文分析指出，所谓社会整合，就是指社会不同的因素、部分结合为一个统一、协调整体的过程及结果，也称为"社会一体化"或"社会同一性"，英文可翻译为"solidarity"。社会的有效运行依赖于社会分化与社会整合的平衡与协调。社会加速转型前，中国是一个低分化高整合的社会，国家对社会采取强制性的、高度的政治整合，在牺牲社会活力和自主能力的同时，在一定程度上虽然维护了社会的稳定，但没有获得社会稳定与社会发展的同步效应。近20多年来，中国社会呈现出高分化低整合的特点，在社会分化、社会变动极为快速发展的同时，社会整合力量表现出了明显的滞后和弱化。其主要表现在以下几个方面。

（1）传统社会整合力量弱化。同质性的一体化社会是实现这种社会整合的基础。由传统向现代社会的转型，中国社会原有的同一性在根本上失去了自身存在的合理性根据。由于工业化、城市化、商品化、社会流动的加快以及外来文化的影响，传统的伦理道德和社会舆论已不再构成对社会成员强有力的约束；社会分化、社会解组的加速使社会异质性大为增强，传统社会的整合机制丧失了基础。

（2）新的整合机制尚未建立之前，国家强有力的政治整合能力在下降。社会加速转型前，国家对社会的整合力量是建立在集权体制、计划经济和一元化意识形态基础之上的，是以实现政治整合为中心任务的。因此，社会成员思想统一、行动一致。当原有的整合模式在转型期不再发挥作用时，新的适用于现代社会主义市场经济的整合机制又没有有效地建立，必然导致国家对社会整合能力的下降。目前国家的整合能力下降，体现在随着国家简政放权，原来高度垄断的社会资源向地方分流下倾，国家宏观调控能力不断弱化。

（3）新的社会整合机制一时难以形成并有序安全运作，在社会整合与社会分化交接过程中存在着整合的空白环节。社会加速转型以来，一方面社会生活日益复杂化、多元化，对社会整合不断提出了新的要求；另一方面，无论是传统的还是当前的国家行政力量，不足以实现有效的社会整合。社会在发展过程中还缺乏建立起一套社会自我运行、自我管理、自我消融与吸纳新的异质要素并不断自我创新的能力。在社会加速转型前，由于国家包揽了一切，社会没有自我整合的机制，实行市场经济后，中国社会大分化使一个整体的社会从国家中分化出来，这一分化过程就是马克思所讲的"政治国家"与"市民社会"的分离过程，国家对社会的直接干预不断减少。国家"放手"与社会"独步"运行的趋势造成社会整合的空白环节。社会无序行为大幅增长。社会整合机制不健全还表现在社会整合滞后于社会分化。社会分化产生的大量异质性要素不能被有效地整合于以市场经济为基础的社会结构中。社会整合机制的弱化，是转型期社会问题大量产生的一个重要的制度性根源。社会分化的加快、社会流动的加速、社会冲突的加剧、社会融合力的弱化，都是我国现代社会转型的必然进程，它是对传统社会的一种离散性的瓦解力量，对于它所带来的社会问题如果把握不好，将会导致社会的动荡。以市场经济体制为指向的改革对中国的现代化来说是一个不可避免的方向，这个改革启动了中国经济持续高速增长的引擎，市场化和对外开放在带来巨大的经济风险的同时，也带来了巨大的社会风险：传统体制下的社会保障体制失效或无法有效运作，大量的流动人口，西方工业化过程中出现的各类社会风险，如失业、工伤、贫困、丧失劳动能力人口的抚养，因病致贫等等，都同样出现在我们的国家里。这种社会风险所威胁的不是少部分人口，而是大部分人口。应当承认，市场经济的发展，以自己的逻辑在改造着原有社会的同时，也使我们的国家面临着新中国成立以来前所未有的问题和挑战。

二 社会转型对科层制和传统模式的挑战

传统的科层模式治理是建立在马克斯·韦伯的组织社会学理论基础上，仅仅依靠单一的政府主体开展的治理活动。这种治理模式从理论上来看，具有专门化、等级制、规则化和非人格化等特征。无论是中国，还是在西方国家，科层制治理在全球各国社会治理过程中都发挥着重要作用。从全球来看，近年来，西方国家理论界开始逐步认识和思考科层制并非完美，反思和批判科层制治理模式。从中国来看，中国社会尚处于一个从传统社会到现代社会的转型时期，社会发展中传统和现代因素相互交织，传统科层模式治理在中国正遭遇转型的挑战。

20世纪下半叶，依托于政府的传统科层模式治理遭遇失灵困境。这种科层制治理失灵是指政府在公共物品供给方面并不能高效地满足公众需求，并造成了公共资源的滥用与浪费，公共机构的庞大冗杂，政府对经济社会活动的干预措施缺乏效率，具体表现为：公共物品提供的低质量和低效率、政府及公务人员的寻租活动、政府机构的扩张膨胀与低能，以及政府执行政策过程中的极大偏差等。

二战之后政府承担起绝大多数的公共物品提供和公共福利保障职责，尤其是市场无法自发供应的产品，这种理所应当的政府职责与其现实表现间的差距让公众对政府滋生不满。这就是我们常说的，政府既是"裁判员"又是"运动员"的问题，政府并不能像企业一样及时了解市场和公众的需求，提供公共服务对于政府及公务人员来说并无个体层面的激励效用，同时，政府作为唯一的服务提供者，既无有效的竞争机制也无监督反馈机制。关于政府"寻租"，奥斯本认为，政府及其公务人员中常见的消极怠工、"寻租"等行为，其最根本的原因在于政治权力长期独立于公民社会，政府与社会之间、与公民之间往往间隔着立法机关、利益集团等媒介，一方面阻滞了利益表达和利益整合的渠道，另一方面为政府不作为和贪污腐败提供了制度间隙。

随着社会分工的日益深化，政府职能及其机构总存在着不断扩大的趋势，在政府税收不断减少的情况下政府自身财政出现了严重缺口。政府成为自我谋利的机构是造成"政府失灵"的原因之一，威廉姆·尼斯坎南（William Niskanen）、罗伯特·贝茨（Robert Bates）等国外学者用"理性经济人"的假设得出结论，政府机构及公务人员的行为动机很难是公共利益或者是政治家确定的政治目标，而是官僚和官僚机构自身的利益。关于政府公共政策的执行偏差方面的问题，主要是由于信息不对称、服务对象的模糊性、执行环境的复杂性等，这不仅是二战后"现代自由主义"（New Liberalism）的问题，也与近现代以来建立的代议制民主政府体制有直接关系。

转型社会在对科层制模式提出挑战的同时，传统的社会管理模式也逐渐面临治理危机和困境。

第一，主张政府干预的传统管理模式逐渐面临理论发展危机，如何发挥社会的作用得到理论界的普遍关注。政府、市场与社会——三组力量的此消彼长，是西方发达国家尤其是欧洲国家进入资本主义时代后管理模式变革的主要内容。从政治经济学领域的主要思潮上来看，近代以来，人类社会大致经历了自由放任时代、福利国家时代和新古典主义时代，形式上看，政府对市场经济和社会其他事务的干预程度也经历了由弱到强再到弱的过程。

在自由放任时代，"古典自由主义"是西方国家的主导意识形态，无论是古典自由主义中的社会契约论流派还是功利主义流派，最小政府、限权政府都是国家主要利益主体极力主张的。社会契约论流派主张，国家和政府诞生于"社会契约"，政府机构的权力必须受到严格限制；功利主义者的看法则更为激进，认为市场经济是政府不得干涉的场所，建立制度成本相对较低的代议制政府，要严格分清个体权利与社会权力的边界。按照传统史学的说法，随着生产力的发展和生产社会化程度的提高，19世纪末20世纪初，资本主义发展到垄断资本主义阶段，垄断组织主导资本主义生产关系，各国及国际上出现了生产和资本高度集中、瓜分世界的狂潮、国际垄断联盟间的斗争以及1930年前后波及世界的经济大萧条、两次世界大战的爆发。市场自由放任的苦果让各国更快地认同政府对经济的政策参与性（即凯恩斯主义），20世纪40年代兴起的批判"市场失灵"的运动，极力主张国家应该在经济、社会发展中扮演积极的角色,自由主义转型为"新自由主义"或"现代自由主义"(New Liberalism)。福利国家制度就是在这种思潮中发展起来的,即政府承担起创办或资助社会公共事业的责任,执行一套覆盖"从摇篮到坟墓"的社会福利政策,对社会经济生活积极干预,缓和社会矛盾,维持社会秩序和经济生活正常运行;这与同时代的苏联等计划经济国家的政府兼有服务者和管理者的职能有异曲同工之处。

70年代以后,石油危机、主要国家出现财政危机、社会群体对政府服务质量的抗议等运动此起彼伏,加上新自由主义经济学、公共选择理论、新公共管理运动、新公共服务运动等思潮的涌现,致使福利国家走向破产,"政府—社会—市场"的关系再次出现反转,政府卸下社会服务供给的责任,社会和市场拒斥政府干预、强调个人和私有化,在国际垄断资本主义的浪潮中,主张重构"政府—社会—市场"关系的"治理"思维成为主导思想。

第二,实践上,全球社会力量的崛起与非政府组织(NGO)的迅速发展,构成传统管理模式的新挑战。众所周知,在传统的代议制民主政体中常常只允许利益集团影响公共事务的管理,二战以后,公民社会及其中的社会组织,作为政府、市场(营利性的企业)之外的一支重要的组织性力量在政府管理的过程中出现,且在利益整合、政策执行和监督等方面发挥越来越重要的作用。这些非政府组织通常还被称为第三部门、非营利组织或公民社会组织,例如较早出现的国际性组织(如环境组织、科普组织、卫生组织等),国内的行业协会、义工社团、工会、高校院所、公益机构以及各种民间自发性组织等。

学者L.萨拉蒙(L. Salamon)认为,非营利组织或非政府组织具有组织性、民间性、非营利性、自治性、志愿性等特征。[1] 在共同的社会议题面前,有相同兴趣和需求或有丰富专业知识的人们组成非政府组织,向公众提供援助,利用群体的力量向政府反馈公众问题,监督政策的执行;有些跨国性NGO或大型国内NGO可以疏导国际矛盾或政府与社会矛盾,加

---

[1] L. Salamon, *Global Civil Society: Dimensions of Nonprofit Sector* (Vol. 2), S. Wojciech Sokolowski and Associates ed., Kumarian Press, pp. 9-10.

强双边理解,助力政策落实的作用;有些大型 NGO 甚至可以自己承担社会服务的供给职能。1945 年,《联合国宪章》第 71 款中就提到了"非政府组织"(那时主要是国际性 NGO)。1997 年,联合国秘书长安南在向联大提交的工作报告中,列举的影响当前全球发展的第五大因素也提到了"非政府组织"。学者顾建光统计过,20 世纪 80 年代初,在非政府组织中工作的发展中国家人口在 1 亿左右,这个数字在 90 年代达到了 2.5 亿;发达国家例如美国的 NGO 种类已达到 24 种,覆盖了文化、教育、科研、卫生、生态、住房、安全、宗教、商会、义工等各种社会服务领域。① 在世界发达国家和部分发展中国家中,NGO 已经成为治理网络中三足鼎立的一方,充当公共服务供应方、政府服务的受托人和政策执行引导者。

三 新的社会阶层对社会治理创新的要求

所谓社会阶层是指按照经济地位和社会身份划分的社会分层。随着经济结构的变化,社会分层也会发生垂直方向的上升下降与水平方向的分化重组。一般认为,改革开放前我国社会的阶层分化是由国家一系列制度安排完成的,即通过"单位制"、"户籍制"和"行政制"确定社会成员的经济地位和社会身份。改革开放后,市场经济体制取代原有计划经济体制,单位制解体,社会成员普遍产生了一种利益驱动力,使社会成员的利益格局呈现多样化特征,表现为自由职业者的大量出现。另外,社会流动加快,打破过去"身份隶属化、工作固定化、居住不变化的局面"②,减少了城乡之间、行业之间的障碍,为社会新阶层的出现提供了必要的条件。

2001 年《在庆祝中国共产党成立八十周年大会上的讲话》中,江泽民同志指出"改革开放以来,我国的社会阶层构成发生了新的变化,出现了民营科技企业的创业人员和技术人员、受聘于外资企业的管理技术人员、个体户、私营企业主、中介组织的从业人员、自由职业人员社会阶层"③,

---

① 顾建光:《非政府组织的兴起及其作用》,《上海交通大学学报》(哲学社会科学版) 2003 年第 6 期。
② 吴忠民:《怎样看待中国现阶段社会阶层结构的变化?如何分析社会阶层问题?》,《中国党政干部论坛》2001 年第 11 期。
③ 江泽民:《在庆祝中国共产党成立八十周年大会上的讲话》,人民出版社,2001,第 16 页。

因此，民营科技企业的创业人员和技术人员、受聘于外资企业的管理技术人员、个体户、私营企业主、中介组织的从业人员、自由职业人员也成为目前我国公认的六大新兴阶层。这六类人群均属于变革中产生的新兴社会阶层。新社会阶层的出现，使传统的社会管理方式已经不能满足社会秩序和社会发展的要求，新社会阶层的出现为社会治理的变革提出了新的挑战。

第一，新兴社会阶层的出现影响政治稳定。新兴社会阶层的不断壮大来源于原有工人阶级、农民阶级内部的分化，改革开放以来中国社会经历了急剧的社会分化，旧有利益格局发生重大调整，各阶层之间政治、经济关系发生了各种各样的变化，利益与矛盾相互交织。城乡之间的分配差异、高收入群体与低收入群体间的鸿沟极大地影响着中国的政治稳定。

第二，新兴阶层的出现增大社会治理成本。随着单位制的解体，很多原有体制内的成员转变为个体户、私营企业主、自由职业者等新兴社会阶层。单位人变成社会人，使原本依赖单位制解决的社会问题全部推向基层政府，政府往往需要直接面对分散的个人，社会治理成本增加。很多地方政府在这一过程中累积了大量的社会纠纷和社会矛盾，造成普遍民怨，甚至容易演化成群体性事件。

第三，新兴社会阶层的出现增大无序政治参与。新兴社会阶层整体基本素质较高，对政治参与普遍抱有很高的热情，希望通过政治影响力维护自身的经济地位，保障或者争取更多的经济权益。但其表现为政治参与的组织化程度低，大多采取个人的散漫行为和单独行动[①]，由于其参与政治的目标主要是为了获得更大的经济利益或者社会声誉，带有较强的功利性，因此往往忽视政治参与的公共性。

四 新的社会心态对传统的社会管理的挑战

随着收入差距的不断扩大，对改革的怀疑，以及其中滋生出的被剥夺感和仇官、仇富的社会心态不断出现。据统计，我国居民家庭人均收入基

---

① 左珉：《新社会阶层政治参与与正确引导》，《攀登》2007年第6期。

尼系数在0.46~0.47，超过国际公认的警戒线。① 而城乡差异、区域差异尤其是东西部之间的差异则构成了收入分配差距加大的直接图景，有学者甚至把区域差异描述成"一个中国，四个世界"②。巨大的贫富差异使得改革中利益受损或者社会地位下降的社会群体充满了强烈的"不公平感"和受挫折心理。不利群体对发展中的有利群体产生怀疑、愤懑甚至仇视，对于现有分配结果不予认可。这种新的社会心态对于整合社会，凝聚社会力量进行社会治理造成了巨大的挑战。

社会认同与信任是社会治理有效进行的必要社会资本，失去认同与信任将使社会治理无法进行甚至出现治理失灵。社会认同与信任在治理实践中表现为两大方面：一是社会成员之间的认同与信任，二是社会成员对于治理主体的信任与认同。这两方面在中国的治理实践中出现了一定程度的弱化，为有效治理的开展提出了很大的社会难题。社会成员之间，由于市场经济所带来的收入水平的差异很大和身份地位的分化，使得阶层间获取、占有的社会资源水平出现巨大差异，因此社会成员之间出现了认同与信任的巨大差异，社会阶层内部形成了一定的群内认同、群外排斥的现象，表现为认同的小圈子化，对小圈子外的群体、组织、共同体持冷漠态度，甚至排斥和疏离。③ 群体间的小圈子化加大了社会成员间在观念、行为上冲突、碰撞的概率，加剧社会离心力，削减社会中的凝聚力，使社会治理所必需的共识性基础薄弱。

在社会治理的视阈下，治理主体具有多元性，政府、社会组织、企业、社会团体、公民等社会力量都可以成为社会治理的主体。但在实践中，由于获得、占有社会资源能力的差异，在改革中处于中下水平的广大社会阶层、社会群体很难有效参与到社会治理之中。因此，实践中的社会主体主要是政府、企业与社会组织。对于政府，民众普遍认为腐败问题是中国当前最严重的社会问题，"国家干部被认为是'改革最大的受益者'，

---

① 基尼系数是国际上用来综合考察居民内部收入分配差异状况的一个重要分析指标。基尼系数介于0~1，基尼系数越小收入分配越平均，基尼系数越大收入分配越不平均。国际上通常将0.4作为贫富差异的警戒线。
② 胡联合、胡鞍钢等：《当代中国社会稳定问题报告》，红旗出版社，2009，第233页。
③ 管传林：《社会阶层分化和社会变迁过程中的社会治理创新与选择》，《河南师范大学学报》2015年第4期。

是社会怨怼情绪的主要对象、'众矢之的'，越是下层的民众对他们不满越大"①。对于企业，大量原有国有企业和集体企业在单位制解体过程中将大量社会功能推向社会，使社会治理功能严重弱化甚至丧失，且大型国有企业存在着垄断、暴利、社会服务水平低效等问题，群众对其信任度不高。而外资企业与私营企业是改革开放最大的受益者，一方面存在着严重的劳资矛盾，另一方面其在获取财富的非正义性，在履行社会责任时的严重缺位，使得社会成员对其的信任度也不高。对于社会组织，社会组织是社会治理中的新兴主体，也是有效社会治理必不可少的重要成分。

理论上，社会组织具有一定的社会公益性，保护弱势群体是很多社会组织的目标与宗旨，但在实践中，一方面在强大的政府主导下，社会组织发育不足，很多社会组织都是作为政府社会管理的辅助者身份存在，因而没有发挥出其公益性与公共性的成分；另一方面，在尚不健全的社会公共环境中，社会组织很容易被社会强势团体所裹挟，从而背离其社会公益性的初衷。基于以上因素，社会成员间信任与认同薄弱已经成为中国目前社会不争的事实，这一问题困扰着中国社会治理的进一步发展。

五 既要推动经济发展又要实现社会治理的纠结

作为发展中国家和人口大国，要实现"两个一百年"奋斗目标和中华民族伟大复兴的中国梦，必须坚持以经济建设为中心，推动经济发展。我国近代的历史和当今世界的现实都清楚地表明，经济落后就会非常被动，受制于人。只有经济发展了，经济实力和综合国力增强了，人民的生活才能不断改善，国家才能长治久安。同时，社会稳定和长治久安是经济发展的前提和保障。要在经济发展的同时，更好地解决社会问题，从源头上预防、减少矛盾纠纷的发生，实现经济社会可持续协调发展。这是因为，在社会主义条件下，政治、经济、文化、社会彼此紧密联系而又有各自的发展规律，互为条件、互为目的、相辅相成。

作为现代化国家，既要有现代化的经济建设，也要有现代化的社会发展，两者之间如何实现平衡发展，成为中国转型社会的纠结。两者之间关

---

① 冯仕政：《当代中国的社会治理与政治秩序》，中国人民大学出版社，2013，第237~239页。

系处理不当的话，容易形成"重经济、轻社会"或"重社会、轻经济"的不良发展局面。其中，"重经济、轻社会"是当前我国经济社会发展需要解决的主要矛盾。改革开放以来，无论是东部地区，还是中西部地区，在经济大发展的基础上，各类基础设施建设有了很大发展，城市建设发展很快，大马路、大广场、高楼大厦、楼堂馆所宏伟壮丽。经济建设的"硬件"很好了，但是社会发展的"软件"跟不上，教育、医疗和卫生等社会事业严重滞后，人民群众意见较大。

之所以难以处理经济发展和社会发展之间的关系，原因在于经济发展与社会稳定具有不对称性。经济发展不必然带来社会稳定，有经济发展反而社会不稳定的。改革开放以来我国经济连续保持了 30 多年的发展，创造了一个又一个经济发展的奇迹，成为当今世界第二大经济体。但在发展的过程中也积累了诸多矛盾和问题，面临着许多不稳定因素。因此，社会稳定与经济发展不是完全意义上的因果关系，稳定一定是经济发展的基础，但经济发展不一定必然带来社会稳定。社会稳定有经济发展的原因，但更多的与社会公平正义、民主法治、就业分配、医疗保险、教育等社会因素相关联。所以，解决社会稳定问题不能单一地靠发展经济这一个手段，需要经济的、行政的、教育的、民主的、社会建设的等综合治理才能奏效。另外，社会稳定是特指一个历史阶段的稳定，而不是永远的稳定，因而稳定具有相对性。一个特定历史时期的稳定，同时也会累积社会矛盾引起不稳定，妥善、及时、有效地处理累积的矛盾，就可以保持社会稳定，处理不妥，小则引发群体性事件，大则引发政权更迭。因此，在致力于经济发展的同时，务必要妥善处理社会矛盾，消除各种不稳定因素，延长社会的稳定期。从这个意义上说，这是中国社会治理的难点。

第四节　价值多元化的挑战

在转型期的中国，随着物质空间、生产方式、社会结构等现实生活环境及社会关系的急速现代化，个人主体意识日渐觉醒，个人开始自觉地将自身与外部世界区别对待，人的思维回到了自身真切的感觉和理性的判断,并在此基础上展开对自身生存意义的反思和追寻。同时,各种思潮、学说也在中国的大地上四处涌动,不断冲击着国人的心智,使人们的思维处在混乱纷扰的状态。与以上情况相对应,在文化领域,国人的价值观呈现多元化格局,这一格局理应是现代生活的常态,但在中国转型的特殊时期,它对中国文化的旧有格局构成了挑战。

一 价值多元化加深了主流意识形态的整合危机

简单说来,价值多元化一方面意味着国人在对事物和事态的态度和认识上出现了不一致,另一方面也意味着国人追求个性化的体验和享受,那种千人一律依照某个特定的价值准绳生活的场景已不复存在。可以想见,价值多元化的状况必定会对社会主义意识形态的整合作用造成冲击,尽管在很长一段时间里,社会主义意识形态作为主流意识形态,曾在价值观念层面成为凝聚国人价值取向、规范国人道德行为的中心力量,但这是以中国共产党的历史功绩、计划经济体制、相对封闭的对外政策、冷战时期的国际环境等为背景的,而在当代中国,它的一些缺陷使它难以应对价值多元化格局。其一,社会主义意识形态的一些内容脱离了时代,譬如阶级划分的观念、阶级革命的观念等;其二,尽管官方已淡化对上述观念的强调,而且还在意识形态当中加入很多富有时代气息的内容,但这些添加大都是在政策层面或是为了论证政策的合理性,而在一个社会的共享价值方面却没有符合时代需求的创造;其三,在意识形态的宣传方式上,很大程度上仍然沿袭了以往的做法,譬如通过官方媒体和其他主流媒体进行宣传,或是通过召开各种形式的研讨会、座谈会、动员大会的方式来进行灌输,手段僵化、强硬,缺乏生气和活力。这些问题使意识形态难以对多元的价值观进行有效整合,甚至常常使追求个性化体验、厌恶权威的年轻人感到厌倦。当然,正如标题所言,价值多元化的格局只是加深了意识形态的整合危机,亦即价值多元化只是造成意识形态整合危机的一个因素,而其原因整个说来是比较复杂的,但如果官方能顺应时代需求对意识形态进行有效改造,那么也能在很大程度上提升整合的效力。

从主流意识形态存在的问题可以看出,若要提升主流意识形态对于多元价值观的整合效力,就需要对其内容和宣传方式进行变革。在内容上，总的原则是，在国家政策层面，意识形态应体现公共利益而非偏袒某一方利益，即应体现"公平正义"，这样才能赢得最广泛的支持。此外，最重要的环节是，意识形态应注意发掘顺应时代需求和社会发展的共享价值，如此才能产生有效的凝聚力。而在意识形态的传播方式上，官方应改变强行灌输的方式，应注意让民众参与到宣传过程中来，注意宣传过程中的互动和沟通，并灵活使用各种新型的传播工具，这样才能让民众对意识形态有深入的认识。总之，面对价值多元化的格局，官方绝不能抱着敷衍了事的态度，而应深入地把握民众的需求，并将其反映到意识形态当中去，这样才能使意识形态保持长久的活力。这也就是说，主流意识形态应是一个开放的不断创新的体系，而不能脱离时代、故步自封。

二 价值多元化弱化了传统价值观念的影响力

传统文化塑造了一个民族的自我认同，同时也塑造了一个民族区别于其他民族的性格，它使一个民族的成员拥有特别的礼仪观念、道德意识、生活风尚，赋予他们特别的思维方式，使他们面对周遭的事物时产生同样的感触和念想。当面对外来文化时，一个民族的成员会在对比中自然产生"我们"的意识，这也就是开头所说的民族认同。就中国的传统文化而言，它以儒家思想为核心，伴以释道等观念，在历史上长期浸染中国人的心智，使中国人形成与其他民族迥然不同的人格。这一套传统的价值观念，就其最重要的部分来说，如金耀基所言，包括崇古尊老、内圣外王、君子与通才、家与孝、道德与学问、重农轻商、和谐与礼、和平与王道等内容。① 当然，这些只是当代国人容易接受的部分，就传统价值观念中的那些并不容易做出判定的部分而言，或许需要经过国人现实当中长期的实践过程来决定它们的去与留，毕竟很多问题不是靠头脑中的推断就能够解决的，相反，人们会在实践的过程中逐渐地调适自己的认知并形成良好的解决方案。

事实上，价值多元化是这个时代不可违逆的精神状态，因为现实的社

---

① 金耀基：《从传统到现代》，法律出版社，2010，第13~23页。

会环境已经发生了不可逆转的变化,传统价值观念和主流意识形态一样,都不能试图消除这种状态,否则将遭到民众的厌弃,它们只能是在洞察人性和把握时代发展趋势的基础上去改造自身,使民众自觉地接受自己。从另一方面来说,价值的多元化也并不必然排斥传统价值观念,毕竟多元化只是意味着价值观不再单一,只要传统观念中的某些部分符合人性对于美好生活的期许,那么这些部分必定会传承下来。同时,正如上文所说的,传统文化塑造了一个民族特殊的民族性格,而这种性格使这个民族获得了一种特殊的生活方式,有意识地保留和传承传统文化中那些优良的部分正是为了继续创造一种与其他民族有所区别而又合乎人性的生活方式,这一进程体现了一个民族的文化创造力,也必将有助于人类文化的繁荣。毕竟,现代化进程正在按照效率、理性的原则使各个民族的生活方式趋于一个单一的状态,不仅是哪个民族,整个人类群体都不应被动地受制于这一进程。

三 价值多元化带来了价值共识的塑造难题

在价值多元化时代,各种价值观互不相同、各有持守,人们也无意对各种价值观作出高低优劣的排序。秉持不同价值观的人们各行其是,追寻各自的目标,探索自认为重大的意义,这种状况首先是一种社会进步的表现,它是对以一种价值观评判所有思想行为的状况的颠覆,是对人性的复归,所以,"与它所反映的社会经济生活的多样化一样,它首先应该被看成是社会开放、进步、充满活力的表现和保障"[①]。但从另一个方面来看,由于人们各有所求、各行其是,曾经由某些共同的信念结成的纽带崩解了,人与人之间的冷漠成为群体当中的普遍现象,同时,更为突出的状况是,当面临重大的公共问题时,价值观的差异往往导致激烈的争论,而争论的各方又各执一词,不能有一个定论。我们从网络上对国家政策和各种公共事件的讨论中就可以知悉其中的乱状。此外,价值观的多元化也不仅仅造成彼此间的冷漠和对公共问题认识上的分歧,由于很多人将价值多元化本身视为需要奉守的最高价值,从而导致了道德虚无主义的流行,对于

[①] 沈湘平:《价值共识是否以及何以可能》,《哲学研究》2007年第2期。

这些人而言，是非并不重要，重要的是感官能否获得快感，而一切能够获得快感的活动都是可以去尝试的。

　　价值多元化所造成的问题意味着，需要在多元的价值观当中塑造一种共识，经由这个共识去抑制多元价值观之间的紧张关系，使其相互间能够沟通协商并能达成一致，这就涉及价值观上的"一"与"多"的关系问题。处理这个问题，一是要保证价值观的多元化状态，这意味着既要使现有的各种价值观能够继续相互比照、碰撞、砥砺，同时也要给予新的观念以不断产生、发展的空间，从而使人们的生活在精神层面保持在一种富有色彩的充满活力的状态。二是要使作为"一"的共识能够有效地制约各种价值观，使各种价值观在保持自身特点的同时又能够和其他价值观维持和谐的关系，避免各种价值观走向极端方向，从而保证各项公共议题的妥善解决以至共同体的稳定。这个问题其实是很难把握的，如果确定了一个共识，这个共识本身就具有明确的排斥性，就会造成价值观上的专制，因此共识必须是一个有包容性的观念。总之，一与多应该是有机统一的关系。事实上，上文所谈到的主流意识形态和传统价值观念都曾在过往历史的某个时期作为中国人无可置疑的共识发挥过作用，只是它们作为"共识"过于强调自己一元的地位，而忽视甚至去除了对多种价值观的包容，从而造成自身的僵化和刻板，削弱了自身的感染力。但我们也必须看到的是，主流意识形态如今正在积极地调整某些表述、补充新的内容，以求顺应时代需求和社会变迁，以在更高的层次上凝聚国人的价值观念。当然，本书不拟在此讨论如何对主流意识形态进行调整以巩固其"共识"地位的问题，这里只就价值多元化格局中塑造价值共识的一般性问题进行讨论。

　　上面只是谈到了价值多元化和价值共识关系的一般原则，而更为重要的问题是，我们需要的共识是什么。此外，在本书看来，共识的塑造未必就能通过理性的设计达成，或者即便设计出来了也未必就能应用于生活，而上文指出的价值观念存在的诸如相互冲突而无法达成一致等问题也可能只存在于理论层面，正如上文谈到传统价值观念时所说的，观念上难以解决的问题有时在实践中能获得解决，毕竟"人不是抽象价值观念所指挥的木偶"，"在具体的情景中，每个人或者群体对自身价值的实现具有优先性考虑和实现程度的考虑，还有与其他价值的关系与结构性的考虑，这便形成了价值实践形态的丰富可能"[①]。当然，无论如何，对于价值多元化格局，我们期待的局面都将是"和而不同"，那将是一个各种价值观念并存而又相互尊重、各自有所克制而又相互激荡、相互汲取养分的美好状态。

[①] 郑少翀：《走出价值多元主义的困境》，《福建论坛》2007年第4期。

第五章 国家建设：构建现代国家制度

国家治理现代化，提高政府治理能力，需要完善必要的制度，优化国家治理体系，必然要求制度也要相应地做出改革。中共十八大以来，最高领导层多次强调反腐败的意义，并表示要将反腐败的任务与健全权力运行制约和监督体系联系起来。十八届三中全会制定了全面深化改革的方案，提出要推进"国家治理体系和治理能力现代化"；十八届四中全会又做出全面推进依法治国的决定，宣称要建设法治国家、法治政府和法治社会，表明要将反腐败运动纳入制度建设的轨道。十九大报告指出要决胜全面建成小康社会，开启全面建设社会主义现代化国家新征程。中国执政党及其领导人的政策宣示，实际上关涉现代国家建设与改革的问题。那么，什么是现代国家？现代国家制度构建包含哪些内容？其改革的依据和标准是什么？本章将从四个方面对这个问题进行探讨。

第一节 制度建设：以制度确保国家长治久安

在以往的学术讨论中，人们较多地运用市场理论、民主理论、社会理论，分别探讨国家的经济制度、政治制度和社会制度改革，形成了丰硕的研究成果。在中国的语境下，学术讨论往往聚焦于"经济体制"、"政治体制"和"社会体制"改革，较少使用"国家制度"一词，而且受过去话语体系的影响，通常在不经意间把"国家"等同于"政府"、把"国家制度"等同于"政治制度"或"政府体制"。近年来，政治学界关于"现代国家构建"以及"国家能力"的讨论，特别是中国"国家治理"命题的提出，有必要将"国家制度"作为分析概念，纳入改革的讨论当中。基于这种认识，讨论国家制度的构成及其构建的基本原理，分析中国国家制度总体的优势和劣势，试图将不同领域的改革思考引向总体国家制度建设的方向。

一 现代国家制度及其构建

按照现代政治学的观念，所谓国家制度，是一定地域之内的人们以"国家"为单位组成一个共同体或联合体，并就处理公共事务所形成的各种制度之统称，这些制度是在长期的历史整合过程中形成，并通过一定的法律或其他权威性的文本形式固定下来的。

正如前文所阐述，政治学对国家起源多有论述，其中有人性说，如亚里士多德认为，人是政治动物，具有群体生活的天性；需求说，如社会契约论者认为，人类联合"抱团"的需要，促成国家和政府的产生；社会分化说，如卢梭认为，国家是人类不平等发展的结果；马克思主义学派认为，国家是阶级矛盾不可调和的产物；等等。不管哪种说法，人类联合的范围随历史的发展越来越大。寡民小国，国事处理简单，尚未形成或无须形成长久制度，国家治理采用"现场办公"方式，要么依赖"头人"直接管理，如中国先秦时期的"国君"治国模式，要么随时召集"国民大会"集体讨论，如古希腊城邦的雅典模式。随着国家之间的战争和兼并，国家领土不断扩张，人口不断繁殖和扩大，国家事务不再适合采用"现场办公"方式来处理，许多事情需要事先订立规矩和规则，于是，国家制度就逐渐形成并通过法律的方式确定下来。距今4000多年前古巴比伦王国出现的《汉穆拉比法典》，公元前5世纪古罗马人的《十二铜表法》，以及中国春秋战国时期的《刑书》和公元700多年的《唐律疏义》等，都是古代国家治理制度化发展过程中的标志性成果。

现代国家事务包罗万象，分工越来越细密，形成了纷繁复杂的制度体系。此外，现代国家事务处于不断变化当中，因此，也很难完整准确地概括国家制度的内涵。到目前为止，关于国家制度的内容和分类尚未形成一种权威的学术表述。人们只能依据各自的视角和标准，来大体地描述国家制度的构成。

依据国家事务的内容和属性来划分，国家制度在宏观层面可以按照经济、政治、社会、文化等事务的不同属性，分解为经济制度、政治制度、社会制度、文化制度等。因为政府是国家最大的代表机构和管理机关，因此，依据政府管理的范围和层级来划分，又可以区分为中央管理制度、地方管理制度和基层管理制度。依据国家事务的专业特性，还可以在中观层面进一步将国家管理制度分解为国家军事制度、国家结构制度（国家组成制度）、政府组织制度、国家司法制度、社会组织制度、社会福利制度等。在每一项制度之下，根据公共事务分类管理的需要，还可以在微观层面制定或形成具体的管理制度，如经济生活中的企业制度、财税制度、金融制度等，政治生活中的政党制度、选举制度、立法制度、行政制度、人事制度等，司法领域中的审判制度、诉讼制度、律师制度、陪审团制度等，社会生活中的公民身份制度、社团制度、教育制度、养老制度、就业制度、医疗卫生制度、住房制度等。每个领域在处理不同事务的过程中，还形成各种具体的办事规则或程序，如信息公开制度、民主协商（决策）制度、责任和问责制度等。

不同的学派对于国家制度做出了不同的解释。在历史制度主义者看来，国家制度是一个社会长期整合的结果；用集团分析的理论看，国家制度是不同社会力量博弈和妥协的产物；依据阶级分析的观点看，国家制度是社会中居于优势地位的统治阶级或集团，将自己的统治意志强加于社会其他成员并以国家名义固定下来的成果。无论哪种解释，作为"立法者"的个人，或由个人组成的团体或组织，在国家制度形成过程中的作用是不可否认的，正如人们经常提到并肯定美国立国者华盛顿、联邦党人等对于美国联邦制度，孙中山等人对于中华民国，中国共产党领导人对于当代中国"建国大业"的贡献。正因为如此，"国家制度构建"的意义才能成立，国家制度改革的话题也才具有讨论的必要。

尽管国家制度的构建和改革总与一些"伟大的立法者"密切相关，但建构主义（constructivism）思想依然受到激烈的批评。在这种批评浪潮中，人们已经不再把国家制度建设简单视为是工程师依照设计图纸建筑高楼大厦那样的过程,也不像过去那样对于"推倒重来"的革命性制度改造方式抱有幻想。历史文化的遗产,既有制度框架的可用资源,国家平稳发展的要求,社会大众对现实问题及其解决方案的普遍共识,成为国家制度改革必须考虑的因素,这就使渐进式改革成为各国谋求制度改良的普遍方式。随着冷战的结束,国家之间开放度进一步扩大,传统意识形态对立逐渐淡化,民生改善越来越成为国家实力竞争和制度改革的动力。国家之间的合作与交流日益广泛和频繁,也要求不同国家制度之间尽可能减少"差异的悬殊性",提高"对口衔接"的程度。在这种情况下,国家之间的制度学习和借鉴也将更为常见。这些变化反映了全球化背景下国家制度改革的新趋势。

此外,国家制度安排总体上体现了一个时段"国家意志"的要求。如果我们承认国家发展战略的意义,不否认国家发展阶段性任务和目标的存在,那么,就不能否认"国家制度与国家意志的适切性"这样的命题。一种基本假设是,基于国家发展特定时段的制度设计,对于完成该时段国家发展任务目标来说总体上应该是适切的;随着阶段性任务目标的实现,国家制度做出调整和变化也是完全必要的。

人类进入现代社会以来,国家制度安排呈现出许多不同的方案。撕掉形形色色的标签和包装,可以把这些"产品"设计方案归入两大类型:一类是基于个体主义的方案,一类是基于整体主义的方案。前者强调最大限度地释放每个个体的自由,把国家及其政府的职能保持在维持共同体安全、提供制度平台、保证公平裁判、保障基本公共服务的水平线上;后者强调最大限度地发挥集体效应,并赋予国家和政府最大职能,使其扩展到引导和组织国民经济社会文化事业的全面发展。前者往往把政府视为自由的潜在威胁,因此,权力分置并予以限制便成为其制度安排的主要原则之一;后者通常把政府视为自由的来源,所以,为政府赋权并使之强力有效是其制度安排的主要考虑。

国家制度安排的上述两种类型都有深厚的思想根源。哲学上的个体与整体的关系,政治学中权利与权力(自由与权威)的关系,经济学讨论的市场与政府的关系,都可谓二者关系的不同表述。理论上说,这些关系范畴既具有相互依存性,又存在一定的内在张力。现实生活中,与这些关系问题上的极端化选择相对应的制度安排,都因不能为大多数人所接受而遭到淘汰，或不得不改革，而居中的思想——既要考虑公平，又要考虑效率；既要照顾自由，又要兼顾平等；既要追求发展，又要维持稳定；既要贯彻专家治理，又要保证大众参与——成为制度安排的主导倾向。

二 现代国家制度的理想安排

"良政善治"历来是国家的理想。在学术思想史上，人们对理想国家及其制度安排的讨论源远流长，从古希腊苏格拉底的"知识统治"、柏拉图的"理想国"和"哲学王"、中国儒家的"内圣外王"、道家的"无为而治"，到当今的民主共和体制，各种观点不一而足。正是在这种广泛的讨论和辩论当中，人们就理想的国家制度原则达成了一定的共识。

首先，理想的国家制度应该提供一种混合机制，开通不同的管道，满足国家之内不同群体和阶层表达诉求和公共参与的需要。古典政治学家们有一种观点，认为混合制式的共和体制，融合民主制、贵族制和君主制的特点，是一个国家的理想制度形式。在那些比较经典的研究中，早期的代表成果是罗马史学家波里比阿（Polybius）对罗马帝国崛起所做的解释——把罗马帝国的兴起归功于罗马的混合体制，即共和制。这样的思想不仅在古代罗马帝国，而且在今天英美国家的制度实践中都得到了应用。直到今天，混合体制依然被认为是国家制度安排的理想模型。

其次，理想的国家制度应该有一个合理的层级结构。正如前文所述，国家制度应该是一个完整的体系，因而，制度建设也是一项系统工程。从系统的角度看，一个国家的公共制度可以分为基础制度、基本制度和具体制度。基础制度就像盖大楼打地基一样，追求耐久性，最好一劳永逸，永远不变；基本制度类似大楼的框架结构，强调稳定性，可以几十年甚至上百年不变；具体制度犹如房间的功能性分隔和装修，追求适应性，根据需求变化，也许十年八年或三年五载甚至更短时间随时调整和改变。很显然，这三种制度在功能性和时效性上有所不同：基础制度属于国家立国之本，追求永久不变；基本制度确立国家生活的基本框架，最好长久不变；具体制度规定国家事务管理细则，要求适时改变（见表5-1）。

表 5-1　国家制度体系的构成

	制度结构	制度要求	制度体现
制度体系	具体制度	适应性	政策和规章
	基本制度	稳定性	基本政治制度（政府制度、政党制度、选举制度等），基本经济制度（企业制度、财政税收制度、金融制度等），基本社会制度（社会组织制度、社会保障制度等）
	基础制度	耐久性	宪法及其保障制度（规定国家组成及结构、公民权利及其保障、政府组建和运行、宪法至上的保障制度），司法制度

对于一个国家来说，基础制度的集中体现应该是国家宪法制度——规定国家结构、公民权利保障原则、政府组建和施政原则，并确立宪法至上的保障制度。好的宪法原则和制度应该是永远不变的。无论是从理论上讲，还是从经验上看，真正长久不变的制度必须建立在人性最基本的需求之上，它所确立的原则一定要体现所有人（不管肤色、性别、社会属性等）的基本需求。维持生活（生命）、免于恐惧（安全）、不受强制（自由）、保护劳动所得（财产），这些都是每个人追求幸福生活所必需的，是任何人在任何时候都需要的东西，因此，宪法制度把它作为公民最基本的权利确定并保护下来，规定任何个人、团体和机构都不能任意改变和破坏，否则将受到司法权力的惩罚。另外，宪法制度也对任何个人、组织和机构的权力予以限制，防止社会中任何强者（不管是个人，还是有组织的集团或机构）垄断权力并公器私用。

基本制度强调稳固性，也允许各国依据自身的历史、文化、国家发展的阶段性战略等条件，做出适合自身国情的安排。正如一个建筑物可以设计不同的支撑结构（框架结构、拱形结构或三角结构）一样，不同国家的基本制度也可以有自己的特点。比如，宪法体制确立了公共权力的委托—代理关系，这种委托—代理关系的主要实现形式就是公民选举，而不同的国家依据各自的特点可以设计或采行不同的选举制度。

具体制度表现为各种政策性或程序性的规章制度，是人们日常生活中经常感受到的较为表层和直接的东西，它们根据需要随时可能调整修改。所以，一些不合时宜的规章制度，理当及时废弃，并因应世事的变化而不断创新，保持与时俱进。

再次，理想的国家制度应该提供一种制动平衡的机制。国家的运行和发展可以类比为汽车的驾驶，需要动力系统和制动系统。动力系统是由个体的公民、有组织的政党、利益集团、社会组织、媒体、企业、学校、医院等，各种具有利益诉求的社会角色或机构所组成。它们在社会互动中不断产生和制造需求，并通过直接或间接的方式（民意代表、立法会、政府决策和执行体系、公共舆论平台、集会或街头抗议等行动）表达诉求，提出动议，推动国家的发展和变化。制动系统也由多个子系统所构成，就目前各国的实践经验来看，这个系统至少包括三个子系统：一是负责维持国家秩序和安全的暴力系统（如军队和警察），它们对于胆敢挑战和威胁国家安全及公共秩序的行为实施打击和镇压。二是文官系统，或者叫"事务官"（相对于"政务官"）系统，它们构成国家的公务部门，负责打理国家日常事务，维持公共政策的连续性，通过制度化的职责和程序，对于社会成员的"非分"要求和政务官的"过激"指令做出矫正。此外，还有一个重要的系统，那就是由法官、检察官、陪审团、律师等角色组成的国家法治系统，它们通过国家宪法、法律和制度所提供的平台发挥作用，其功能就是打消动力系统"超速"行驶的冲动，并对"违章"行为进行裁决和惩罚（见表5-2）。

表5-2　现代国家运行的两大系统

	系统构成	系统平台
动力系统	个人、社会组织、企业、政党、媒体等各种社会角色，通过各种方式追求利益，提出诉求	议会立法系统、行政决策系统、行政执行系统
制度系统	宪法、法律和制度	暴力系统 司法系统 文官系统

理想的国家制度需要满足"动力系统"和"制动系统"的适度平衡：既要保证国家的发展和进步具有持续的动力，又要保持路基路况良好，不至于"出轨"翻车。从这个意义上看，能否构造两个有效的系统，并使之按照各自的工作原理实现系统有效协调运转，是评价国家治理水平高低的重要标准。

最后，理想的国家制度需要提供一种精英政治竞争与大众社会生活适度分离的机制，并对政治竞争予以限制，对社会生活予以保护。中国有句成语典故，"城门失火，殃及池鱼"。说的是一场危机，不仅伤害其中，而且连累其他。理想的国家制度应该能够避免"城门失火"的发生，至少，即使"城门失火"，也不至于"殃及池鱼"。如何避免"城门失火，殃及池鱼"的危机发生？依据现代国家的经验，采用结构分化、权力分置的制度安排是基本出路。为此，实现国家上层制度和下层制度的分开，是国家制度安排的基本要求。所谓"上层制度"主要是指政治精英在国家上层结构中开展政治竞争、实施国家管理的规则，包括选举制度、立法制度、政党制度、行政制度等；所谓"下层制度"主要是指普通百姓以国家为共同体过好日常生活的规则，其中包括：（1）包容性的国家结构制度（即涉及中央集权和地方自治关系的制度安排）；（2）一致性的国民权益制度（包括全国统一的国民身份制度，平等的社会福利制度、就业制度、住房制度、医疗制度、教育制度等）；（3）统一性的国家法治制度（旨在树立法律和司法的独立性、权威性以应对冲突和争议的司法制度）；（4）多元化的国家社会组织制度（即公民参与社会生活的社区、社团以及公共服务的社会化制度等）。

三　中国制度的优劣势分析

人们通常用"长治久安"来概括国家治理的目标。但实际上，国家治理目标有高低之分。所谓国家治理的高目标或高标准，就是保持国家的持久繁荣；而所谓国家治理的低目标或低标准，其实就是规避经济、政治、社会风险，避免国家陷入国家危机（如国内战争、国家分裂）、经济危机（如金融危机、财政危机）、政治危机（如政变、革命和起义）、社会危机（如种族屠杀、族群械斗、社会暴乱）当中。国家制度安排应该坚持"底线"标准，满足包容性（统一性）、公平性（一致性）、协调性、持续性和高效性等原则。

一个国家一定时期所采行的制度，是历史与现实诸多要素作用的结果。当今中国的国家制度是中国共产党接过历史"接力棒"之后所主导创建的。从历史的角度看，近代以来中国国家面临的危机，在很大程度上决定了当初以党救国、以党建国、以党治国的制度选择路径。从国家发展的角度看，中国作为后发展国家，经济社会发展任务的紧迫性，以及"落后挨打"的国民记忆所激发的"赶超"战略，在很大程度上决定了当初党政部门居于主导地位的国家制度特点。从现实国情的角度看，国民普遍的贫困化、无产化、蒙昧化，社会的脆弱化和低组织化，在很大程度上决定了当初权力导向的制度安排。不过，经过60多年的发展，尤其是经历30多年的改革开放，中国国家和国民状况都发生了很大改变，国际地位也与60多年前的情形完全不同。今天，在推进国家治理体系和治理能力现代化的改革过程中，有两方面的情况需要充分认识：一方面，半个多世纪以来中国的巨大变化为国家制度的改革和完善提供了资本和资源；另一方面，当初的制度框架和特点又不得不构成当今制度变革"路径依赖"的条件。

世界上没有任何一种制度是绝对好的制度，也没有任何一种制度是绝对坏的制度。客观地说，不同国家的制度都有其优势，也有其劣势。中国党政军民社高度一体的制度，即所谓的"党国体制"（party-state system），具有强有力的政党组织领导和动员系统、高效的政府执行系统、高度集中的中央协调系统。这样的制度安排在积聚力量、发挥国家整体效应、促进政府积极作为、实现国家集体意志方面，具有明显功效。然而，事情总有正反两面，这样的制度安排在有些时候也存在弱势，正体现了"一体两面"的特性。我们不妨就中国体制的集中性、效率性、协调性和连续性等特点做出简要分析。

（1）集中性。正如邓小平所言，中国社会主义制度的最大优越性是"集中力量办大事"。中国能办大事，也办了好多别人办不了的大事，这是世所公认的。毫无疑问，"集中力量办大事"与中国党政军民社高度一体的制度安排有着密切的联系。中国体制安排有助于各级党政主官以及决策当局顺利开展施政计划，这是问题的一个方面。但问题的另外一面是，施政计划的好坏在很大程度上取决于决策者和领导人的个人偏好、认知和判断。如何避免决策的主观随意性和政策"跑偏"，这恐怕是国家制度改革不得不考虑的问题。

（2）效率性。中国的制度安排不是基于防范性分权和限权的考虑，而是基于信任性集权和赋权的考虑，因此，政府决策/执行的高效性是它的显著优势。但是，正如一些评论所言，高效性与合理性相配合算是大幸，但如果与"三拍决策"(拍脑袋决策,拍胸脯保证,拍屁股走人)相匹配,那就是大不幸。如何避免后一种组合的出现?这应该是中国国家制度改革需要解决的问题。

(3) 协调性。自上而下的中央集权领导体制,有助于政策资源的集中调配,消除社会发展的非均等化。因此,从理论上说,中国的制度优势应该在协调区域差距,实现区域发展平衡,克服城乡差距、行业差距、贫富差距等方面发挥积极作用。这样的优势确实有诸多表现,比如,区域协调过程中的"对口支援",区域发展中党政干部的跨区域调配等,这在其他国家都是难以想象的。但是很遗憾,由于历史、制度和决策等方面的原因,这种制度优势的功效似乎还未充分展现出来,相反,却经常受到与公权腐败高度相关的部门主义、"跑部钱进主义"的困扰。

(4) 连续性。中国现代化的国家建设是一个长期的过程,它需要中国民众在具有现代意识和思维的核心力量领导之下长期不懈的努力。这样的要求在制度安排上更加凸显了"连续性"的意义,所以,在国家制度中保持执政党、执政团队、施政方针和政策以及官员任职的连续性也不难理解。但是,强调"连续性"的体制,如何克服专断决策、创新不足(所谓"懒政")、监督不力、特权主义、帮派政治、权力腐败等弊端,又是一个难解的议题。

此外,依据前文所提供的制度分析和制度构建的原则来评估,中国国家制度构建中还存在一些"短板"。其中,一个明显的"短板"是系统"动力"充足但"制动"疲软。这或许是发展中国家建立"发展型政府"存在的普遍现象。另一个"短板"是国家上层制度相对完善,且功能强大,但国家下层制度薄弱,且功效不足。这两方面的"短板"造成国家制度更多地倚重党政"内系统"的作用而发挥功效,往往缺乏社会作为"外系统"的积极呼应。这种状况如果不能得到改变,不仅党政系统运转会出现麻烦,而且还会产生内外系统脱节的风险。

四 扬长避短与中国制度改革

美国学者福山在其新作《政治秩序的起源:从前人类时代到法国大革命》中指出,国家、法治和负责制政府是考察现代国家治理的三个维度。

第五章 国家建设：构建现代国家制度

这也就是说，现代国家治理实际上取决于三个要素，即"政府能力"、"法治"和"民主问责"的均衡发展。对于一个传统国家而言，"政府能力"或许不低，但"法治"和"民主问责"可能是短板，而"法治"和"民主问责"的不足，恰恰是国家难以长治久安的原因。

中国既有的权力安排和欧美自由主义思想主导下的权力安排有所不同。欧美国家的宪政体制从限制权力的角度进行设计，是一种保护型的防范体制。中国的党政体制是促进积极行动的体制，更多地体现了政府主导的发展型体制的特点，能够支持执政党把想做的事情做成。正如前文分析所言，中国的体制肯定有制度优势，但也有劣势。确立制度自信不仅要清楚地认识自身的优势，还在于客观地正视并积极地克服自身的弱点，特别是要避免因防范机制不足而导致系统性溃败的风险。

中国是共产党执政的国家，采行一党领导的国家治理体制。在现行宪法体制下，人民代表大会制度、共产党领导的多党合作制度、民族区域自治制度、基层自治制度被宣布为中国的基本制度，它们也可以被理解为基于中国特定历史现实而形成的制度。另外，中国采用单一制的国家结构形式，根据中央—省级—地级—县级—乡级五级行政层级实行分级治理——中央政府采取逐级发包和属地化管理相结合的方式进行治理。如果运用福山关于国家治理三要素的理论来评估，中国的党政体制在"政府能力"方面表现突出，在"法治"和"民主问责"方面显示不足，而后两项不足使得党政权力较少受到来自法律和民众的限制。中国学界依据自己的理论也对中国治理体制和治理方式有着诸多的分析和评论。其中，灵活性、稳定性、高效性、集中性等特点满足经济快速发展要求的方面受到了肯定，而"财政联邦主义"、"压力型体制"、"同构化管理"、"运动式治理"等现象所引发的地方主义、政治锦标赛、短期行为、信息失真、政策扭曲等问题被认定为优化治理必须解决的问题。

民主、法治建设是一个宏大主题，这个主题的推进需要分解为具体的进程。从前文所提供的制度分析框架来看，中国在基础制度、基本制度和具体制度方面都有改革的必要和空间，这也正表明"全面深化改革"是一个长期而系统的工程。在这个过程中，改革的具体议题和日程还有待进一步讨论。不过，必须明确的是，制度建设是国家治理的关键，而分权制约则是一个大国构建科学合理的权力结构和运行机制的首要原则。

现代制度设计的主要任务是既要让权力有效运行，又要防止权力走向垄断，所以，"有效性"和"有限性"就成为国家制度改革的重要目标。在现代国家的实践经验中，大到国家共同体的治理体系，中到区域或地方治理体系，小到部门管理体系，分权制约的原则都得到了普遍的应用。美国算是贯彻分权原则最为彻底的国家——你赢得了政府，不一定赢得了立法；赢得了政府和立法，不一定赢得了司法和舆论；赢得了中央，不一定赢得了地方；赢得了政治权力，不一定能掌控经济、垄断教育和文化。如此彻底的分权体制，与其独特的建国历史、社会精英坚信市场秩序和社会自治的观念有着密切的关系，它的有效运行也以法律至上的公民文化为条件。当然，"美国模式"也有局限，因此也不断受到批评；另外，"美国模式"也并非一成不变，也在不断改革。回到中国的话题上来，如果说当初的国家制度设计并没有以分权制约为重点，那主要与国家发展的国情和阶段性任务有关，那么，今后要推进国家治理现代化，恐怕就不得不考虑在既有国家制度基础上如何落实这一原则。

分权，既是为了协调有效，也是为了合理有限。要落实分权的原则，首先需要区分"国家上层制度"和"国家下层制度"，并将其纳入不同的制度建设范畴。如上文所言，"国家上层制度"规定国家层面公权力运行的规则，主要包括中央层面的政党制度、选举制度、立法制度、行政制度，其建设任务在于实现分工协调、集中高效的目标，保障治理体系的有效性和合法性；"国家下层制度"涉及国家构成制度和构成国家的成员日常生活的规则，主要包括国家行政区划制度（国家结构和央地关系制度）、国家司法制度、公民身份制度、公民权益制度、社会组织制度等，其建设目标在于实现公平、一致的原则，保证国家的统一性、均等化和公民保护的有效性。

其次，要区分中央层级的政治制度和地方层级的政治制度，并将其纳入不同的制度建设范畴。从长远来说，要寻求"中央集权"和"地方自治"的结合，明确"中央集权"的事务性质、内容和实现形式，以及"地方自治"的权限和方式。从现实来考虑，在保持或强化"中央集权"的条件下，是否可以考虑在地方层级和地方治理中试行分权原则，使地方党委、人大、政协和政府发挥其法定角色的作用，履行其法定职责，特别是在保持司法独立性的前提下，在地方人大的制度框架内，理顺政党和政府的关系。

此外，要强化既有权力结构中的那些"弱项"要素，以形成对于"强项"要素的真正制约。从前文所提供的制度分析和制度构建的原则来看，要克服中国国家制度体系中所存在的明显"短板"——（1）系统"动力"（决策和执行系统的能力）充足但"制动"（保护性的防御系统能力）相对疲软；（2）国家上层制度相对完善且功能强大，而国家下层制度薄弱功效不足——也需要贯彻结构分化的原则，强化司法体系、"文官"体系、社会组织体系、企业组织体系、媒体和公民的独立性，发挥其积极作用，使其能够有效影响决策和执行。

五 国家治理与制度改革

制度供给决定国家治理的绩效，良好的制度建设是国家长治久安的保障。现行的中国国家制度在中国特定的历史情景（传统的国家资源、国际地位、国家发展的任务、中国共产党的特性等）中形成，在完成国家统一、经济起飞、社会发展任务的过程中，显示了集中性、高效性、协调性、连续性等方面的优势。在60多年的发展演变中，特别是改革开放以来，国家政治、经济、社会、文化发生了巨大变化，要求国家制度也做出相应调整。适应这一要求，中共十八届三中全会制定了全面深化改革、推进国家治理现代化的方案，并确定改革目标"到2020年，在重要领域和关键环节改革上取得决定性成果"，"形成系统完备、科学规范、运行有效的制度体系，使各方面制度更加成熟更加定型"。应该承认，通过国家制度改革来推进国家治理现代化，符合国家发展的要求。

中国国家制度改革应该遵循"有效性"和"有限性"双向发展的进程。以现实为基础，以问题为导向，扬长避短，应该是中国国家制度改革的原则。从现实情况看，中国政府在"有效性"方面表现突出，而在"有限性"方面显示不足。借用福山有关国家治理三要素的观点，"有效性"与"政府能力"相对应，而"有限性"恰恰与"法治"和"民主问责"相关联。国家的发展首先需要国家（政府）具备足够的治理能力，但是，国家的持续发展又必须要有良好的治理方式。正如自由放任的市场机制需要一种保护性的反向运动一样，政府要有足够的能力，同时也要有一种反制政府的力量，这种反制力量在现代国家的表现就是把政府权力（包括统治者）"关进笼子里"的各种制度，也就是"法治"和"民主问责"的制度。所以，"依法而治"和"民主问责"是国家治理现代化的重要内容，也是"现代国家"的重要标志。因此，中国国家制度改革的关键终究离不开民主法治的议题。

第二节 民主建设：以民主构建国家认同

民主化是现代化的必然要求和结果。比较历史研究表明，民主化会激发广泛的社会动员（social mobilization），会挑战已有的价值分配秩序，最终挑战建基于传统秩序之上的政府权威。因而，民主化往往被体制内的政治精英视为异己的力量而受到抑制和排斥。然而，正如19世纪法国思想家托克维尔（Charles Alexis de Tocqueville，1805—1859）在欧洲民主化高潮之时所指出的那样，民主化是一种世界潮流和趋势，民主的开发不是某一个人或某一部分人个别意志和个别行动的结果，而是一场源远流长的社会运动的产物。从11世纪开始，在社会阶梯上贵族在不断下降而平民却不断上升的趋势日见鲜明。这是一场"以身份平等"为内容的社会结构和观念的深刻变革，在这场变革中，"神权"走向了衰落，王权趋于崩溃，世袭贵族逐步退出了历史的舞台，而民众却走上了政治的前台，成为主导和影响社会发展的不可轻视的力量。因此，民主的发展势所必然。如果说民主在推翻封建制度和打倒国王的斗争中勇往直前，在资产者和有钱人面前也从未却步，那么，在今天同样也不可抗拒。①

如此说来，所能走的道路似乎只有一条，那就是引导民主。引导民主运动和潮流，这是社会领导人所肩负的历史使命："在我们这一代，领导社会的人肩负的首要任务是：对民主加以引导；如有可能，重新唤起民主的宗教信仰；洁化民主的风尚；规制民主的行动；逐渐以治世的科学取代民情的经验，以对民主的真正利益的认识取代其盲目的本能"，使民主的

---

① 参见〔法〕托克维尔《论美国的民主》，绪论部分，董果良译，商务印书馆，1988。

政策适合时间和地点，并根据环境和人事的变化做出修正。①

一 以制度建设因应民主之需求

今天的中国似乎也面临着与欧洲早年相似的境遇。公众的政治参与和大众的民主诉求已超出了口头和言论表达的范围，与具体的人物、事件和政策以及特定的利益要求相联系，演化为"上访"、静坐、抗议、"散步"、"群体性事件"、网络"公审"和"拍砖"等行动。既有的体制和制度安排不仅不能有效化解这些诉求和情绪化的行动，而且，可能的情况是这样的，恰恰是这种既有的体制和制度安排成了问题的"症结"所在，因此，越是依赖既有的体制和制度安排来化解问题，越是加深了民众和政府之间的积怨。面对如此大量的不可预期的行动，具体的个案式的解决办法和"救火队"式的工作方法，让政府决策部门政令批文不断，"预警方案"层出不穷，但依然不能摆脱疲于应对的局面。

依据政治学研究的基本结论，参与要求的增长和制度供给的不足必然造成既有社会秩序的紧张和政治不稳定性。② 有学者指出，"只要人民富足起来，民主是他们可能要求的东西之一"③。这也就是说，经济发展了，民主的要求就会自然地被提上日程。许多人认为，人均GDP 1000～3000美元的发展阶段是一道坎，因为在此阶段民众的经济要求和非经济要求都会释放出来，从而对既有体制构成挑战。2003年我国人均GDP突破了1000美元，这表明中国进入了这样的关键时期：民众的经济要求和非经济要求转化为各种各样的政治诉求，使社会发展进入"矛盾凸显期"或"矛盾多发期"④。这种情况提高了对于政府能力的要求，当然也增加了执政者的施政难度。随着全球化趋势的加剧，以追求GDP增量为核心的政府主导的单边

---

① 参见〔法〕托克维尔《论美国的民主》，绪论部分，董果良译，商务印书馆，1988，第8页。
② 参见〔美〕塞缪尔·亨廷顿《变革社会中的政治秩序》，李盛平等译，华夏出版社，1988。
③ 乔万尼·萨托利：《自由民主可以移植吗？》，载刘军宁编《民主与民主化》，商务印书馆，1999，第151页。
④ 参见刘强《人均GDP 1000～3000美元阶段宏观分配关系的国际比较》，《经济研究参考》2005年第58期；马静玉：《高度重视我国人均GDP 1000～3000美元阶段的矛盾和问题》，《理论参考》2006年第5期。

突进式的国家发展战略会进一步显现其严重的局限性，这就要求政治领导人适时调整目标和方向，制定和推行综合协调的发展战略，实施以社会和谐为目标的发展模式，这种模式要求在保持经济发展与政治发展适度平衡的基础上，以制度建设为中心，将工作重点放在调整国家与社会、政府力量与民间力量的关系上，依照公共表达、公共协商、公共选择、公共管理的逻辑，本着"公共事务公共治理"的原则，着力打造一种"民主治理"的制度平台。

一提到民主，人们往往想到多党政治、自由竞选、舆论开放、军队国家化、分权制衡等。从当下中国的实际情况看，这种版本的解读会因为难以达成政治共识而制约中国民主化的积极探索。因此，如何化解或避开这些约束性障碍，开发民主建设的新领域，从而为推动中国民主进程寻找可行的路径，这是今后中国政治发展面临的重要课题。

民主意味着一系列的制度安排，归根到底在于保证公民表达和参与的制度供给。所以，所谓的民主化建设，其核心就是不断提高制度供给水平，以保障公民拥有并能够实现表达和参与的机会。因此，民主在今天其实就意味着一种公共事务公共治理的方式（也即"民主治理"）。民主作为一个复合概念说明，民主建设有着多项任务和多重路径，你可以不搞全民公议、公投、公选、公决和公审（事实上那也未必是一种"善治"的形式），但你必须提供足够的公民表达和参与的渠道；你可以不搞美国式的"三权分立"，但你必须建立约束政府、制约权力的有效机制。

之前，中国政治不以彰显"公共性"为特征，少有"公共决策"、"公共管理"和"公共预算"等概念，多的是"家天下"观念下的"政府决策"、"政府管理"和"政府预算"这样的概念。"政府主导+全能主义"集中概括了这一特性。这种特征在经济发展达到一定水平、社会利益走向多元化、民众的独立自主意识被普遍激发的今天，因民众表达和参与制度供给不足而越来越变成了"短板"。因此，未来中国的民主建设说到底就是要走出公共性匮乏的困境，为民众表达和参与诉求提供制度供给，真正实现孙中山先生所倡导的"天下为公"的理想目标。

基于以上对于中国民主化建设的理解，可以进一步明确对于执政者的要求，通俗地讲，就是改变"为民作主"的做法，创造和维护一种"公共平台"支持民众表达诉求互相博弈，从中发现公共利益。这样不仅可以在很大程度上克服全能主义管理所遭遇的困境,而且可以极大地开发制度合法性的资源,改善管理绩效。具体而言,民主建设意味着提供民众表达和参与的制度渠道,这些制度同时满足社会管理的功能,具有改善治理效果的作用。特别是在当前中国的情况下,它因为创造了纠偏机制(克服政策和制度"偏离轨道"的倾向)、平衡机制(抑制社会极化、避免政府被利益集团所"俘获"、克服强者越强弱者越弱的马太效应)、官员激励和问责机制(堵塞政治体系中官员"搭便车"的漏洞)、腐败治理机制(利用体制外的资源达到"治官"、"治政"效果)等而具有更加特殊的意义。

社会开放和民智开启之后,民意要表达,公民要参与,这是大势所趋。面对民主趋势,可行的办法就是疏通民意管道,提高制度供给水平。因此,民主化与其说是设计出来的,毋宁说是应对出来的。换句话说,"民主模式"的不同版本,不过是不同国家针对民众的参与要求一步一步应对的结果。客观地说,中国政府和执政党在应对民意,实现政治的"公共性"方面才刚刚起步,所以,所谓"中国式民主"的说法,并不表明中国已经具有了另一种定型的民主版本的现实性,充其量仅仅意味着中国政府旨在化解大众参与压力,进而实现"民主治理"目标方面的可能性。不墨守成规,不刻意追求与别人的不同,以务实态度为原则,以现实问题为出发,以改善治理为导向,以制度建设为内容,用改革创新来丰富民主之意涵,这恐怕是中国民主建设的唯一出路。①

二 从民主思想源头发掘中国民主的理论资源

众所周知,民主的本意是"人民的统治",通俗的说法即"人民当家作主"。这个表述看似简单,但实施起来却相当困难,而且引来很大歧义。怎么才算是"人民的统治"?"人民"是谁?"人民"如何统治?在已往的政治实践中,通常所见的是国家领导人(一个人或一帮人)管理国家、制定政策,即便是被公认的民主国家也概莫能外,那么,何来"人民当家作主"?如果说"人民当家作主"就意味着所有人(或公民)直接参与决策

---

① 燕继荣:《用什么来丰富民主意涵》,《人民论坛》2010年第25期。

和管理活动的话，那么，这种民主也许只有在"小国寡民"的状态下才有可能，可对于地域辽阔、人口众多的现代民族国家来说，这"人民"究竟该如何当家作主？现代社会事务纷繁复杂，许多事情的处理依赖于专业知识和技能，面对这些事务，人民又如何当家作主？再说，"人民"是一个集合概念，包括了不同性别、年龄、民族、宗教的人口，他们可能有完全不同的利益诉求，那怎么才能体现"人民当家作主"？特别是在人民出现利益分歧和冲突的情况下，又如何防止强势的"人民"不会"得势便猖狂"，把弱势的"人民"变成自己的奴仆？

面对这一系列难题，人们给出了不同的答案。一种意见认为，人民的直接参与是民主的核心理念，现实条件的种种约束，并不能成为改变或放弃"人民当家作主"这一价值追求的理由。相反，我们所应该做的是努力创造条件，让直接民主的机会、参与的人数、民主管理的事务越多越好。如果不能召开公民大会来讨论国事，那就把"公选"和"公投"当作民主的主要方式吧。[1]

另一种意见认为，"人民当家作主"本来就是一个虚幻的口号，历史上除了古希腊雅典曾经有过这样的尝试外，再没有哪个国家真正实践过。除非再回到小国寡民的雅典时代，否则，"人民当家作主"根本不可能。何况，那样的民主实践从一开始就受到了人们的批评和质疑。考虑到"人民"集体在智慧、理性判断、心理趋向等方面的特性，考虑到决策效率和质量、管理的专业化、不同群体的利益协调以及长远的公共利益追求等因素，精英统治（君主统治或寡头统治）可能更加实在有效。[2]

如果我们把第一种意见称为"民治主义"，把第二种意见称为"精英主义"，那么，介于两种意见之间的第三种意见就可以被称为"宪政主义"或"代议制民主主义"。这种意见认为，民主所追求的其实是公民自治的精神，虽然国土之大、人口之多、事务之繁，让"人民"完全当家作主不

---

[1] 民主理论中"直接民主"或"参与式民主"理论基本秉持了这样的线路（参见〔英〕戴维·赫尔德《民主的模式》，导论和第四章，燕继荣等译，中央编译出版社，2008；何包钢：《民主理论：困境和出路》，法律出版社，2008，第三章），这种民主思路体现为美国社会中的乡镇会议、俄国社会定期均分土地惯例和法国大革命中的巴黎公社，往往被归入"大民主"的营垒，被认为带有民粹主义（populism）倾向。

[2] 精英主义者和专制主义者大体上都是从这个角度出发来批评和反对民主的，在他们看来，民主不仅不可能，而且也未必是什么"好东西"。

第五章 国家建设：构建现代国家制度

太可能，但是，公民自治的理念不应放弃。显然，让所有的"人民"都来直接参与国家事务的讨论和管理确实不可行，而且也未必好，那我们就尽可能实现地方乃至村落自治，让"人民"在他所生活的区域行使民主权利。事事都要"公投"、事事都要人民亲自管理不可行，而且也未必好，那我们就选择一批"管家"，替我们照管"家务"，如果满意就继续留用，如果不满意就按照合同把他们辞退。把人民民主无限放大会威胁个人自由的空间，那我们就把能够用来"民主"的事务限定在恰当的范围，使任何人不能以"民主"的名义和"民主"的方式侵犯"私人领域"（公民自由权利）。"人民统治"和"精英统治"各有短长，那我们就把"主权"与"治权"分开："主权"属于人民，"治权"交给具有管理经验和管理能力的政治精英，并让民众对他们实行绩效考核，实现"人民统治"与"精英管理"的有机结合，在这种结合中，用"主权在民"的原则解决统治合法性的问题，从而保证管理的权威性；用"精英管理"的原则克服"民意"的随意性和不确定性，从而满足管理的有效性和科学性。如果说代议制民主有蜕化为"选主体制"[①]的倾向，那就用"审议民主"或"协商民主"（deliberative democracy）来弥补。[②]

基于以上考察和分析，我们可以从源头上发掘"中国式民主"的理论资源。首先，代议制民主是现代民族国家实施民主政治的基本原则和唯一可行的方式，它理所当然也应该成为基于人民代表大会制度的"中国式民主"的原则和方式。代议制民主强调以宪法为基本框架，以限制政府权力、规制民众行为、保障公民权利为核心，因此，宪法至上原则，公民权利（包括财产权）不可侵犯原则，人民主权原则，法治主义原则，权力制约原则，有限政府原则，司法独立原则等，应该被认为是民主政治的基本原则，而人民代表大会制度应该被认为是民主政治的基本制度。必须承

[①] 此处借用王绍光的概念，根据他的阐释，"选主体制"是一种"有缺陷的民主"（defective democracy），即，民主堕落为公民每隔几年参与一次近乎狂欢节的选举仪式，选出新的主子。他认为，在"选主体制"下，广大人民群众参与政治决策的范围、深度、广度都受到局限，而各种资源（金钱、知识、相貌、家世）的拥有者在这种体制里却如鱼得水、占尽先机（参见王绍光《民主四讲》，三联书店，2008，第243~244页）。

[②] 参见陈家刚《协商民主与当代中国政治》，第四章"协商民主的价值与前景"，中国人民大学出版社，2009，第88~97页；何包钢：《民主理论：困境和出路》，法律出版社，2008，第243~260页。

认，代议制民主理论不仅为以完善人民代表大会制度为核心的民主化建设提供了理论支持，而且也为"中国式民主"道路定下了基调。

其次，民主的本意不在于公民"选主"，而在于公民的自主管理，即自治，所以，"民主治理"的概念更能体现民主的本意。因此，将"中国式民主"锁定在"民主治理"的目标上，更具有理论高度和说服力。

再次，民主不仅需要公民参与意识，更需要组织和制度安排，这是民主理论的基本共识。民主必须通过某种特定的组织结构和组织方式来实现，"民意"必须通过特定的组织程序来形成，并通过特定的组织机制来表达；公民参与管理所需要的组织结构、组织方式、组织程序和组织机制需要用法律的方式做出规定，公民参与政治的行为也必须得到法律的约束。毫无疑问，这些思想为民主化的路径指明了方向，当然也为以制度化来实现民主化的中国民主化探索提供了根据。

最后，犹如法律可以区分"良法"、"坏法"和"恶法"①，民主也存在优劣之分。②"良好的民主"必须是"法治的民主"。这里所谓"法治的民主"，就是以宪法和法律为准则，通过依法赋权（赋公民以权利，赋政府以权力）的方式，不仅保障政府要依法施政，对人民负责，以免滥权而侵害公民权利，而且也对"人民主权"原则给予必要的约束，以防止一部分人以"民主"的名义和方式对另一部分人实施"暴政"，同时，保证公共管理的有效性和社会生活的有序性。"法治的民主"作为民主源头的思想要素，也理应成为渐进有序的"中国式民主"的理论要素。

三 以民主过程的视角拓展中国民主的可能空间

谁也不能否认，民主确实是当今政治话语中最富有争议的概念之一。民主理论家萨托利在《民主新论》一书中指出，民主观的混乱来自几个方

---

① 根据古典政治理论家的分析，法律有"坏法"和"恶法"之分。目的良好而执行不力的法律，称之为"坏法"；目的不端而执行得力的法律被称为"恶法"。"恶法"比"坏法"更可怕，一部"恶法"的失灵是一件好事，一部"恶法"的有效就是灾难。

② 王绍光在《民主四讲》的小册子中也提到民主的优劣之分，他指出，"谈'民主的兴起'还不应回避民主的质量问题"，"不把'好民主'与'坏民主'区别开来，胡子眉毛一把抓地谈'民主的兴起'没有多大意义"（王绍光：《民主四讲》，三联书店，2008，第75页）。

面的错误：一是过于简单化的错误，把民主当成一个时髦的口号，将民主简单地理解为"人民主权"，但什么是"人民"以及"人民"如何行使"主权"概念不清；二是至善论的错误，将民主定义为"直接民主"，把"人民"与精英对立起来，根本排斥精英的作用；三是过于现实主义的错误，对民主持怀疑或批评的态度，认为民主根本不可能。针对这些错误，他提出了对于民主的新的解释，将民主的内容设定为"人民的统治"和"对人民的保护"两个方面。这里，"人民的统治"意味着公民通过行使选举、投票等民主权利，参与公共政策的讨论，对政府和官员实施控制；"对人民的保护"意味着法律、制度和政策做出安排，保护公民权利（包括自由权、财产权、民主权和社会经济权）。前者要求确立开放的政治体系，允许公民通过一定的方式实现政治参与，保证政府和公共权力来自人民并受人民控制；后者要求确立政治、经济、社会以及文化方面广泛的制度结构，以保障公民自由权利不受来自他人、社会和政府公共权力部门的侵犯。因此，民主化也就意味着两个方面的进展：一是建立和完善现代民主制度，提高公民政治参与的制度化水平，拓展政治参与途径，保证"民"能够有效地控制"官"（政府）；二是明确公民自由权利，并从政治、经济、法律、社会等多重角度，为之设立保护屏障，保证"官"（政府）不能加害于"民"，并在"民"需要"官"（政府）的时候能够得到应有的回应。

民主既可以被当作结果，也尤其可以被看作过程。前者被理解为"人民当家作主"，后者被简化为"政治参与"，其中"选举"被视为重要的参与方式之一。无论如何，民主并不是"非白即黑"、非此即彼的问题。换句话说，对于一个国家来说，民主"不是一个有无的问题，而是一个程度问题"[①]。事实上，民主有着多重含义，民主化也有多种路径。依照上述萨托利的观点，民主建设可以从两个方面展开，一是努力完善"人民的统治"，落实人民的民主权利；二是努力保护公民的权利，尽可能杜绝公民个人自由权利受到来自他人、社会甚至国家和政府的侵害。这也就是说，"中国式民主"如果在第一个方面不能很快达成共识而有所突破，那么，至少在第二个方面还是可以大有作为的。

---

① 王绍光：《民主四讲》，三联书店，2008，第76页。

基于上述观点，民主化也被认为是一个"双边进程"，"一方面，它牵涉到国家权力的改造；另一方面，它牵涉到公民社会的重新建构"①，也就是说，一方面，必须不断地改革作为公共权威的国家权力体系，寻求国家行为的合理方式和限度，以期国家政策更加合乎民意；另一方面，也必须不断地建设自立自主的公民社会，并确立公民社会行为的合理方式和限度，以规制各种非政府行为。根据政治学的一般分析原理，一个国家的政治体系可以被划分为政府政治体系（即国家和政府政治体系）和非政府政治体系（即由政党、社团和个体公民所组成的公民社会政治体系）。由此，政治体系的民主化也可以被理解为两个方面：从政府政治体系来说，民主化主要表现为政府体制的民主化改造；从非政府政治体系来说，民主化意味着公民社会的发展壮大，公民政治责任心的增强以及参政议政能力的提高。这也就是说，在推进民主化进程的时候，我们不应该只盯着政府政治改造，也应该关注公民社会建设。

民主通常也被看作是一个过程，也就是说，它从不完善、不成熟到较完善、较成熟，在不同的时段会有程度上的差异。就拿萨托利所说的"人民的统治"来说，致力于选举制度的完善算作是民主化的努力，致力于政治协商制度建设也算作是民主化的努力，同样，致力于公示、听政、议政、监督、问责等制度的完善也应该算作是民主化的努力。而每一个环节的进展又有一个从不成熟向成熟发展的过程。在这个过程中，我们确实很难说从哪个点开始算是进入了民主阶段。有人说，自由选举应该是民主的一项最重要的指标，应该成为衡量的起点。但是，选举又会分为直接选举和间接选举、比例代表制和多数代表制，我们也很难做出简单判定。

如果将民主视为一个系统工程，那么，根据公共决策的流程，我们可以将它划分为前、中、后三个阶段或三个环节（见图5-11）。

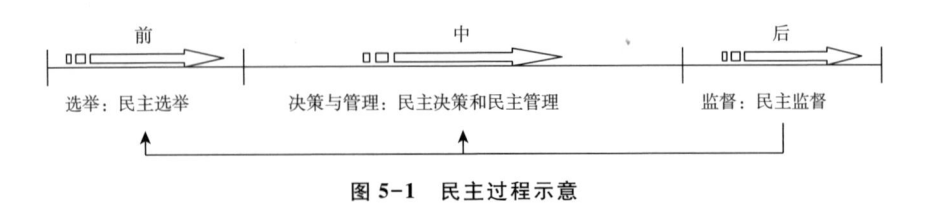

前	中	后
选举：民主选举	决策与管理：民主决策和民主管理	监督：民主监督

图 5-1　民主过程示意

---

① 〔英〕戴维·赫尔德：《民主的模式》，燕继荣等译，中央编译出版社，2008，第312页。

与上述过程相对应，我们也可以区分三种民主形式，即，（1）作为自由选举的民主——民主选举，它关注管理者：选举精英人物去负责制定公共政策，实施管理；（2）作为决策过程的民主——民主协商，它关注管理过程：不同利益群体参与决策和管理过程，充分表达各自利益，在讨论协商的基础上产生公共政策或为公共决策提供依据；（3）作为决策评价的民主——民主监督，它关注管理效果：民众对于管理者及其行为（包括公共政策）实施评价监督。这样的分析告诉我们，"选举民主"是民主化的重要方面，而"决策和管理民主"和"监督民主"也应该是民主化的重要方面。换句话说，选举产生领导人可以被看成是民主化的进展，同样，通过制度化途径吸纳公民参与决策和管理，从而实现"民主治理"，以及实现信息公开并允许民众监督政府，也应该被看成是民主化的进展。

中国近三十年的发展事实表明，通过推动政府创新来拓展有效的政治发展空间，克服既有体制的约束，寻找和培育新的制度生长点，可以化解来自民主化方面的部分压力。不过，也应该看到，民主治理也越来越成为中国大众的公共话题，旨在推进责任政治和民主制度建设的改革也日益成为知识分子和普通大众的共同期待，而治理腐败、防止和消解"拉美化"、克服管制危机等迫切任务，似乎把系统地"引入民主机制"的选择更加突出地提上了议事日程。在这种情况下，像当年经济改革实验一样，具体地制定政治经济改革的步骤，坚持"民主治理"的原则，在实验中逐步落实，保持碎步前进，对于超越和克服"西式民主版本"的限制可能是比较明智的选择。

四 从民主质量的视角提升中国民主的品质

民主被认为是一种相对于家族统治、军人独裁、寡头治理的政治体系和制度安排，它通常与限任制度、选举制度、协商制度以及政策辩论相联系。随着教育的普及，公共领域的扩大，公民权利意识的增强，民主体制和实践在各国得到了不同程度的应用。但是，由于各国历史基础、传统观念、社会结构以及社会力量对比的不同，民主实践不仅在各国采用不完全相同的方式，而且其绩效也有很大不同。在有些国家，民主运行良好，而且"正效应"显著，显示了"好民主"的特征；但在有些国家的特定时段，民主不仅运行不畅，而且还显示了"病态"特征和"负效应"。这就产生了"民主质量"的问题。中国国家治理现代化，必然要求在民主建设上取得新的成效，提高民主建设质量。

从学术界的讨论来看，提出"民主质量"问题，界定"好民主"或"优质民主"概念，并不是要否定民主的价值，而是要推动民主的完善。那么，"好民主"或"优质民主"应该具有什么样的绩效？如何衡量民主质量？根据中国改革预期，我们提出关于"好民主"或"优质民主"的衡量标准和考核指标。

在学术讨论中，民主的衡量标准和民主绩效的衡量指标是不完全相同的两个话题。民主的标准回答了第一个问题；民主绩效的衡量指标回答的是第二个问题。美国政治学者罗伯特·达尔（Robert A. Dahl）在《论民主》（On Democracy）的小册子中，从民主的起源、理想的民主、现实的民主、民主的条件、民主的前景等方面，对第一个话题做了通俗的阐释，为我们理解20世纪后期世界范围内的民主发展进程提供了很好的说明。

罗伯特·达尔给出了理想民主的五项标准：（1）有效的参与；（2）平等的投票；（3）充分的知情；（4）对议程的最终控制；（5）成年人的公民资格。在达尔看来，组织的规模在很大程度上决定了公共管理所采用的制度模式，当人类社会发展到民族国家而不再是市镇会议的规模的时候，民主就需要通过选举的代表来实现。他把现代大规模民主政府叫作"多元民主"，并认为"多元民主"是对扩大政治生活范围、增加参与要求的一种现实回应。因此，"多元民主"就是民族国家规模上实施的民主统治，它需要满足如下条件：自由、公正、经常的选举；自由的表达；具备多种的、独立的信息来源；独立的社团；包容广泛的公民身份。基于此，达尔断言，无论一个国家的领袖们宣传得多动听，只有当它具备了民主所必需的上述制度安排时，这个国家才能算作民主国家。

如果说达尔的研究代表的是早期的学术思考，那么，《经济学人》（The Economist）杂志的研究和评估则反映了近期的学术研究成果。近年来，英国《经济学人》杂志提出"民主指数"的概念，并试图对全球各国的民主状况做出评估。它对167个国家（或地区）的民主化情况进行了研究，并尝试通过五个方面的衡量指标来形成其"民主指数"。这五个方面的指标包括：选举程序与多样性、政府运作、政治参与、政治文化和公民自由。根据它所设计的"民主指数值",世界上的国家按其政体被划分为四类,即:(1)成熟民主国家(8~10分);(2)初步民主国家(6~7.9分);(3)过渡政体(4~5.9分);(4)专制政体(4分以下)。从2008年的民主指数报告来看,瑞典得9.88分,排名第一;朝鲜得0.86分,排名垫底。在2011年排名中,挪威、冰岛和丹麦继续蝉联三甲,亚洲只有日本和韩国属于成熟民主,政治转型后的突尼斯跳升幅度最大,上升53名,居第92位。

最新的研究可以列举英国牛津大学斯坦·林根(Stein Ringen)对民主指标的讨论。林根在其新作《民主是做什么用的:论自由与德政》(*What Democracy is For: On Freedom and Moral Government*)一书中引荐了"政体课题研究项目"(The Polity Project)的衡量指标。他介绍指出,该项目提出了衡量民主的八项指标:(1)是否建立了有效政体(是否建立有效的中央政治权威并且一直没有中断);(2)政治制度具有公开性(民主制度)还是封闭性(独裁制度);(3)政体持续的时间长短(自上一个政权改变以来的年数);(4)行政权力交接的制度化程度如何;(5)行政人员招聘上的竞争程度如何;(6)行政首长的独立性与行政首长的制约如何;(7)政治表达的制度结构如何;(8)政治参与的积极性如何。[1] 项目设计者根据这八项指标,采用专家评估的方法,将政权划分为从+10(最民主)到-10(最不民主)的不同类型。

林根反思民主实践时提出建议,"应当把民主界定为一种权力结构而非一种程序或者方法:我们说一个政体是民主政体,就是说其公民可以以一种安全的制度化的方式对集体决策行使最后的控制权"[2]。现实地看,民主的本质或许并不在于选举、票决,也不在于多个政党的轮替,而在于实现人民对统治者的有效控制。选举、票决、政党轮替这些以往被认为是民主政治必不可少的因素,不过是实现"控制统治者"这一目的的手段。

林根的研究告诉我们,民主真正想要的是什么?或者说,民主是用来做什么的?归根到底主要有两点:第一,杜绝权力垄断;第二,保留民意

---

[1] 〔英〕斯坦·林根:《民主是做什么用的:论自由与德政》,孙建中译,新华出版社,2012,第34页。

[2] 〔英〕斯坦·林根:《民主是做什么用的:论自由与德政》,孙建中译,新华出版社,2012,第34页。

影响政府决策的通道。现代社会中的人们意识到，不管是经济权力，还是政治权力，抑或文化权力，任何权力垄断都不是好事情。因此，反对和杜绝权力垄断是任何优良制度所追求的。为此，人们想到用"民主制度"来避免政治上"独领风骚数百年"的局面。此外，任何社会都要有民意疏通的管道，保持上层和下层的及时沟通，让政府及其官员（决策者）受到民意的适度影响和控制，为此，人们想到用"民主制度"来保证政府对人民负责，受到人民的控制。所以，完全可以用权力垄断的程度（或自由 freedom）和政府决策受到民意影响的程度（或德政 moral government）来衡量一个民主的绩效。

人们总是希望民主能够带来更大的绩效，特别是在激烈的国际竞争中，期待民主体制还能够在决策和执行效率、管理和服务质量、经济发展甚至军事实力等方面都有超越非民主体制的全面收获。为此，人们提出"好民主"（good democracy）的概念，并试图以此推动民主绩效的改善。

拉里·戴蒙德（Larry Diamond）和里奥纳多·莫里诺（Leonardo Moreno）在《关于民主质量的概述》中指出，民主意味着：（1）普遍的成年公民选举权；（2）反复的、自由的、具有竞争性的公正选举；（3）一个以上的正式政党；（4）多元的信息来源。而"高质量的民主"，即"好的民主"意味着通过正规合法的稳定机制的运作来赋予其公民充分的自由、政治平等以及对公共政策及政策制定者的控制。"这样的政权将满足公民对治理（结果意义上的质量）的期望；它将允许公民、协会、团体享有广泛的自由和政治平等（内容意义上的质量）；它也将提供一种氛围，在这种氛围中，全体公民能通过诸如选举机制来评价政府的表现，而政府机构和官员则确保彼此在法律和宪法上承担责任（程序意义上的质量）。"[①] 考虑到以上各点以及没有绝对客观的方法来设计一个测量民主质量的框架，他们大体确立了民主质量变化的八个维度，即：（1）法治，（2）参与，（3）竞争，（4）垂直可问责性，（5）水平可问责性，（6）对公民与政治自由的尊重，（7）政治平等，（8）回应性。

许多研究指出，"好民主"并不一定完全让公民满意。政府在民主质

---

① 〔美〕拉里·戴蒙德、里奥纳多·莫里诺：《关于民主质量的概述》，张丽娟译，何斌校，《民主》杂志 2004 年第 4 期。

量的各个维度表现不错,但仍不能让多数人满意,这种情况是完全可能的。其中原因无非如下:第一,公民未必完全了解政策的意义。第二,大量的资讯以前所未有的速度到达公民那里,它们彼此竞争,争夺人们的注意力,导致大众媒体追求轰动效应和曝光负面新闻的倾向,从而使得民主的失误看上去比以前影响更坏。第三,社会利益高度分化,政府不可能对所有的利益和关注点都做出回应,而民主又是竞争和选择的,失败者注定不会满意。[①]

讨论民主的质量具有重要的意义。从经验层面看,20 世纪 90 年代"冷战"结束之时,福山指出,自由民主是人类历史的终结。在最近的 20 年里,一方面,民主化进一步推进,不仅亚洲地区出现了新的民主化国家,而且北非和中东地区也遭遇了"茉莉花革命",突尼斯、埃及、利比亚燃起了民主化的火焰。另一方面,2008 年美国金融危机,使欧美世界陷入经济和财政危机之中——这也被认为是"民主的经济危机"——引发了人们对于民主的反思。这些事例或许说明,民主精神值得追求,但民主绩效经常不太理想。"民主质量"概念的提出,算是对这一现象做了理论解释:同为民主社会,但民主质量的高低有所不同。

从价值层面讲,民主质量概念的提出并不否定民主的价值和政治发展的方向,但它提醒人们,每个国家都必须就希望要什么样的民主这一问题做出最初的价值选择。民主质量或民主绩效的讨论实际上肯定了以下结论:第一,对于实现了民主转型的国家来说,如果要使民主得到巩固,亦即要取得广泛和持久的合法性,通过改革改善民主质量是必要的;第二,对于老牌民主国家来说,如果想解决公众对其不满甚至失望的问题,也必须通过改革来改善民主绩效。从技术层面看,民主质量的测量为我们开启了理解民主的新的视角和方法。用指标来判断民主的质量,使不同国家的民主有了进行比较的可能性,而且清晰,便于理解,进而为互相学习、推进本国民主改革提供了路径。

从中国学者的角度看,民主质量和民主绩效是一个更容易接受的话题。事实上,中国学术界一直在为"中国式民主"的构建寻求理论根据。

[①] 〔美〕拉里·戴蒙德、里奥纳多·莫里诺:《关于民主质量的概述》,张丽娟译,何斌校,《民主》杂志 2004 年第 4 期。

中国官方语言习惯于区分"程序性民主"和"实质性民主",强调"中国式民主"更看重民主结果。基于这样的现实考虑,中国学者一般不太赞同把老牌民主国家的政治特征——如自由竞选、多党政治、分权制衡等——定义为民主化的唯一"通用指标"。他们提出,"善治"是政治改革的目标,而民主不过是实现"善治"的重要手段。

政治学的研究表明,社会秩序是制度化水平的产物。[1] 也就是说,制度供给是治理绩效的关键性因素。"善治"以法治和良好的制度为基础,这样的法治和制度安排必须保持政府与社会、精英与大众、统治者与被统治者之间的适度均衡。因此,保持精英政治和平民政治的平衡,让精英团队保持领导力,让平民团队保持影响力,这是最理想的政治状态。这种现实主义的民主观念应当成为中国民主建设理论构建的基石,寻求决策精英和普通大众的平衡,应当成为中国民主建设的总方向。

此外,中国有学者认为,民主的本意并不在于公民"选主",而在于公民的自主管理,即自治,所以,"民主治理"的概念更能体现民主的实质。因此,"民主治理"应当成为中国民主建设的核心概念。

民主"不是一个有无的问题,而是一个程度问题"[2]。民主通常也被看作是一个过程,也就是说,它从不完善、不成熟到较完善、较成熟,在不同的时段会有程度上的差异。如果将民主建设视为一个系统工程,那么,根据公共决策的流程,我们可以将它划分为前中后三个环节和四项任务,即选举:民主选举;决策与管理:民主决策与民主管理;监督:民主监督。相对应,我们也可以区分三种民主形式,即(1)作为自由选举的民主——民主选举,它关注管理者:选举精英人物去负责制定公共政策,实施管理;(2)作为决策过程的民主——民主协商,它关注管理过程:不同利益群体参与决策和管理过程,充分表达各自利益,在讨论协商的基础上产生公共政策或为公共决策提供依据;(3)作为决策评价的民主——民主监督,它关注管理效果:民众对于管理者及其行为(包括公共政策)实施评价监督。因此,中国民主建设应该从上述三个方面展开。

至于说民主政治应该具有怎样的绩效表现,中国学者更加赞同这样的

---

[1] 〔美〕塞缪尔·亨廷顿:《变化社会中的政治秩序》,王冠华等译,上海人民出版社,2008,第10页。
[2] 王绍光:《民主四讲》,三联书店,2008,第76页。

观点：如果新生的民主国家要避免回潮和战胜威权体制，必须让民主从选举民主过渡到自由民主；如果民主治理不善，表现出低质量，那么民主就很难巩固。正如戴蒙德所说，"民主结构要想存续而且值得存续下去，它们就不能仅仅是一个空壳。它们必须具有实质内容、良好的品格以及实际意义。它们必须逐渐地听从人民的声音，接纳他们的参与，容忍他们的抗议，保护他们的自由，并回应他们的需要。""如果民主体制没有在控制犯罪与腐败、实现经济增长、缓和经济上的不平等和保障正义与自由等方面起到更好的作用，那么人们或迟或早会失去信心，并拥抱（或者容忍）其他非民主的替代体制"[①]。

那么，中国学者对于民主的绩效会有怎样的期待？"好民主"（good democracy）约等于"好政体"（good polity）；"好政体"意味着"好政府"（good government）之下实现社会"善治"（good governance）。俞可平曾经主持研究中国治理评估指标体系，提出了12个方面的指标，包括公民参与、人权与公民权、党内民主、法治、合法性、社会公正、社会稳定、政务公开、行政效益、政府责任、公共服务、廉洁性。应当承认，这项研究多少反映了中国学者基于中国政治状况的一些考虑。

从中国的实践需要来看，一种理想的民主政治应该在法治进步、经济发展、政治自由、绩优选拔、公民参与、社会福利、政府效能方面发挥积极作用并具有良好表现。因此，法治水平、经济发展、政治自由、绩优选拔、公民参与、社会福利、政府效能应该成为评价和测量民主质量的重要维度。不过，这仅仅提供了民主治理质量评估的七个方面，具体指标还有待进一步讨论。从中国的经验和人们所期待的改革方向来看，这些指标似乎应该包含如下内容（见表5-3）。

表5-3 民主质量评测指标设计

一级指标	二级指标	三级指标
法治水平	司法独立性 政党行为的合法化 政府行为的合法性	法官的地位 政党领袖行为的有限性 政府依法行政程度

---

① 〔美〕拉尔·戴蒙德：《民主的精神》，张大军译，群言出版社，2013，第346、348页。

续表

一级指标	二级指标	三级指标
经济发展	经济增长 经济发展均衡度	技术创新性 国民收入增长幅度 贫富差距的控制程度 城乡公共服务的均等性 区域经济发展差异度
政治自由	言论自由度 政治宽容度	媒体的管控方式 异见人士的待遇
绩优选拔	人才选拔的开放性 人才选拔的公平性	人才选拔方式 人才储备与使用的合理性 人才培养的连续性
公民参与	选举的自由度 政治协商度 社团组织影响力	候选人提名与差额度（竞争性） 重大决策的开放程度 社会组织在决策中的作用
社会福利	公民基本福利保障程度 特殊人群福利保障程度	医疗、住房、教育、失业救济保障程度 社会弱势群体的待遇
政府效能	政府回应性 政府决策透明性 政府职员的廉洁度	政府服务的便捷性 基本信息公开程度 政府腐败行为类型及程度 公民对政府服务的满意度

毫无疑问，没有任何一个指标体系是尽善尽美的。民主质量的测量意图在于推进"好民主"的实现，或者说旨在改进民主的质量（优质民主）。仅就这个测量指标而言，还有以下的问题值得进一步讨论。

第一，民主质量的评价究竟采用"好民主"（good democracy）的概念，还是"高质民主"（high quality of democracy）的说法？从字面来讲，"好"相对于"坏"，因此，"好民主"通常让人想到"坏民主"的概念，这难免会引发歧义。"高"相对于"低"，"高质民主"相对于"低质民主"，它强调"民主是好，但希望它更好"。第二，民主质量的测量采用的是量化的方法，应该满足科学性和客观性的要求，但是，民主质量（优劣）指标的选取具有价值主导性，为什么选择这个指标而不选择另一个指标？这需要进一步理论论证。第三，民主指标选取以后，各项指标的权重问题也是一个值得考虑的问题。所有的指标权重都相同，还是规定不同的权重？怎么规定？如何为不同的国家打分？由谁来打分？第四，如果民主质量的指标仅仅涵盖一些政治和行政因素，那么，民主质量的指标和达尔所强调的程序民主就很接近；如果民主质量指标的选取涵盖了经济和社会等方面的内容，那就比较接近于实质民主的定义。这也会带来一些问题，因为这些指标既可以说是民主政治的前提，也可以说是民主制度的结果。民主制度和这些指标的因果关系应当如何确定？第五，传统上所界定的"非民主"国家是否也可以进行民主质量测定？如果可以，是否模糊了传统上民主国家和"非民主"国家的界限？或者说，是否需要修正传统的民主定义？

此外，从比较政治的角度看，亚洲民主应该是什么样子的？亚洲国家能够为民主贡献什么？这也是需要深入思考的问题。目前，从中国的政治实践来看，亚洲民主可能的开拓方向在于：（1）精英民主（elite democracy），而非熊彼特式（Schumpeter's model）的民主；（2）协商民主（deliberative democracy），但超越政党政治；（3）高效民主（efficient democracy），需要给政府能力留下更大空间。中国国家治理现代化，从更为深远的目的上说，就是要实现社会的民主政治建设，通过民主建设，保证公民权益，推动社会进步，实现国家富强。

第三节　法治建设：以法治构建国家秩序

一　法治的重要性

"全面依法治国"是中共十八届四中全会的重要成果。正如上文所提及的那样，国家建设发展需要各要素、各部门的配合，协调统一，如果实在要用一种比喻，汽车是再贴切不过的例子。国家的发展可以类比为汽车的驾驶，需要动力系统和制动系统。动力系统是由个体的公民、有组织的政党、利益集团、社会组织、企业、学校、医院等各种社会角色所构成的，他们在社会活动中不断产生需求，通过直接或间接的方式表达诉求，提出各种动议，全面推动国家的发展和变化。制动系统的类型则更为多元，首先是负责维持国家秩序的军队和警察系统；其次是文官系统，或者叫"事务官"系统，它们构成国家的公务部门，负责维持公共政策的连续性；此外，还有一个重要的制动系统，那就是由法官、检察官、陪审团、律师等角色组成的国家法治系统，他们通过国家宪法、法律和制度所提供的平台运转，其责任就是打消"超速"行驶的冲动，对于违章行为进行裁决和惩罚。这两大系统共同维持了国家的运行，既要保障国家快速发展繁荣，同时要避免出现方向性的错误，防止系统在运行过程出现差错，快速发展的同时要保持稳定。

国家治理就是"动力系统"和"制动系统"的平衡。是否能把握好两者的平衡，是评价国家治理水平高低的重要标准。法治作为"制动系统"的作用发挥机制。首先，法治的作用是为国家的发展提供必要的轨道。所有的"动力系统"，如政党政治、利益集团，都必须纳入既定轨道中运行，才可保证国家的动力机车平稳运行，保持国家的稳定持续发展。其次，法治作为一种手段，可以为社会矛盾和冲突提供最终判决。社会中有多元主体，不免要发生利益冲突。当各方利益发生冲突时，法院会成为最终的判决者。无论是个人利益还是公共利益受到侵犯，法院、检察院都应依据宪法和法律做出公正的裁决。法治的重要作用是将社会问题和政治问题转化为司法问题，而避免成为军事问题（如决斗、内战等）。避免将社会问题转化为军事问题，是国家现代化的重要体现。所以从这个角度说，法治是国家治理现代化的重要内容和标志。

在政治学上，依法治国是现代国家的一个重要特征和基本原则。在历史上，有许多"人治"的例子，"人治"属于传统的治理方式，与现代国家的治理方式相对。十八届三中全会全面肯定"法治"的作用，这一点符合政治学中现代国家治理的标准。依法治理，推进国家的法制建设，是国家治理现代化体系构建的基础。

二 国家治理方式演变

现代国家的治理方式不是凭空产生的，也不是一成不变的，而是从传统的治理方式继承并发展形成的。传统国家与现代国家有不同的治理方式。现代国家的治理方式从传统国家的治理方式中演变出来,并且已经逐渐清晰。从传统来看,以前的治理方式是"替天行道",统治者要顺应天意。现代国家则不然,现代的治理方式强调统治的合法性,统治者要依靠法律和规则行事。传统治理方式的权力继承采用世袭制,现代治理采用选举和任期制。在传统的环境下,统治者为"王",人们只能靠革命来反抗,而在现代的环境下,公民则可以运用多种方式监督国家的公务人员。

传统和现代治理方式的不同体现在多个方面。有一点可以作为区分传统国家和现代国家的重要标志和分界线,那就是治理者是否受到既定法律的约束。在传统治理方式下,统治者不受到法律的约束,皇帝的决定是替天行道。然而在现代治理方式下,一个国家的领导人也要受到国家既有法律体系的约束。这个重要区分体现了在现代治理方式下"天下为公"的思想。国家不是一个人、一个家族或者一个党派的,法律面前人人平等,没有人能够凌驾于法律之上。过去,中国士大夫强调,家事国事天下事事事关心。但现在,知识界应该强调的是,家事不能随便变成天下事。一个国家,通过施行完善的法治,使个人、家族、政党的事情不会轻易动摇国家治理的根基,那么这个国家的治理就朝着现代化迈进了一大步。

实现依法治国是国家现代化过程的重要步骤。依法治国的基本前提是完善的法律体系,完善的法律体系的根基是立良法。如何产生"良法",使国家所立之法能够体现公民的意志,这是立法者所要考虑的问题。立法应当遵循多个标准,包括平等地对待强者和弱者的权利,不让法律成为强者的意志,确保法律能够让所有公民平等地遵守、自觉地服从等等。依法治国作为中央全会的主题,为中国的发展指出了方向,在很大程度上将成为未来相当长的一段时期内所要认真研究的内容。而要真正实现法治的有效运转,中国要走的路还很长。虽然可以说法治的春天已经到来,但那仅仅是说,法治的种子在春天埋下,秋天收获的季节还远远没有到来;要想在金秋时节实现硕果累累,实现国家治理的现代化,还需要多方的努力,精心培育,不仅不能让它枯死,不让它变种,更要让它茁壮成长。

三 法治建设与国家治理

"全面依法治国"是中共十八届四中全会的重要决定，但这一说法并不是第一次被提出。依法治国是现代政治学认可的重要标准。与以往相比，十八届四中全会的决定具有明显的特殊性。首先，这是"依法治国"首次作为中央全会的主题。中国作为一个发展中国家，经济发展是首要任务。因此，以往的中央全会主要围绕"以经济建设为中心"来设定改革的目标和任务，这是很自然的事情。但是，在物资短缺和温饱问题不再作为人们首要和唯一关切的时候，国家建设必须步入新的阶段——那就是保住已有的成果，争取更大的进步。什么是"更大的进步"？那就是要解决国家未来发展的制度障碍。近些年来，中共中央关于"依法治国"的法律文件逐渐增多，对于"依法治国"的理解也逐渐深入。这次更是以"依法治国"作为中央全会的主题，这在执政者观念变化过程中具有里程碑意义。

其次，十八届四中全会的主题"依法治国"，是在十八届三中全会提出全面深化改革、推进国家治理现代化的基础上提出的。国家治理的方式有多种，传统社会依靠"人治"，寄托于清官明君的出现。这样的"人治"，在历史上也不乏国家繁荣的先例。但是，这样的繁荣不可持续，经常陷入"人走茶凉"的困境。而且，还容易让国家"跑偏"太远。现代社会依靠"法治"，完善的法律和司法体系不仅可以对所有社会成员的行为产生规范和约束，而且对执政者的行为也会形成规范和约束。党中央在十八届三中全会决定的基础上，在十八届四中全会提出"依法治国"，在逻辑上是一脉相承的，这种逻辑应该说是对现代政治基本原则的尊重和认可。

最后，"依法治国"指明了中国下一步改革的方向。如前面分析所言，国家的发展需要动力系统和制动系统的配合。从当代中国的情况看，相对而言，我们的动力十足，油门经常踩到底，但刹车片薄，制动系统不灵，甚至制动系统也经常扮演动力系统角色而发挥作用。现在，改革开放已经进行了三十多年，目前的改革也面临许多重要抉择。改革方向需要调整，工作重心面临转移，国家运行状态需要改变。在这样的历史拐点下，"依法治国"的提出无疑是指出了下一步改革的方向，使社会的各方面工作找到了重新调整、定位的机会。"依法治国"这一原则的树立,符合现代政治基本原则,也具有世界眼光,更有助于国家治理现代化。

国家治理现代化是十八届三中全会提出的重要方向。关于国家治理现代化的标准,可以这样来看,国家是一个共同体,从国际关系的角度说,现代国家具有固定疆域、行使独立治权、相互平等、共同遵守国际协定的权利。从政治学角度看,现代国家还有第二层含义,它应该是运用现代治理方式进行统治的共同体。现代治理方式指的是不同的利益团体共同治理国家,共同制定法律并得到认可,逐渐使主权与治权分离,主权属于国家的人民,治权属于由人民选举出来的官员。民主选举的贤能政府依法而治,也就是"有限责任制",这与传统的家族统治、世袭政治的方式根本不同。所以,说到底,民主法治是国家建设的方向。

第四节 分权改革:以分权改革激发地方和社会活力

当下的中国国家治理应该继续分权还是适度集权?对这一问题的回答不可一概而论,应根据具体情况而定,即该集权就集权,该分权就分权。那么,什么情况该集权,什么情况该分权?一般的研究思路是,根据事务性质和范围的不同,明确哪些领域的哪些事务需要集中化管理,哪些领域的哪些事务需要分权化处理。然而,在高度集权的单一制国家结构体制下,中国的政治发展以往呈现了"放权—收权"的循环特点。就30多年的政策实践来看,释放地方和社会要素的活力是改革的主流方向。但是,客观地说,这种分权化改革也产生了国家权力"碎片化"的倾向。今天,中国政府正在倡导国家治理现代化,那么,基于国家治理现代化视阈的改革,应该如何处理分权与集权的关系呢?是继续推进分权化改革,还是转而走向集权化路线?

一 分权与分权化改革

分权与集权是一对相对概念。一个有效的组织,既要保持必要的集权以保障组织的统一性和对外行动的一致性，又要有足够的分权以保持组织的适应性和内部行动的自主性。然而，在现实生活中，扩张的需求使得组织集权成为一种自然趋势，这使分权变得弥足珍贵。因此，在集权与分权关系的讨论中，分权化成为一种特别的话题。

按照一般的解释，所谓分权，就是一个组织为发挥低层组织的主动性和创造性而把管理决策权分给下属组织的过程，在这个过程中，最高领导层集中掌控少数关系全局利益和重大问题的决策权。在学术讨论中，分权通常涉及国家内部权力结构中中央与地方的关系，一般与地方分权（或称地方自治）相联系，而地方分权与中央集权相对，指的是国家权力依法由中央政府和地方政府分别行使的制度。

在政治学语境中，分权一般在四种情况下使用：第一种是指政治分权，即不同党派、不同社会力量分享政权，通常表现为政党分权和阶级分权，它的现代制度实现形式主要是议会制度和政党制度；第二种是指政府分权（横向分权或功能性分权），即通常所谓的立法、司法、行政三种权力体系的相对独立和互相制约的政府体制安排；第三种是指地方分权（纵向分权或结构性分权），即通常一国宪法和法律所规定的中央政府和地方政府职权分开的制度安排，体现为地方自治制度，其制度实现形式主要为联邦制和民主单一制；第四种是指行政分权，即上级行政机关或行政首长给予下级机关或负责人充分的自主权以实现独立决策和管理的体制。依据不同组织目标和管理要求，不同的组织可能采取不同的集权—分权模式。有人把这些不同的模式概括为金字塔（或半金字塔）型模式、蜘蛛网型模式和网络型模式。

一般研究认为，从集权向分权转变是人类组织管理演化的趋势。这样的结论只有放在一个长期的、总体的历史观察中才有意义，而且对于某一类组织而言，如在全球化和网络化背景之下的企业组织可能更加适用。单就国家和政府组织而言，这种变化的趋势似乎尚不明显。其实，不管什么组织模式，实现集权和分权的均衡是永恒不变的话题。

众所周知，分权制有诸多优点。例如，可以使下级机构及人员充分发挥自己的智慧和才干，实现管理创新；可以使下级机构及人员因地制宜地贯彻上级指令；可以使下级机构及人员从实际出发，充分发挥本地的长处和优势，并依据不同情况自主处理本地问题。但是，分权制的缺点也不容忽视。例如，下级机构及人员容易自立门户，各行其是，从而导致各方发生矛盾和冲突，影响组织效率；下级机构及人员容易基于本位主义立场而采取不利于整体利益的行为，从而导致部门主义、行业主义、地方主义。这些缺点在不同组织中最为常见，其结果往往影响组织的协调性和一致性。

简单而言，所谓分权化改革，就是一个相对集权的组织向下属机构或部门及组织成员下放权力，以求组织统一性和自主性均衡状态的努力。那么，怎么保持集权与分权的均衡状态呢？换句话说，如何使分权化的努力既满足适应性、灵活性和创新性，而又不至于陷入地方主义、部门主义、行业主义的泥潭呢？由于企业组织、社会组织、政治组织和国家政权组织属于不同类型，其组织性质和机制存在显著差异，因此，上述问题的答案只能在分类考察的基础上得到阐释。本书以中国政府分权化改革为考察对象，试图根据中国政府的经验来探讨如何实现分权效益最大化的问题。

二 中国的分权化改革

以国家为组织单位，如何让分权化改革获得最大效益？这是中国语境下的问题意识。事实上，分权化改革的空间和意义对于中国来说要比其他国家大得多。

众所周知，中国共产党1949年建立政权之后，形成了高度集权的国家管理体制。这种通常被人称为党国体制（party-state system）的高度集权管理体制，具有三个方面的集权特征：其一是政党集权，组织结构呈现金字塔型，政党组织高度掌控国家权力（立法、司法、行政、军队）；其二是中央集权，虽然31个省、自治区、直辖市属于地方政府（之下又设市县乡三级政府），但地方权力体系只是作为中央权力体系的复制和延伸，中央政府在人事、财政、物资等方面具有绝对支配权，甚至在关系地方事务的处理上也具有决策权；其三是国家集权，在国家与社会的关系方面，权力机关和公共部门以国家名义集中掌控政治、经济、文化、社会各领域的主要事务，而教育、住房、医疗卫生、社会保障等民生事项，则主要由公营部门和公权部门所主导，民营企业、民间组织等社会力量仅仅作为"补充"。

中央政权集中计划是与这种高度集权的管理体制相匹配的主要方法。在计划体制下，由国家计划委员会起草制定国家发展"五年规划"，各地各级政府根据"五年规划"逐级分配任务指标，重大事项由中央政府计划单列，这是中央政权实现内部管理的基本方法。在这个过程中，由于领导人个人偏好和个人意志的问题，由于信息统计和计算的问题，由于执行能力的问题，由于外部环境变化的问题，以及由于不可预测的突发性自然事件和人为灾祸等等，统一的计划管理不仅漏洞百出，导致资源浪费和整体效益低下，而且极大地限制了地方和社会的积极性、自主性，使得整个国家缺乏生产活力。

《三国演义》中有一句名言：天下大势，分久必合，合久必分。这句话也反映了管理学中一个基本道理：当集权化弊端凸显的时候，就会开始分权化的过程；而分权化导致麻烦显著的时候，又会出现集权化的呼声。1978年改革开放政策实际上开启了中国分权化改革的进程。

改革开放30多年是中国转型变革最为明显的时期。有研究认为，中国发展的成就主要应归功于分权化改革——"以经济建设为中心"的分权化改革释放了地方政府和民间力量的活力，激发了地方政权和民间资本的积极性。中国国家治理结构是一个按地域原则组建的多层次、多地区的结构，在既有结构中实行分权化改革是30多年来改革的主题之一。改革的过程开始于20世纪70年代末期，大体经历了四个路径和标志性过程。

第一，通过推行农村联产承包责任制解放农村生产力。中共建政以后，试图结束传统中国农民自然经济的生产方式，希望把农民组织起来，于是采取了"人民公社"的组织形式，建立了农村居民集体生产、统一分配的集中管理模式。这种模式不仅没有极大地调动农业生产者的积极性，反而因为平均主义"大锅饭"农业生产能力降到温饱水平之下，农民长期成为中国的贫困阶层。1978年中共十一届三中全会以后，为了改变人民公社制度下存在的平均主义和农民缺少经营自主权的状况，农村普遍实行家庭联产承包责任制。1982年制定的新宪法规定，农村建立乡政府和群众性自治组织——村民委员会。至此，以政社合一和集体统一经营为特征的人民公社解体，到1984年底，全国农村完成了由"社"到"乡"的转变。家庭联产承包责任制解放了中国8亿农民，使他们可以凭借自己的劳动实现发家致富的梦想。

第二,从1978年开始,中国政府不得不通过财政体制改革调整中央和地方关系。1980年开始了财政分权改革,实行了被称为"分灶吃饭"的财政收入分成体制。1980年以前,中国财政实行的是"社会主义大锅饭"的制度,中央财政统收统支,建设预算由国家计委统一制定,然后下达各省执行,相应资金由中央财政部下达。这种体制给地方机动的财力极小,税收原则上要100%上缴国库,因此,地方政府没有积极性,只等中央政府下拨计划。为了调动地方政府的积极性,中国政府采用中央与地方签订财政上的"承包"协议的办法,形成了以划分收支为基础的分级包干和自求平衡的财政关系。"分灶吃饭"制度极大地激发了地方政府的经济动力,但使中央财政能力受到了削弱。"分灶吃饭"是一种财政承包制,在这种制度下,地方政府为了过好自己的日子,势必"两手抓",一手抓税高利大的地方企业,一手抓市场封锁,结果导致了地区分割、重复建设,地方主义加剧。同时,地方政府还要想尽办法多占中央的"便宜"和好处,一方面"跑部钱进",一方面大搞"财政资金体外循环",各种方法都极有创意。相反,中央财政却捉襟见肘、被动应付。有研究认为,到1993年,中央财政收入占全国财政收入的比重只有22%左右,与发达国家50%~70%的比例相差甚远。中央财政手中拮据,想利用财政政策调节宏观经济往往力不从心,只得伸手向地方求援,让地方多做贡献;而一些财政能力较强的地方政府倚仗财力雄厚,通常与中央政府讨价还价。为了纠正偏差,确保中央财政能力,1994年开始对"分灶吃饭"进行升级改革,形成了目前实行的中央/地方分税体制。分税制的核心是分税、分征、分管,同时建立转移支付制度。分税就是"切蛋糕",即将"蛋糕"一切为三,一块为中央所有,一块为地方所得,还有一块为双方共享,这样就把税种划分为中央税、地方税、中央地方共享税。关税、消费税等为中央税,与经济发展直接相关的增值税、企业所得税、资源税、证券交易税等为共享税,其他为地方税。1994年以前的财政收入,中央占三成,地方拿七成;而1994年以后,中央财政收入可以得到50%以上。这种分税制保障了中央政府财力的急剧增长,但导致了"国强民不富"的新问题,而解决这个新问题又成为新一届政府财税改革的任务。

第三,通过建立经济特区试验制度探索政策创新突破口。1980年,中国建立了四个经济特区——深圳、珠海、汕头、厦门,它们不仅获得了税收方面的优惠,更重要的是享受了一个有利的制度与政策环境,以及更多的经济发展自主权,包括引进项目审批权、外汇管理、银行信贷、劳动用工以及人员出入境等方面的优惠政策。现在,经济特区政策已经从局部试验阶段走向普遍推进阶段。

第四,通过企业改革激活经济主体的自主活力。在市场化改革过程中,中国政府鼓励私人经济和民营企业的发展,释放社会的产能,同时设法激活国企活力。从1978年底开始,中国政府推行企业改革,这个改革可以分为两个阶段:第一个阶段是从1978年到1992年,主要是放权让利,扩大企业自主经营权;第二个阶段是1993年之后,明确以建立现代企业制度为方向,在保持自来水、电力、公交、烟草、石油、天然气、电信、铁路运输、银行等国有主导的同时,探索企业的市场化改造,加强对国有资产的监管。

2013年,中共十八届三中全会通过《中共中央关于全面深化改革若干重大问题的决定》,设定全面深化改革的总目标为"完善和发展中国特色社会主义制度,推进国家治理体系和治理能力现代化",并提出具体时间表,"到2020年,在重要领域和关键环节改革上取得决定性成果","形成系统完备、科学规范、运行有效的制度体系,使各方面制度更加成熟更加定型",希望通过15个领域的60项具体改革,逐步实现国家治理体系和国家治理能力的现代化。许多观察者认为,此次会议通过的深化改革决定实则是新一届政府的施政纲领,它对中国未来具有里程碑意义。

虽然不能把新一届政府的"全面深化改革"定义为分权化改革(事实上,"全面深化改革"更加强调统一的国家治理能力,更加强调中央政府对改革方案的"顶层设计",更加强调中央集中管理),但是,改革设计也贯彻了该分权就分权的原则。例如,十八届三中全会决定提出,要建设统一开放、竞争有序的市场体系,使市场在资源配置中起决定性作用。在涉及分权化改革方面,全会提出:(1)实行财税体制改革,进一步理顺中央和地方财权和事权责任;(2)转变政府职能,削减或下放行政审批事项,给企业和社会更大的自由;(3)改进社会治理方式,激发社会组织活力。这些改革内容表明,中国的分权化改革即将转入新的阶段。

三 分权改革与治理变革

对于一个高度集权的组织和管理体系来说,分权化无疑是改革的方向。但是,分权化具有不同的方向和不同的程度,它们决定着分权化改革的绩效。30多年的中国改革经验显示,分权化改革沿着三个不同的方向展开,并且与治理变革的努力相结合。

第一,政府向市场和社会分权。中国经济市场化改革的过程,实际上就是政府在向市场分权,这个过程促成了中国经济的发展。有学者曾经指出,非国有经济的快速发展是中国经济改革成功的原因,而非国有经济的发展正是政府向市场和社会分权的结果。直至今天,中国政府向市场和社会分权的过程远未完成,国有垄断部门及行政审批的大量存在表明中国的分权化改革还有巨大空间。在李克强总理主持下,国务院正在大量削减行政审批,据官方信息,他主政一年多来已取消和下放行政审批事项7批共632项。

政府向社会分权是中国分权化改革的内容之一,其目的是构建政府与社会的新型关系,培育社会自治能力,实现政府"减负",最终改造"全能政府"。实现这些目标至少涉及三方面的努力:一是培植新的社会组织,二是改革现存社会组织,三是实现社会对公共事务的参与。

第二,政府内部的分权。随着市场化改革的推进,中国政府内部也进行了分权化改革。以财政金融系统为例,1978年1月,中国人民银行与财政部正式分开办公,中国人民银行总行的内设机构恢复到14个司局;1978年底,中国人民银行的统一体制全面恢复。后来,各种专业银行建立,保险公司又从中国人民银行分立;再后来,证监会、银监会管理机构从中国人民银行分离出来。中国政府内部的分权涉及产权、财税、金融、企业、社会保障、市场管制等环节,主要目的是在专业分工的基础上,实现政府功能的配套。中国政府的上述努力被称为市场经济的基础设施建设,其内容主要有以分税制为基础的财税联邦制的机构分设;金融系统中政策性开发银行、商业银行和非银行金融机构分立,以及金融业务机构与金融监管机构的分离;在政企关系方面,实现企业与主管部门脱钩。

第三,中央向地方分权。如前文所述,中国政府分权化改革的重要内容是中央向地方分权，激发地方积极性，其中最为重要的是实现中央和地方财政分权，建立中央和地方的分税制度。这种分税制度也被称为财政联邦制。在财政联邦制下，中央政府不仅把许多经济管理权力下放给地方，让地方有了一定的自主决策权，而且也把许多财政权力下放给地方，使中央和地方分享财政收入。地方财政收入越高，地方预留的收入就越多。这种激励使地方政府官员有强烈的热情和意愿去推动地方经济增长。

中央向地方分权除了实现财税联邦制外，还表现在中央将部分行政审批权下放给地方。此外，为了激发县级政府的自主性和活力，中国政府还试行省直管县制度。自2002年起，浙江、广东、河南、辽宁、湖北等省已经出现了在财政上省直管县的试点，这可以被看作是省直管县的先行试点。

总体来看，分权化改革为中国经济创造了巨大的利益，其积极贡献表现为：（1）作为中国改革战略的一部分，有助于克服来自中央政府部门对改革的抵制；（2）允许地方进行创新试点，避免出现大风险和大错误；（3）有助于推行"增量改革"，保证改革政策的连续性。但也必须看到，分权化也带来许多不容忽视的问题，其中最大的问题就是地方保护和市场分割。

分权化改革的目的是给下级组织和成员更大的自主性、独立性，以促进组织整体效益的改善。但是，分权化改革的前提条件是不损害组织的统一性。就一个国家而言，实现统一化、均等化仍是首要任务，一国之内统一交通、统一货币、统一市场、统一司法、统一规则、统一管理标准、统一公民身份和权益，实现公共服务均等化和资本要素的自由流动，是国家建设和国家治理的理想目标。以此标准来判定，分权化改革的正当界限在于，它应该有助于这些目标的达成，至少不应该阻碍或损害这些目标的实现。

中国分权化的改革极大地激活了地方、社会、企业乃至个人的活力，这是不争的事实。但是，由于这种分权主要以行政地域或行业部门为单位，因而导致了地方主义、部门主义和市场分割。许多研究指出，中国地方保护主义的产生与行政分权有着直接的关系，中国正反两方面的经验也显示，分权化改革必须与促进统一性和均等化的制度变革同步进行。

讨论如何让分权化改革效益最大化的问题，有学者认为，过度分权刺激了地方保护主义的产生①；也有学者认为，地方市场分割是经济转轨过程中的特有现象，而行政性分权是导致这一现象的深层体制原因②；还有学者认为，造成地方保护和市场分割的原因很大程度上是优先发展重工业的赶超战略在分权式改革下的逻辑延伸③。

需要探究分权化的合理边界。如前文所概括，分权存在四种不同类型：政治分权、政府分权（横向分权或功能性分权）、地方分权（纵向分权或结构性分权）和行政分权。改革开放以来，中国政府不断调整政府与市场、政府与社会、政府与企业、政府与政府之间的关系，对高度集权化的管理体制进行了分权化改造。总体上看，这种改造减少或放松了政府的管制，释放了地方、企业、社会、个人的活力，促进了中国的经济发展。就改造"全能型政府"、给民间更大自由和自治空间这一目标来说，中国的分权化改革之路还很长，其任务远未完成，因此还需要继续朝此方向推进。

但是，今天的中国也必须面对地方主义、部门主义、行业主义、寡头主义、特权主义行为通过垄断、滥权、腐败等方式切割、瓜分、宰制国家利益和国家权力的问题。这些问题的存在，表明中国国家基本建设的任务还尚未完成，而这一任务的首要内容就是国家的统一性和公共服务的均等化。

由此可见，分权化的目标其实不是重新切分"权力蛋糕"，而是实现治理变革。中国的改革实践表明，分权化改革要让企业、社会和公民最大化受益；分权化改革必须与促进统一性和均等化的制度变革同步进行。如果说这两条经验可以称为分权效益最大化的原则，那么，它们实际上再现了政治学的古老命题——自由与权威的关系。国家发展活力不足的问题需要解决，部门本位、地方保护、寡头分割的问题也需要解决。中国在保持中央集权体制不变的情况下，协调自由与权威、集权与分权的关系不得不"打时间差"——先"统"后"放"，"放"了再"统"，"统"了再

---

① 参见陆铭、陈钊《中国区域经济发展中的市场整合与工业集聚》，上海人民出版社，2005。
② 参见陈东琪、银温泉《打破地方市场分割》，中国计划出版社，2002。
③ 参见林毅夫、刘培林《地方保护和市场分割：从发展战略的角度考察》，北京大学中国经济研究中心工作论文，No. C2004015，2004年10月。

"放",总是走不出"一统就死,一放就乱"的怪圈。今天,新一届党中央推出了"国家治理现代化"的概念,不管这个概念被怎么解释和定义,给社会以更多自由和自治(该放就放),让国家在交通、市场、规则、信息、权益、标准等方面实现统一和均等(该统就统)——应当是国家构建不可或缺的内容。

第六章 政党建设：打造现代国家治理的领导力量

党政军民学，东西南北中，党是领导一切的。中国共产党的领导是中国特色社会主义最本质的特征，是中国特色社会主义制度的最大优势。在十九大报告中，习近平总书记再次重申"坚持党对一切工作的领导"，并将它置于新时代坚持和发展中国特色社会主义基本方略的第一条。

中国共产党在现代国家治理体系制度化的过程中起到重要作用。赵宇峰和林尚立认为由于中国形成了党的领导制度与国家制度共存的政治体系，所以中国的国家治理体系必须是党的领导、依法治国和人民当家作主三者的有机统一。[①] 有学者认为党的建设决定着国家治理体系和治理能力发展。[②] 现代化是一个漫长的过程，执政党在这个过程中始终受到现代化的挑战，并面临着三个现代化命题：如何应对政治参与的扩大、如何处理政治竞争和公共利益的关系、如何平衡国家财政汲取和公共物品提供之间的张力。[③] 一个国家

---

① 赵宇峰、林尚立：《国家制度与国家治理：中国的逻辑》，《中国行政管理》2015年第5期。
② 郑长忠：《国家治理体系和治理能力现代化与党的建设制度发展》，《江西社会科学》2015年第4期。
③ 孔飞力从清朝政治参与的扩展与国家权力加强之间的矛盾，政治竞争的展开与公共利益的维护之间的矛盾，国家的财政汲取能力与地方社会财政需求之间的矛盾来论述现代国家现代化进程中的张力。参见〔美〕孔飞力《中国现代国家的起源》，陈兼、陆之宏译，三联书店，2013。另见陈兼、陈之宏《孔飞力与〈中国现代国家的起源〉》，《开放时代》2012年第7期。

的现代化需要这个国家的领导者具有现代化的理念。民主和有效是现代化的两个重要维度。评价一个国家的政治制度是不是民主的、有效的，主要看国家领导层能否依法有序更替，全体人民能否依法管理国家事务和社会事务、管理经济和文化事业，人民群众能否畅通表达利益要求，社会各方面能否有效参与国家政治生活，国家决策能否实现科学化、民主化，各方面人才能否通过公平竞争进入国家领导和管理体系，执政党能否依照宪法法律规定实现对国家事务的领导，权力运用能否得到有效制约和监督。习近平总书记在庆祝全国人民代表大会成立60周年大会上的讲话中提到了上述八个标准。在现代化的过程中，执政党如何做到这八个标准，需要不断完善和改革其治国理政的方式，同时也要巩固从革命时期延续下的优良传统。调适和巩固构成了执政党领导体制在现代化进程中的两个相辅相成的维度。

党和国家机构改革是政党建设的最新成果。中共十九届三中全会审议通过了《中共中央关于深化党和国家机构改革的决定》和《深化党和国家机构改革方案》，进一步发挥党的领导这个制度优势。党的领导的实施，离不开党和国家机构坚决有效的执行力。这次机构改革通过建立健全党对重大工作的领导体制机制、强化党的组织在同级组织中的领导地位、统筹设置党政机构、推进党的纪律检查体制和国家监察体制改革等方式，进一步巩固党的领导。

第一节　政党调控的概念和模型

政党调控（Regulate and Control）即执政党通过掌控和运用国家机器，综合运用经济、政治、法律、行政等手段，根据组织环境变化而调节、管理国家和社会事务的行为。① 也有学者将政党调控称为"组织化调控"，即"通过党的组织网络和政府的组织体系，并在组织建设和组织网络渗透的过程中不断建立和完善执政党主导的权力组织网络，使社会本身趋向高度的组织化，最终主要通过组织来实现国家治理目的的一种社会调控形

---

① 这个概念在一定程度上借鉴周淑真对于政党执政能力的定义，参见周淑真《政党政治学》，人民出版社，2011，第215页。

式"①。政党调控是政党调整其执政行为以加强执政能力的一种方式。政党调控和政党的功能有很大的关联。政党的功能包括利益的表达和综合、精英录用与输送、执掌政权、政治动员与政治社会化、政治沟通等。② 政党调控探讨执政党在这些功能上如何进行调整，以更好地提高执政能力。政党的调节和控制是互相辩证的关系。只有拥有控制能力的执政者才有足够的政治权威和资源进行调节，而有效的调节反过来又会增加政党的影响力和控制力。

政党的调控能力会受到社会转型的挑战。社会转型带来的一系列问题是所有国家在现代化进程中面临的挑战。波兰尼在20世纪的名著《大转型》一书中就分析了英国工业革命给经济、社会带来的严重后果。如何在社会转型中维持甚至提高政党的调控能力，政党研究学者提出了政党转型概念。现代政治学意义上的政党是资本主义社会发展到特定历史阶段的产物。西方政党在18世纪后期属于精英党，它是新生的资产阶级与封建贵族斗争和妥协的特定社会生态下的产物。因此政党是代表少数人的利益还是公共利益是对于政党最初的争论。③ 19世纪末20世纪初，随着选举权的扩大，政党为了寻求选票逐渐变为大众党。此时政党和民主的关系是早期政党研究的重要命题。④ 随着现代政党的产生和政党政治的发展，以及二战以后殖民地人民的觉醒和民族解放、独立运动的兴起，在亚、非、拉地区相继诞生了一系列新的独立的民族国家。研究政党兴衰成败的历史经验和教训，研究不同类别政党的执政方式，研究不同国家的政党体制成为政党理论关注的重要问题。⑤ 20世纪中叶，西方政党从大众党向兼容党转变，后者切断了与大众选民的联系。发展中国家也面临着各种现代化进程中的挑战。为了应对社会转型带来的挑战，亨廷顿强调政党在现代化发展中扮演的重要角色，并认为"组织和程序的适应性越强，其制度化程度就越

---

① 唐皇凤：《组织化调控：社会转型的中国经验》，《江汉论坛》2012年第1期。
② 王长江：《政党政治原理》，中央党校出版社，2009，第55~57页；何增科：《政党的转型和现代化》，《当代世界与社会主义》2003年第2期。
③ 〔意〕G. 萨托利：《政党与政党体制》，王明进译，商务印书馆，2006。
④ M. Ostrogorski, *Democracy and the Organization of Political Parties*, New York: Macmillan, 1902. 〔德〕罗伯特·米歇尔斯：《寡头统治铁律——现代民主制度中的政党社会学》，任军锋等译，天津人民出版社。
⑤ 于鸿君：《党、政党、政党政治、政党政治研究及其他》，载《当代世界政党情势（2012）》，党建读物出版社，2013，第3~18页。

高;反之,适应性越差,越刻板,其制度化程度就越低"①。从20世纪80年代开始,西方政党从兼容党转为卡特尔党,政党不再依靠党员的财政支持和人力支持,反而依赖国家补贴进行政治活动。西方学界开始关注政党组织演化、政党衰落以及政党转型研究,学者提出了"适应性"(adaptation)来研究政党如何应对外部环境的变化。② 西方政党的适应性研究大多关注政党如何为维持选举席位而在策略和结构上的相应变化。③

20世纪50年代到70年代,由于冷战的原因,西方学界对于社会主义国家的研究主要侧重于共产国家的体制研究。闫健在梳理海外学者论中国共产党时,将他们的研究分为三个阶段。第一阶段是从1952年到1965年,从极权主义的视角分析中国共产党,认为中国共产党拥有绝对的控制能力。第二阶段是从1966年到1978年,海外学者通过"文革"发现党的内部存在着政治分歧和冲突,因此绝对控制被"稀释"了。第三阶段是改革开放以后,随着中国社会自主性的增强,中国共产党的控制遭遇抵制。④ 20世纪80年代和90年代后,西方政治科学的主流范式变成"国家—社会"分析框架,其中国政治研究重点从中国共产党转为公民社会、基层选举等。进入21世纪后,西方学界转而关注中国共产党及其转型在中国政治发展中扮演的角色。2002年,丹麦哥本哈根商学院举行题为"把政党带回来:中国是如何

---

① 〔美〕塞缪尔·亨廷顿:《变化社会中的政治秩序》,王冠华译,三联书店,1996,第11~12页。
② Peter Mair, *Party System Change: Approach and Interpretations*, Oxford: ClarendonPress, 1997, pp.11-12. 陈崎:《衰落还是转型:当代西方政党的发展变化研究》,中国传媒大学出版社,2010;王勇兵:《西方政党变革与转型理论初探》,《经济社会体制比较》2004年第6期;周建勇:《当代西方政党转型理论探析》,载《复旦政治学评论》(第七辑),上海人民出版社,2009,第176~191页。
③ Richard S. Katz and Peter Mair (eds.), *How Parties Organize: Change and Adaptation in Party Organizations in Western Democracies*, London; Thousand Oaks, Calif.: Sage Publications, 1994. Steven Levitsky, "Organization and Labor-Based Party Adaptation: The Transformation of Argentine Peronism in Comparative Perspective," *World Politics*, 2001 (1): 29. Katrina Burgess & Steven Levitsky, "Explaining Populist Party Adaptation in Latin America Environmental and Organizational Determinants of Party Change in Argentina, Mexico, Peru, and Venezuela," *Comparative Political Studies*, 2003 (36): 881.
④ 参见闫健《中国共产党转型与中国的变迁——海外学者视角评述》,中央编译出版社,2013,第73页。

治理的?"国际研讨会,明确提出了把中国共产党带回到中国政治研究中。① 西方学界开始逐渐研究中国共产党的韧性。"韧性"(resilience)一词则来自黎安友的一篇论文。黎安友的"韧性"更加侧重于中国共产党的制度化层面,包括在领导人交接上的制度化、在提拔干部上面更倾向于根据政绩而非派系关系、专业化的倾向和政治参与的制度化四个方面。② 韩博天和裴宜理在同一篇文章中也提出了"政治韧性"(Political Resilience)的概念,指政治系统吸纳震荡、维持原有关键功能、结构、回馈和认同的能力。③ 调适和韧性是辩证统一的概念。中国共产党的调适是有限度的,其根本目的是为了增强其体制韧性。

在研究中国共产党的政党转型中,学界开始使用中国共产党的"调适"(adaption)来研究中国共产党的组织变化。这些研究的主要目的是探讨中国共产党如何通过组织的意识形态、结构等变化来适应社会转型。改革开放后,社会利益和思想日趋多元化,中国共产党在政治、经济和社会领域的控制有所弱化,中国共产党呈现出控制力"收缩"(atrophy)的状态。④ 已有的研究主要考察中国共产党在这种"收缩"下如何积极"调适",以应对这种变化。这种理论的预设类似于"冲击—回应",中国共产党在该种分析框架下是一种被动的角色。这类研究有两对核心概念:调适和韧性。沈大伟通过对改革开放之后中国共产党的意识形态和组织维度的变化,来描述中国共产党进行了何种调适。⑤ 但是他在书中也没有明确论证这种调适在多大程度上能够应对中国共产党的"收缩"。谢岳将政党的适应能力定义为"当社会发生变化的时候,政党应当随着社会的变化而及时地进行调整,而不是相反"。其认为衡量政党适应能力的一个重要标志

---

① 参见 Kjeld Erik BrΦdsgaard and Zheng Yongnian (eds.), *Bringing the Party back in: How China is Governed*, Singapore: Eastern Universities Press, 2004。
② Andrew J. Nathan, "Authoritarian Resilience," *Journal of Democracy*, Vol. 14, No. 1, (Jan. 2003), pp. 6-17.
③ Sebastian Heilmann and Elizabeth J. Perry, Embracing Uncertainty: Guerrilla Policy Style and Adaptive Governance in China, in Heilmann & Perry (eds.) *Mao's Invisible Hand: The Political Foundations of Adaptive Governance in China*, Cambridge, Mass: Harvard University Press, Zov, p. 8.
④ Andrew G. Walder, "The Decline of Communist Power: Elements of a Theory of Institutional Change," *Theory and Society*, Vol. 23, No. 2, (Apr., 1994), pp. 297-323.
⑤ 〔美〕沈大伟:《中国共产党:收缩与调试》,吕增奎、王新颖译,中央编译出版社,2011。

是意识形态的适应能力。① 韩博天和裴宜理在 2011 年的一篇文章中对"调适能力"（adaptability）做了定义，指的是组织通过有意或者无意的行为和互动进一步提高韧性的能力。② 布卢斯·迪克森（Bruce Dickson）认为适应性是执政党对社会不同领域的需求和利益的反应性，是一个从集权到民主的转变过程。迪克森将执政党的调适分为有效型调适和回应型调适。有效型调适源于执政党目标的转变或调整。领导人换届之后，新的领导人会根据其政策偏好出台新政策，执政党推行组织改革以顺应意识形态、政策与组织的匹配，最终促使执政效率提高。回应型调适是执政党应对国内外环境压力，根据社会的需求改变自身去回应组织环境，而非出于自身的偏好。③ 这两种调适类型见图 6-1。其中有效型调适会受到来自官僚系统的阻力，国外敌对局势的变化也可能使其夭折。回应型调适则受到党内强硬派精英的阻力，同样地，国外敌对局势的变化也可能使其中断。

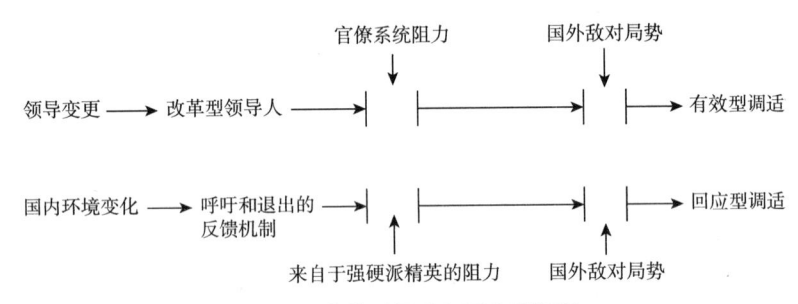

图 6-1　有效型调适和回应型调适

资料来源：Bruce J. Dickson, *Democratization in China and Taiwan: The Adaptability of Leninist Parties*, Oxford University Press, 1997, p. 32。

已有的调适研究主要侧重于中国共产党的组织内部研究，包括中国共产党面对组织环境的变化压力，如何在组织意识形态、合法性、制度建

---

① 谢岳、丁东锋：《试论中国共产党的现代政治转型》，《上海交通大学学报》（哲学社会科学版）2006 年第 1 期，第 20 页。
② Sebastian Heilmann and Elizabeth J. Perry, "Embracing Uncertainty: Guerrilla Policy Style and Adaptive Governance in China," in Heilmann & Perry (eds.), *Mao's Invisible Hand: The Political Foundations of Adaptive Governance in China*, Cambridge, Mass: Harvard University Press, 2011, p. 8.
③ Bruce J. Dickson, *Democratization in China and Taiwan: The Adaptability of Leninist Parties*, Oxford University Press, 1997.

第六章 政党建设：打造现代国家治理的领导力量

设、组织建设等方面做出相应转变，① 而对于中国共产党如何与国家、社会互动，如何在变化的环境中转变执政方式、如何构建领导能力的研究并不是着墨太多。只有少数适应性研究涉及政党调控。谭融认为执政党在适应性变革中，应该形成新型的沟通网络。包括执政党和参政党之间的政党系统沟通网络，以及畅通社会沟通交流渠道的社会系统沟通网络。② 景跃进通过"转型"、"吸纳"和"渗透"三种组织技术来探讨中国共产党有针对性的回应。吸纳企业家阶层入党属于政党组织的调适，而通过发展基层民主（转型）和在非公有制企业和新社会组织中建党（渗透）则已经涉及政党和社会的关系。③ 周建勇在分析中国共产党转型时，除了考察其在组织规模与构成、意识形态上的变化，还研究了中国共产党在基层组织建设上的新变化。④ 已有的调适研究更侧重于中国共产党是一个被动的角色去回应变化，而政党调控则是政党扮演一个更加积极主动的角色和国家、社会互动，并对制度变迁和政治参与诉求进行有选择性的控制。这需要我们从政党调控来补充关于中国共产党的政党调适研究。

政党调控研究应该融入政党调适中，并构建一个完整的分析系统。美国学者阿波利顿（A. M. Appleton）和瓦德（D. S. Ward）采用统一的分析框架将两者结合起来。他们认为政党行为的变化主要由环境变迁引起，而组织内部的干预只是起到过渡作用。这种外部环境的挑战主要是三种刺激因素。第一种是绩效刺激，结果与预期差得较远。第二种是定期刺激，如政党承受的常规性压力。第三种是偶然刺激，比如领导人的意外死亡等等。在外部环境的刺激和组织变化之间还有干预因素，包括派系状况、制度化程度、碎片化程度。他们认为绩效刺激越强，组织变

---

① 吕增奎主编《执政的转型：海外学者论中国共产党的建设》，中央编译出版社，2011；叶麒麟：《政党国家转型的内在逻辑——改革开放以来中国共产党的适应性研究》，《中共天津市委党校学报》2010 年第 3 期；杨云珍：《政党适应性：理论回溯与中国共产党的实践》，《中国社会科学报》2011 年 7 月 21 日，第 7 版；吴晓林、姜永熹：《政党转型与"嵌入式"政治整合政策的调整——对〈中国共产党章程〉修改修订的历史考察》，《中共天津市委党校学报》2013 年第 6 期。

② 谭融：《现时期中国政党制度的适应性变革》，《天津大学学报》（社会科学版）2010 年第 3 期。

③ 景跃进：《转型、吸纳和渗透——挑战环境下执政党组织技术的嬗变及其问题》，《中国非营利评论》2011 年第 1 期。

④ 周建勇：《中国共产党转型研究：政党-社会关系视角》，《上海行政学院学报》2011 年第 4 期。

化越大。党内派系和制度化力量会削弱组织变化，碎片化程度则增强组织变化。① 详见图6-2。

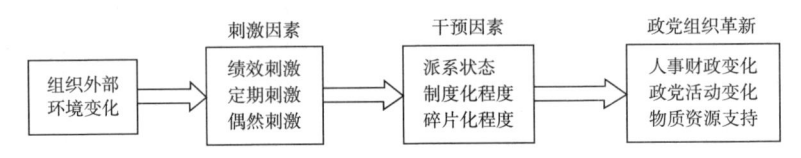

```
组织外部      刺激因素        干预因素         政党组织革新
环境变化  →  绩效刺激   →   派系状态    →   人事财政变化
            定期刺激       制度化程度       政党活动变化
            偶然刺激       碎片化程度       物质资源支持
```

图6-2　阿波利顿和瓦德关于政党调适的模型
资料来源：A. M. Appleton & D. S. Ward, "Party Respose to Environmental Change: A Model of Organizational Innovation," *Party Politics*, 1997, p. 347。

根据上述模型，一方面，组织环境变化引发组织变化，组织变化又会影响组织行为变化。社会转型和政府转型使政党的外部环境发生变化，因此政党也要随之转型。为了提升政党的执政能力和合法性，政党组织不断扩大组织开放度、开展党内民主。中国共产党根据政党组织的变化，不断调整政党与国家、政党与社会的关系。另一方面，在组织不发生太大变动的情况下，执政党也会通过领导方式和执政方式而主动改善其政党行为，以适应新的组织环境，达到维持组织韧性和体制韧性的目的。政党活动是政党调控的载体。所谓政党活动即政党为实现自己的目的而采取的手段、方法、形式的总称，是党为调动、利用党内外各种资源服务于自己奋斗目标的有组织的集体行为模式。②

第二节　政党调控与中国共产党的领导体制

政党调控可以从权力角度来研究政党对于国家、社会的控制能力和执政方式。西方学者对于中国共产党的研究更侧重于列宁主义政党对于国家和社会的控制。在极权主义的理论中，西方学者假定中国共产党是一个组织严密、权力集中的"机器"，而党的高层领导人则是这架机器

---

① A. M. Appleton & D. S. Ward, "Party Respose to Environmental Change: A Model of Organizational Innovation," *Party Politics*, 1997, p. 347.
② 高新民：《中国共产党活动方式研究》，浙江人民出版社，2006，第10页；关于政党活动的研究另见程熙《组织制度化：中国共产党的政党活动和中国政治发展初探》，载《当代中国政治研究报告》（第12辑），社会科学文献出版社，2014。

的操控者。该理论范式受到同时期的苏联研究的很大影响,对西方学者研究当代中国仍有很深的影响。中国学者则使用中国共产党的执政能力、执政方式等概念来探讨政党调控。有些学者从历史角度来论述中国共产党执政方式的转变。李君如通过研究中国共产党在新中国成立前的局部执政、新中国成立后的全面执政之初的实践、社会主义条件下的执政,来区分不同时期中国共产党不同的执政逻辑。① 也有学者从组织环境和目标的变化来考察中国共产党的执政方式变化。② 大多数学者从革命党向执政党转变来研究中国共产党执政逻辑的变化。石泰峰、张恒山特别强调依法行政是中国共产党适应法治国家建设而在党的领导方式和执政方式上的新发展。③ 胡伟在讨论科学执政、民主执政、依法执政的内涵的基础上,提出中国共产党要从"整合型政党"向"代表型政党"转变。④ 王长江指出苏共模式、孙中山建党思想和中国传统政治文化是影响中国共产党执政方式的三大要素。王长江指出,随着改革开放,中国共产党应该从党的执政合法性、党的功能、党的活动方式、党与国家权力的关系、党与社会的关系等五个方面进行变革。⑤

政党、国家和社会之间有若干种组合关系。王贵秀在考察中国共产党党政关系时,总结出四种党、国家、社会的模式(见图 6-3)。第一种是党在国之上,表现为党政不分、以党代政、以党治国。第二种是党在国家中,表现为党融于政和党进入国执政。第三种是党在国家和社会之间,扮演着国家和社会的桥梁关系。第四种是党在社会中,党政分开。从历史的维度来看,新中国成立之后,中国共产党全面掌握国家政权。社会主义改造结束后,中国共产党对于国家和社会具有很强的控制能力。但是"文化大革命"的爆发,国家机器失灵,政党对于社会也一度失控。改革开放后,政党不断调整与国家和社会的关系。笔者认为,现代国家和社会之间的关系逐渐转向契约关系,政府通过依法行政为纳税人提供公共服务。中国共产党既和国家有交集,也和社会有交集;执政党

---

① 李君如:《要重视中国共产党执政史的研究》,《中共党史研究》2003 年第 4 期。
② 杨绍华:《中国共产党执政方式的历史考察》,《中共党史研究》2005 年第 6 期。
③ 石泰峰、张恒山:《论中国共产党依法执政》,《中国社会科学》2003 年第 1 期。
④ 胡伟:《中国共产党执政方式的转变:逻辑与选择》,《浙江社会科学》2005 年第 2 期。
⑤ 王长江:《中国共产党:从革命党向执政党的转变》,《中国治理评论》2012 年第 1 期。

在国家中执政，也在社会中领导。执政党通过政党调控来缓和国家和社会之间的张力。

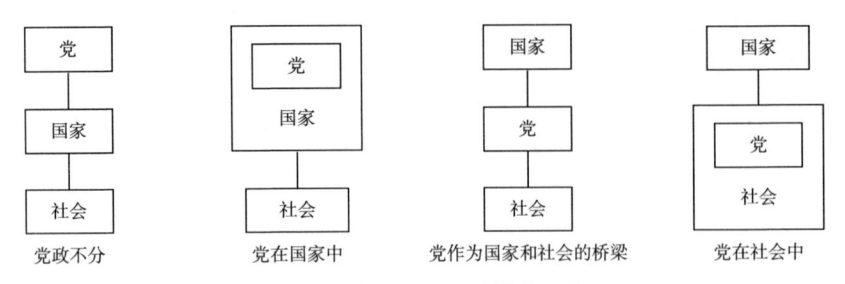

```
党         党              国家         国家
│          │                │           │
国家       国家              党          党
│          │                │           │
社会       社会              社会        社会

党政不分  党在国家中   党作为国家和社会的桥梁   党在社会中
```

图 6-3　党政关系四种模式示意

资料来源：王贵秀《理顺党政关系、实现依法执政——对建设宪政、完善人大制度的政治哲学思考》，《人大研究》2005 年第 4 期。

政党对于国家的调控主要关注中国共产党如何执政。中国共产党的执政是中国共产党以国家代表的名义行使国家权力、贯彻党的治国主张、处理全国的政治经济和社会事务、谋求和实现全国人民的利益的活动。国内学界关于中国共产党的执政研究侧重于执政党和国家建设的关系。林尚立认为研究中国的国家成长，必须要重视政党的地位和作用。中国共产党和国家建设之间的联系，决定了中国现代化发展的轨迹和国家成长的逻辑。① 曹海军从国家自主性与国家能力这两个理论概念出发，研究 60 年国家建设过程中政党扮演的角色，并提出"党领导国家"政治形态的命题。② 王建华通过比较辛亥革命之后的各种"部分"政党、国民党和中国共产党和中国国家建设的关系，得出国家建设推动中国政党成长，政党又是现代国家建设主体的命题。③ 也有学者从国家建设目标的演变考察中国共产党执政的变化。④ 相对于中国学者关注执政党和国家关系的宏观命题，国外学界则从中观视角关注党和官僚机构、人大、司法之间的关系。海外学者对于党政关系的研究源于共产主义国家特有的"红"与"专"现象，即如何将革命精神的"红"与理性官僚的"专"相结合，从而既维持党的纯洁性，

---

① 林尚立：《国家建设：中国共产党的探索与实践》，《毛泽东邓小平理论研究》2008 年第 1 期。
② 曹海军：《中国共产党与国家建设：国家建设理论视角下的中国经验》，《中南大学学报》（社会科学版）2010 年第 6 期。
③ 王建华：《政党与现代国家建设的内在逻辑——一项基于中国情境的历史考察和理论分析》，《复旦学报》（社会科学版）2010 年第 2 期。
④ 沈传亮：《中国共产党的国家建设目标历史演进分析》，《当代中国史研究》2011 年第 3 期。

又能进行日常化的治理工作。国外大量对于中国的政治精英研究也大多在这个框架内。类似的,国外学者在讨论政党在行政、立法、司法等领域所扮演的角色时,仍然侧重于分析中国共产党的"红"与"专"之间的张力。随着改革开放中央的权力被下放到地方,李侃如提出了"碎片化的威权主义"。其认为政党对于政府部门的监督越来越难,不同部门掌握了对特定资源的控制权,因而中央领导不得不和各个部门"讨价还价",逐渐形成"碎片化的威权主义"。[1] 郑世平认为官僚体系的发展不可避免会挑战党的权力,反过来又导致党对官僚体系的压制甚至摧毁。[2] 谢淑丽指出,党与政府之间存在一种权力委托关系。党是权力的委托方,政府则是党的代表而行使权力。[3] 也有学者认为党对干部任免控制的加强,抵消了分权对于中央权力的消解。官僚选拔任用、轮岗制以及任期年限缩短,都强化了地方官员对于党中央的服从程度。[4] 同样地,兰德里提出中国的"分权化威权主义",认为执政党能够设计出一系列的制度在分权的同时仍然维持政党对地方官僚的控制能力。[5]

中国共产党对社会的调控主要关注中国共产党如何领导。中国共产党的领导是中国共产党在社会的政治、经济、文化等领域的事务中从事引导、组织、带领人民群众和其他追随者为实现党所提出的价值观念、路线、政策而共同奋斗的活动。国内学界关于中国共产党的领导研究侧重于基层党组织和社会、社会网络的关系。在宏观层面提出了政党对于国家和社会存在政治嵌入、社会嵌入和文化嵌入三个维度。[6] 后来在一篇专门论述社会组织和中国共产党的组织嵌入的论文中,罗峰提出政党应在认知、

---

[1] Kenneth Lieberthal & Michel Oksenberg, *Policy Making in China: Leaders, Structures, and Processes*, Princeton: Princeton University Press, 1988, pp.136-137.
[2] Shiping Zheng, *Party vs. State in Post-1949 China: The Institutional Dilemma*, Cambridge, New York: Cambridge University Press, 1997, p.255.
[3] Susan Shirk, *The Political Logic of Economic Reform in China*, Berkeley: University of California Press, 1993, p.55.
[4] Yasheng Huang, *Inflation and Investment Controls in China: The Political Economy of Central-local Relations during the Reform Era*, Cambridge University Press, 1996.
[5] Pierre Landry, *Decentralized Authoritarianism in China: The Communist Party's Control of Local Elites in the Post-Mao Era*, New York: Cambridge University Press, 2008.
[6] 罗峰:《嵌入、整合与政党权威的重塑:对中国执政党国家和社会关系的考察》,上海人民出版社,2009。

覆盖面、运转和共振等四个方面实现政党的组织嵌入。① 刘宗洪认为社会建设的起点是要发挥基层党组织的作用,并与社会组织产生良性互动。② 也有研究从组织覆盖、公职党员、老年党员、利益调解角度探讨中国共产党基层党组织如何重新进入社区。③ 有的学者则从政党和社会网络的关系切入研究政党在社会中的领导力,其认为如果政党占据了较好的网络地位并运用有效的沟通方式,就能以较低的成本实现政党目标。④ 国外学界则关注基层选举、公民社会、社会抗争等政治社会现象,考察其是否会削弱中国共产党对于社会的控制。西方学者主要的理论前提是现代化理论和政治发展理论。其认为随着公民社会的成长(包括基层民主选举、公民组织的涌现、社会抗争群体性事件数量的增加等)会挑战中国共产党在社会中的权威,并且降低其对社会的控制。一部分国外学者认为社会的发育更有可能推动执政党向西方式的民主转变。陈安从乡村的党组织入手,认为改革开放的去集体化导致村干部对于普通村民分配经济资源的权威下降。大量中青年农民向城市转移,进一步加剧了乡村组织控制的弱化。⑤ 有学者观察到随着农业税的取消,基层政府出现国家空洞化(Hollow State)的现象。⑥ 基层党组织影响力下降的同时,宗族、社会团体扮演着越来越重要的角色。蔡晓莉指出,宗族组织作为村庄内的非正式组织资源,会对村干部在提供公共物品时的行为策略产生显著的影响。⑦ 戈登·怀特通过对浙江萧山的基层社团的考察发现,随着经济改革的推进,在国家与新生的民间组织之间,权力转移正在悄然进行着;虽然这些民间组织并没有太强的独立性,但它们已经拥有了一定的自主空间。后来,他和郝秋笛、尚晓媛

---

① 罗峰:《社会组织的发展与执政党的组织嵌入:政党权威重塑的社会视角》,《中共浙江省委党校学报》2009年第4期。
② 刘宗洪:《公民社会视阈中的区域化大党建研究》,《探索》2011年第4期。
③ 陈家喜、黄卫平:《把组织嵌入社会:对深圳市南山区社区党建的考察》,《马克思主义与现实》2007年第6期。
④ 程熙:《嵌入式治理:社会网络中的执政党领导力及其实现》,《中共浙江省委党校学报》2014年第1期。
⑤ An Chen, "The Failure of Organizational Control: Changing Party Power in the Chinese Countryside," Politics & Society, Vol. 35, No. 1, 2007, pp. 145–179.
⑥ Smith Graeme, "The Hollow State: Rural Governance in China," The China Quarterly, Vol. 203, 2010, pp. 601–618.
⑦ Tsai Lily, "Cadres, Temple and Lineage Institutions, and Governance in Rural China," The China Journal, Vol. 48, 2002.

又对经济改革所带来的工会、妇联、商会以及城市和农村基层组织的变化进行了分析,指出在社会组织层面,中国社团发展呈现出准市民社会的组织化特征等。①

第三节 中国共产党领导体制的独特优势及其巩固

巩固中国共产党领导体制需要发挥执政党的独特优势。在长期奋斗中党所形成的独特优势是全面的,包括理论优势、政治优势、组织优势、制度优势和密切联系群众的优势。这些优势,保证了党坚持马克思主义中国化并用中国化的理论成果武装起来,独立自主、自力更生地不断开创事业发展新局面;保证了党坚持远大理想与具体历史阶段奋斗纲领相统一,始终站在时代前列引领着中国社会前进的正确方向;保证了党能够集中中国工人阶级和中国人民、中华民族的先进分子,集中全国各个领域中德才兼备的优秀人才,充分发挥出他们在人民群众中的先锋模范作用;保证了党坚持按照民主集中制原则建立严密的组织体系和铁的纪律,形成既有民主又有集中基础上的坚强团结统一,因而具有强大的战斗力。中华民族复兴的中国梦是中国人民共同向往的美好蓝图,中国共产党历史地担当起中国梦蓝图的顶层设计,彰显出一个充满生机与活力的马克思主义政党的独特优势。发挥党的独特优势,对于加快推进全面深化改革,加快全面推进依法治国进程,全面从严治党,增强实现中国梦的信心与动力,具有重要意义。

发挥党的理论优势,就是坚持推进马克思主义中国化并用中国化理论成果武装全党,坚持用科学理论和革命精神教育、团结、鼓舞广大党员和党的干部,为实现中国梦提供理论保证。在实践中,坚持理论联系实际、理论与实践相结合、学习理论与运用理论相结合。把握我国基本国情和世界发展大势,深入研究党和国家事业发展各个历史阶段的阶段性特征,及

---

① Gordon White, "Prospects for Civil Society in China: A Case Study of Xiaoshan City," *Australian Journal of Chinese Affairs*, Vol. 29, 1993. Gordon White, Jude Howell & Xiaoyuan Shang (eds.), *In Search of Civil Society: Market Reform and Social Change in Contemporary China*, New York: Oxford University Press, 1996.

时总结党领导人民在革命、建设、改革进程中解决重大问题的经验，做出新的理论概括，不断丰富和发展理论。同时，用科学理论指导客观世界和主观世界的改造，增强工作的原则性、系统性、预见性、创造性。

发挥党的政治优势，就是坚持远大理想与具体历史阶段奋斗目标相统一，始终站在时代前列引领中国社会前进的正确方向，坚持独立自主、自力更生的奋斗精神，建立和执行铁的纪律，为实现中国梦提供政治保证。坚定崇高的政治理想和政治信念以及由此产生的百折不挠的革命意志，是党的巨大政治优势。邓小平同志说："过去我们党无论怎样弱小，无论遇到什么困难，一直有强大的战斗力，因为我们有马克思主义和共产主义的信念。有了共同的理想，也就有了铁的纪律。无论过去、现在和将来，这都是我们的真正优势。"① 坚持艰苦奋斗、勤俭建国，是新中国一成立党就确定的一条重要建国方针，是党的政治优势的重要体现，这是由我国人口多、底子薄，以及党的性质和宗旨所决定的。党员应当坚持勤俭为荣、浪费可耻和艰苦为荣、奢侈可鄙的良好风尚，不能丢掉艰苦奋斗、勤俭建国这个党和国家的传家宝。

发挥党的组织优势，就是党集中了中国工人阶级和中国人民、中华民族数量众多的先进分子，集中了全国各个领域德才兼备的优秀人才，建立了科学严密的组织体系，具有强大的组织动员力，为实现中国梦提供组织保证。马克思主义政党力量的凝聚和运用，在于科学的组织。党按照马克思主义建党原则，建立了由党的中央组织、地方组织和基层组织构成的科学严密的组织体系，使全党形成一个统一整体，为实现共同目标而奋斗。截至 2016 年 12 月 31 日，党已发展成为拥有 45 万多个基层组织、8900 多万名党员的大党，集中了全国数量众多的先进分子和各方面优秀人才，具有强大的组织动员力。这是巨大的组织资源和组织优势。建设一支高素质、能够担当重任、经得起风浪考验的干部队伍，特别是要培养和锻炼党的中高级领导干部，形成坚定走中国特色社会主义道路、善于研究新情况和解决新问题、干练而充满活力的各级领导层，把那些政治坚定、有真才实学、实绩突出、群众公认的干部及时发现出来、合理使用起来，让他们充分发挥自己的聪明才智。巩固和加强党的基层组织，使之成为推动发

---

① 《邓小平文选》第三卷，人民出版社，1995，第 144 页。

展、服务群众、凝聚人心、促进和谐的坚强战斗堡垒。调整优化基层党组织设置,健全基层组织体系,不断扩大基层党组织覆盖面。加强和改进对党员的教育管理,教育和引导广大党员始终牢记党的宗旨。

发挥党的制度优势,就是坚持民主基础上的集中和集中指导下的民主相结合,形成并保持党的团结统一和蓬勃活力,为实现中国梦提供制度保证。第一,民主集中制是党的根本组织制度和领导制度,它正确规范了党内政治生活、处理党内关系的基本准则,是反映、体现全党同志和全国人民利益与愿望,保证党的路线方针政策正确制定和执行的科学的合理的有效率的制度。这是党最大的制度优势。第二,党内民主是党的生命,其实质是按照党章的规定在党内生活中实现党员人人平等,并且共同参与讨论、决定和管理党内事务。落实党章和党内规章赋予党员的知情权、参与权、选举权和监督权等各项民主权利,使广大党员在党内生活中真正发挥主体作用。第三,集中统一是党的力量凝聚和行动一致的保证。只有做到民主基础上的集中,形成正确的方针政策和重大决策,形成全党的统一意志,才能增强党的创造力、凝聚力、战斗力,才能保证国家统一、民族团结和社会稳定,才能保障改革开放和社会主义现代化建设顺利进行。第四,坚持以党章为根本,以民主集中制为核心,坚持和完善党的领导制度,改革和完善党的领导方式和执政方式,积极稳妥推进党务公开,完善党代表大会制度和党内选举制度,完善党内民主决策机制,坚决克服违反民主集中制原则的个人独断专行和软弱涣散现象。

发挥党的密切联系群众的优势,就是坚持全心全意为人民服务的根本宗旨,坚持从群众中来、到群众中去的工作路线,坚持党的一切工作体现人民的意志、利益和要求,为实现中国梦提供群众基础。人民是党的力量之源和胜利之本。没有人民的支持,党就不可能生存和发展,就一事无成。密切联系群众是党的最大优势。第一,领导干部务必保持清醒的头脑,强化政治意识、大局意识、责任意识、忧患意识,增强自我净化、自我完善、自我革新、自我提高能力,充分发挥党密切联系群众的优势,经受住"四个考验"。第二,坚持全心全意为人民服务的根本宗旨,是党始终得到人民拥护的根本原因,对于充分发挥党密切联系群众的优势至关重要。把人民利益放在第一位,把实现好、维护好、发展好最广大人民根本利益作为一切工作的出发点和落脚点,诚心诚意为人民群众谋利益。第三，党的群众路线是实现党的思想路线、政治路线和组织路线的根本工作路线，贯穿于党的全部工作中。领导干部坚持工作重心下移，经常深入实际、深入基层、深入群众，真诚倾听群众呼声，真实反映群众愿望，真情关心群众疾苦，拜群众为师，向群众问计，从群众的实践中汲取营养、增长智慧，提高新形势下做好群众工作的本领。

第四节　执政党的领导与四项基本制度的关系

一　执政党的领导与人民代表大会制度的关系

执政党与人大关系的实质是权力关系即领导权与立法权等人大权的关系，也可以说是党权与国权、党权与民权的关系。郭道辉指出党在人大的领导有几种表现形式，分别是表现为一种思想政治上的领导权威，它也可以是执政党的政治权力而不是国家权力，或者由政党权利或"潜在权力"转化为国家权力，党的领导权对人大的党组织和党员来说则是直接权力[①]。蔡定剑认为，人民代表大会与执政的共产党的关系，可以概括为在法律制度中，人民代表大会是最高的，党必须遵守宪法和法律，人民代表大会有权监督宪法和法律的实施，对政党违反宪法和法律的行为有权追究。在国家政治体制中，人民代表大会是在党的领导下，人民代表大会要接受党的领导[②]。朱光磊指出党的组织与人大的关系用一句话来表达就是，党对全国人民代表大会的工作实行政治领导，党又在宪法和法律的范围内活动，其中关键是党的领导地位与作用[③]。学界从历史的角度来分析执政党和人大关系的演变，其发现这种演变是两者关系不断规范化的过程[④]。谢庆奎认为共产党与人民代表大会的关系可以分成以下几个阶段：第一，建设与破坏并重期（1954~1964）。第二，严重破坏期（1965~1975）。第三，恢

---

① 郭道晖：《权威、权力还是权利：对党与人大关系的法理思考》，《法学研究》1994年第1期。
② 蔡定剑：《中国人民代表大会制度》，法律出版社，2003，第31页。
③ 朱光磊：《当代中国政府过程》，天津人民出版社，2008，第46页。
④ 谢庆奎：《当代中国政府与政治》，高等教育出版社，2003，第37页。

复发展期（1976~2001）。林伯海提出执政党与人民代表大会的关系的变迁主要包括三个时期：第一，新中国成立至1957年，执政党与人民代表大会的关系处于探索与适应阶段；第二，20世纪50年代后期特别是"文化大革命"时期，执政党与人民代表大会的关系出现脱节；第三，党的十一届三中全会以后，执政党与人民代表大会关系的正常化。① 郝欣富指出，在我国，执政党与国家最高立法机关的关系主要是三个基本阶段：一是十一届三中全会以前政策代替法律阶段，二是改革开放以后政策与法律相结合阶段，三是十五大以来实行党的领导下的依法治国阶段。② 学界还重点研究了执政党与人大的关系规范化的基本原则。目前学界对于这些原则形成了统一的共识，认为执政党与人大的关系规范化包括加强和改善党的领导，执政党带头尊重和遵守人民代表大会所制定的法律和通过的决议，党的领导、人民当家作主与依法治国有机统一。郭定平认为，理顺执政党与国家权力机关的关系必须坚持以下几点：第一，加强和改善党的领导；第二，各级人大及其常委会应自觉接受共产党的领导；第三，执政党带头尊重和遵守人民代表大会所制定的法律和通过的决议；第四，执政党的各级组织和党员干部应接受人大的宪法和法律监督；第五，执政党领导人民不断健全和完善人民代表大会制度。③ 谢庆奎指出理顺执政党和人大关系的第一步是真正落实党的领导是政治领导、组织领导和思想领导。第二步，人大党组织只起监督保证作用。第三步，全力支持全国各级人大及其常委会的各项工作。第四步，尊重宪法，尊重人大，尊重人大代表的选择。第五步，探索建立长效的协调和协商机制。④

执政党对于人民大表大会制度的领导体制体现在政策制定、民主参与、依法治国等三个方面。在这三个层面通过中国共产党的领导，从而实现中国梦。

第一，执政党总揽全局、协调各方的领导核心作用，通过人民代表大会制度，保证党的路线方针政策和决策部署在国家工作中得到全面贯彻和

---

① 林伯海：《新中国成立以来执政党与人大关系的变迁与发展》，《西南交通大学学报》（社会科学版）2009年第5期。
② 郝欣富：《从比较研究中看我国的党政关系》，《中共浙江省委党校学报》2004年第5期。
③ 郭定平：《政党与政府》，浙江人民出版社，1998，第104~106页。
④ 谢庆奎：《人民代表大会制度与宪政体制的接轨》，《人大研究》2016年第1期。

有效执行。这就意味着执政党要支持和保证国家政权机关依照宪法和法律积极主动、独立负责、协调一致开展工作。具体表现为，党经常分析和把握国家发展的形势，适时地指明政治方向、政治原则。中共中央就全国的重大问题、地方党组织就地方性的重大问题做出决定，经过全国或地方人大审议通过，变成国家的意志；党组织经常培养和发现德才兼备的人才，作为各级国家政权机关的重要干部人选，向人大推荐；党组织经常指示和监督在人大中的本党组织和党员，要求他们忠实地代表人民，并团结非中共人士合作共事；党组织经常向人民群众，首先是自己的党员宣传人民代表大会制度，要求本党党员带头支持人大工作，维护人大的权威性。各级人大及其常委会则应自觉接受共产党组织的领导。人大及其常委会内的中共党组织，在重大问题上应事先请示上级党组织。

第二，执政党通过扩大人民民主，健全民主制度，丰富民主形式，拓宽民主渠道，从各层次各领域扩大公民有序政治参与，发展更加广泛、更加充分、更加健全的人民民主。但在民主的同时也要注重集中，即坚持民主集中制的原则。国家各项工作都要贯彻党的群众路线，密切同人民群众的联系，倾听人民呼声，回应人民期待，不断解决好人民最关心最直接最现实的利益问题，凝聚起最广大人民的智慧和力量。各级人民代表大会都由民主选举产生，对人民负责、受人民监督；各级国家行政机关、审判机关、检察机关都由人民代表大会产生，对人大负责、受人大监督；国家机关实行决策权、执行权、监督权既有合理分工又有相互协调的机制；在中央统一领导下，充分发挥地方主动性和积极性，保证国家统一高效组织推进各项事业。

第三，执政党将依法治国作为党领导人民治理国家的基本方略、把法治作为治国理政的基本方式，不断把法治中国建设推向前进。人民代表大会制度是我国最基本的政治制度。人大的权威来源于法律的最高权威，因此，中国共产党领导人民制定法律，理应成为遵纪守法的楷模。实际上遵守国家的法律和决定本质上和遵守党的主张和方针是一致的。实行依法治国标志着党和人大关系的重大转变，这必然要求实现二者关系的规范化、制度化、法治化，即通过法律和制度对执政党和人大的职能区分和工作联系作出具有可操作性的规定。

二 执政党的领导与政治协商制度的关系

在中国，按照实现民主的方式不同将民主划分为选举民主和协商民主。"人民通过选举、投票行使权利与人民内部各方面在选举、投票之前进行充分协商，尽可能就共同性问题取得一致意见，是我国社会主义民主的两种重要形式"①。这样的划分体系具有鲜明的中国特色，这首先表明中国的政治形态毫无疑问体现了民主政治的精神，中国的民主政治是世界民主政治实践的重要组成部分；同时也表明中国的民主政治区别于西方，中国的民主政治不是简单照搬照抄别国的政治模式，而是从中国的具体国情和特定发展阶段出发，发展出一套具有广泛性和真实性的人民民主制度。区分选举民主和协商民主，并指出协商民主是我国社会主义民主政治的特有形式和独特优势，既是对过去民主政治探索的经验总结，也是对今后民主政治发展的前瞻性指引。

十八届三中全会通过的《中共中央关于全面深化改革若干重大问题的决定》指出，要"更加注重健全民主制度、丰富民主形式，从各层次各领域扩大公民有序政治参与，充分发挥我国社会主义政治制度优越性"，同时，《决定》又指出："协商民主是我国社会主义民主政治的特有形式和独特优势，是党的群众路线在政治领域的重要体现。在党的领导下，以经济社会发展重大问题和涉及群众切身利益的实际问题为内容，在全社会开展广泛协商，坚持协商于决策之前和决策之中。"

执政党对于政治协商制度的领导体现在政协党组、协调各方等两个方面。在这两个层面通过中国共产党的领导，从而实现中国梦。

第一，执政党要发挥政协党组作为党的派出机构在政协组织中的领导核心作用。即政协党组要坚持按照《中共中央关于加强人民政协工作的意见》相关规定，承担起作为党在人民政协中的派出机构的核心作用和实现党对人民政协工作领导的重大责任，坚定不移地贯彻党的基本理论、基本路线、基本纲领、基本经验，坚定不移地贯彻执行党关于人民政协的方针政策，及时准确地把党委的有关重大决定和工作部署贯彻到人民政协的全

---

① 江泽民：《江泽民论有中国特色社会主义》，中央文献出版社，2002，第347页。

部工作中去：要推动参加人民政协的各民主党派、人民团体和各族各界人士自觉接受党的领导，使党的主张成为各民主党派、人民团体和各族各界人士的广泛共识；要按照党委统一部署和政协章程的规定，配合党委有关部门研究换届时有关界别设置、政协委员名额、人选和常务委员人选以及届中委员调整的有关问题，并提出建议。特别是发挥好党员委员在政协组织中的先锋模范作用。政协委员中的共产党员和政协机关中的共产党员，是受党组织委派从事人民政协工作的，要以一流的政治责任，不断增强自身修养和能力，积极贯彻党的方针政策，带头遵守政协章程，继承和发扬党的统一战线和人民政协的优良传统，广交、深交党外朋友，努力成为合作共事的模范、发扬民主的模范、廉洁奉公的模范，这是党员委员的责任和义务。

第二，执政党要发挥党委"总揽全局、协调各方"的作用，调动各方面参与人民政协政治协商的积极性。根据政协章程规定，"中国人民政治协商会议全国委员会和地方委员会可根据中国共产党、人民代表大会常务委员会、人民政府、民主党派、人民团体的提议举行有各党派、团体的负责人和各族各界人士的代表参加的会议，进行协商，亦可建议上列单位将有关重要问题提交协商。"这表明党委、人大、政府、民主党派、人民团体、各界政协委员等都是协商主体。因此，要发挥党委"总揽全局、协调各方"的作用，依照章程，将党委、人大、政府、各民主党派和人民团体纳入协商主体范畴，协调各方面将重大决策事项依协商计划提交政协协商，调动各方面参与和支持政治协商的积极性，共同推进人民政协政治协商工作。

三 执政党的领导与民族区域制度的关系

民族问题和民族工作，事关祖国统一和边疆巩固，事关民族团结和社会稳定，事关国家长治久安和中华民族繁荣昌盛。统一的多民族国家是中国的基本国情，维护民族团结和国家统一是各民族最高利益，把各族人民的智慧和力量最大限度凝聚起来，有助于实现"两个一百年"奋斗目标、实现中华民族伟大复兴的中国梦。

坚持中国特色解决民族问题正确道路的基本内涵，需要把握的基本要求是：坚持党的领导，坚持中国特色社会主义道路，坚持维护祖国统一，坚持各民族一律平等，坚持和完善民族区域自治制度，坚持各民族共同团结奋斗、共同繁荣发展，坚持打牢中华民族共同体的思想基础，坚持依法治国。要准确把握当前我国民族工作阶段性特征，包括改革开放和社会主义市场经济带来的机遇和挑战并存，少数民族和民族地区市场经济起步晚、竞争能力比较弱；民族地区经济加快发展势头和发展低水平并存，总体上与东部地区发展绝对差距拉大、民族地区之间发展差距拉大问题突出；国家对民族地区支持力度持续加大和民族地区基本公共服务能力建设仍然薄弱并存，历史欠账较多，一些群众生产生活条件比较落后；各民族交往交流交融趋势增强和涉及民族因素的矛盾纠纷上升并存，影响民族关系的因素更加复杂；反对民族分裂、宗教极端、暴力恐怖斗争成效显著和局部地区暴力恐怖活动活跃多发并存等。要进一步明确新形势下民族工作的指导思想，共同为实现中华民族伟大复兴的中国梦而努力奋斗。

执政党对于民族区域制度的领导体现在国家统一、共同繁荣、干部选任和文化建设四个方面。在这四个层面通过中国共产党的领导，从而实现中国梦。

第一，执政党要高举爱国主义旗帜，维护祖国统一和社会稳定。要教育各族人民提高觉悟和警惕，要像爱护自己的眼睛一样，维护祖国统一和社会稳定，要坚定不移地同国内外敌对势力破坏祖国统一和社会稳定的图谋、活动进行坚决的斗争。在处理民族地区的社会矛盾和突发事件时，要严格区分两类不同性质的矛盾，始终立足于信任、团结、争取最大多数群众，对少数违法犯罪分子，要依法惩处，维护法律尊严，坚持法律面前人人平等。这就需要执政党坚持和发展平等、团结、互助的社会主义新型民族关系。56个民族不分大小和社会发展程度，都享有宪法规定的平等权利。各民族是平等、团结、互助的关系。既要反对大汉族主义，又要反对地方民族主义，牢固树立汉族离不开少数民族，少数民族离不开汉族，各少数民族之间也相互离不开的思想，尊重少数民族的平等权利、语言文字和风俗习惯。及时发现和处理影响民族关系的问题，防止违反民族政策、伤害民族感情的事件发生，坚决打击民族分裂主义分子的破坏活动。

第二，执政党通过对口支援等方式加快民族地区的经济发展、社会进步和群众生活的改善，促进各民族共同繁荣。坚持国家帮助与少数民族的自力更生相结合，国家对少数民族地区的资源开发与这些地区少数民族的发展繁荣和少数民族的具体利益相结合，少数民族地区的资源优势与沿海地区和内地经济发达地区的人才、资金、技术优势相结合，经济开发和智力开发相结合。

第三，执政党必须大力培养和选拔少数民族干部。要努力造就一支强大的既能坚持维护祖国统一和民族团结、又能密切联系本民族群众的德才兼备、符合"四化"标准的少数民族干部队伍。要继续注意扩大少数民族干部的数量，更要注意改善结构，提高素质。

第四，执政党需要注重少数民族的文化建设。促进少数民族在继承和发展本民族的优秀文化的基础上，积极借鉴和吸收其他民族的先进文化，随着时代发展和社会进步不断吸取新知识、树立新观念，不断提高少数民族群众的文化科学素质。尊重和发展少数民族语言文字，各民族都有使用和发展自己的语言文字的自由。尊重少数民族的风俗习惯和宗教信仰。尊重少数民族的风俗习惯，是尊重少数民族和民族平等原则的体现。同时，也要尊重少数民族改革其风俗习惯的自由，但这个改革必须由少数民族自己决定，自己去实行，任何外力强制或包办代替都是不允许的。

四 执政党的领导与基层自治制度的关系

我国基层群众自治制度的建设与实践活动是在党和政府的主导下开展的，这是我国社会主义民主政治的一大特点，也是发展社会主义民主政治的一大政治优势。坚持党的领导，是基层群众自治坚持正确的政治方向，有计划、有步骤地稳定有序发展的根本保证。实践证明，基层群众自治制度较好地解决了我国人民民主发展问题，使亿万人民群众广泛参与的民主政治建设健康有序地发展，成为推动社会进步的巨大力量。进一步发挥基层党组织的领导核心作用。发挥基层党组织的领导核心作用和党员的先锋模范作用，是搞好基层群众自治的关键和基础。要适应经济社会发展的需要，不断完善基层党组织的领导方式、领导机制。

执政党对于基层自治制度的领导体现在基层党组织的杠杆作用、培养优秀党员、引导群众自主服务、发挥党代表联系群众的能力等四个方面。在这四个层面通过中国共产党的领导，从而实现中国梦。

第六章 政党建设：打造现代国家治理的领导力量

第一，执政党要充分发挥党组织服务的杠杆作用，引领、带动并最终撬动各种人、财、物资源服务群众。例如，以基层党组织服务引领、统筹政府提供的公共服务、以保护消费者权益为主要内容的市场服务、由群众自治组织提供的社会服务、由公民个人自发提供的志愿服务、由企业家和宗教组织自愿提供的慈善服务、以互助式或自我满足为特点的群众自主服务，等等。基层党组织撬动的资源越多、渠道越广，越容易形成服务合力。

第二，执政党要加大从优秀的志愿者中培养党员的力度。凡是社会建设比较成熟的国家，都大力倡导公民志愿服务，并建立激励、登记制度。公民提供志愿服务的记录将成为升学、就业、晋职、评奖等方面的重要凭据。作为一种服务形式，志愿服务在我国才刚刚兴起，将来应建立全国联网的志愿服务登记制度，每个人都是服务者，每个人也都是服务对象。今后，应加大从优秀志愿者中培养党员的力度，倡导从"服务能手"中培养"服务型"党员。党员只有对社会有爱心，才会对群众有感情，最终对党有忠心。

第三，执政党要通过开放式参与引导群众自主服务。要提升群众自治水平，首先要培养群众自我服务能力，如果群众自我服务资源与能力不足，一旦社会矛盾产生必然求助于党和政府。因而，要在基层形成居民开放式参与的氛围，培养居民的互助式服务、自我服务，从而消除一旦大灾大难发生以后群众"等靠要"的惰性思维，形成政府救助、社会扶助、志愿者帮助、灾民自助的救援大格局。

第四，执政党要通过党代表、人大代表发挥作用的平台，提升代表联系服务群众的能力。当前，一些地方正在探索党委委员联系党代表、党代表联系党员、党员联系群众的模式，这个模式应继续得到推广。今后，还需要加大并规范人大代表联系服务群众的力度，设立人大代表工作室，形成行政首长联系人大代表、人大代表联系普通群众或人大代表与党代表互联等具体做法，充分发挥党民主执政的优势。

第七章　政府建设：构建有限且有效的政府

最新的经济学研究丰富了政治学关于国家与政府的传统理论。制度经济学家道格拉斯·C. 诺斯论证了"国家悖论"（即所谓"诺斯悖论"）的存在，他指出，"国家的存在是经济增长的关键，然而国家又是人为衰退的根源"[①]。世界银行组织专家对各国政府进行了全面考察后也得出类似的观点："政府对一国的经济和社会发展以及这种发展能否持续下去有举足轻重的作用。在追求集体目标上，政府对变革的影响、推动和调节方面的潜力是无可比拟的。当这种能力得到良好发挥，该国经济便蒸蒸日上。但是若情况相反，则发展便会停止不前"[②]。

世界银行发展报告和"诺斯悖论"告诉人们两个重要论断：第一，政府对经济增长具有关键作用，而不是古典自由主义者所认为的好政府应该仅仅是一个"守夜人"的角色；政府并不是只为社会提供最基本的秩序保障，还要对社会经济发展起积极的推动作用，因此该论断否定了经济内在的规律将自发地促使经济发展的观点。第二，政府也可能成为人为经济衰退的主要原因，一个国家经济衰退的原因很可能恰恰在于政府本身。世界银行发展报告和"诺斯悖论"可以推导出另一个重要的结论，即在经济发

---

① 〔美〕道格拉斯·诺思：《经济史中的结构与变迁》，陈郁等译，上海三联书店，1991，第20页。
② 世界银行：《1997年世界发展报告：变革世界中的政府》，中国财政经济出版社，1997，第155页。

展过程中，政府具有主导性的作用，这种主导作用存在正向和负向两种可能。同时，这些结论告诫我们应该重视国家、重视政府，并尽可能使政府在社会转型和经济发展过程中发挥积极作用，防止和避免政府的负面影响。我们认为，好政府和好官员所提供的良政善治必须以"宪政"制度保障为前提，而"有限政府"则是宪政制度的核心理念。①

第一节　从政府管制走向公共治理

考察国家与社会关系的变化，可以看到政府职能较为清晰的变化过程②：第一阶段，从18世纪开始到20世纪30年代。这一阶段政府的职能定位是一个"守夜人"，其理论成果是自由主义思想家提出的"有限政府理论"，认为市场经济是最有效的经济制度，通过市场这只"看不见的手"，个人利益与公共利益可以实现自然和谐；而且市场也是最公平的制度，因此政府应对经济事务持自由放任立场。"政府要想管理得好一些，就必须管理得少一些"，政府承担三项职能：一是保卫个人的安全，使其不受他人的侵害；二是保卫国家安全，使其不受外敌的侵犯；三是建设、维护某些私人无力经办或不愿经办的公共设施与公共事业，除此之外的其他事务都属于政府不该管的事情。

第二阶段，20世纪30年代到60年代。此时出现了资本的集中和生产的垄断，仅靠市场机制已经不太可能实现充分就业和发展经济的目标，这被人们称为"市场失灵"。为解决这一问题，凯恩斯提出了著名的"政府干预理论"，认为"看不见的手"本身存在收入水平悬殊、经济外部性以及垄断现象等诸多弊端，而这些弊端从市场内部又不可能得到克服，只有通过政府干预才能予以解决。因此，政府必须灵活运用财政政策和货币政策对市场进行积极干预，必要的时候实施赤字财政，以刺激经济发展，提高人民福利。在这种理论的引导下，"福利国家"的政府政策大行其道。

第三阶段，20世纪70年代到80年代。政府的积极干预直接导致政府

---

① 正如有研究指出，宪政的要义就是"限政"，即控制国家，限制政府，约束官员。参见燕继荣《宪政的要义就是"限政"》，《学习时报》2010年第11期。

② 参见何炜《西方政府职能论的源流分析》，《南京社会科学》1999年第7期。

职能的过度扩张和机构膨胀，并且扭曲了市场对资源配置的调节作用，产生了所谓"政府失灵"的现象。为解决这一难题，政府职能理论中的公共选择理论应运而生。这一理论破除了"国家神话"，根据理性经济人的假设，指出国家同样具有人类的弱点，体现在两个方面：第一，国家干预可能像人一样犯错误；第二，国家机器的执行者可能追求自身的利益而不是公共利益。[①]因此，公共选择理论重新强调市场的价值，认为市场的缺陷并不是把问题转交给政府去处理的充分理由。既然政府内部问题重重且无法完全根除，那么最好的出路就在于打破政府的垄断地位，让政府将其不该做和做不好的事交给市场来完成，在能够引入竞争的领域，允许私人机构进入并与政府机构形成竞争，从而改善公共部门的产出以及公众的福利状况。因此，政府职能应该定位在维护市场秩序和正常运转上。对于政府职能的反思，引发了古典自由主义的复归。

经历过"市场失灵"和"政府失灵"的双重洗礼之后，政府职能被确定为是为市场发挥基础性作用创造各种有利条件：通过有效的公共政策来支持市场的运转，只有在单靠市场机制无法解决的社会资源配置问题上，才存在政府干预的必要性。

20世纪90年代，在应对全球性"政府失灵"的危机中，有关政府职能的新的理论终于形成。这种理论包括主张以企业家精神重塑政府的"新公共管理理论"、主张以公民服务为核心的"新公共服务理论"和主张加强公共部门和私人部门合作的"治理理论"，这三种理论成为当今社会构建新型政府的理论基础。

一 新公共管理与"服务市场化"

新公共管理理论实质上是公共行政的传统规范和工商企业管理方法的融合，其中不乏新泰勒主义、民主行政理论以及管理科学的相关观点。新公共管理理论的主要观点是：公共部门和私人部门在管理方面不存在本质区别，它们有着共同的管理理念；私营企业的管理在绩效和顾客满意程度方面比政府部门优越得多，把私人部门的管理理念和具体管理方法应用于

---

① 李强：《自由主义》，中国社会科学出版社，1998，第133页。

政府公共部门是重塑政府的必要途径；因此，新公共管理理论的思路可以概括为公共服务方式的市场化，包含：第一，将决策和执行分开，即政府主要的任务是"掌舵"（决策），而不是"划桨"（执行）；第二，应该打破公共服务的垄断性，实现公共服务供给者多元并存，竞争发展；第三，公共服务的消费者有在多元供给者之间做出选择的权利和用以选择的资源。[①] 简而言之，新公共管理理论主张，在公共服务的提供方式上以市场为基础，通过合同出租、公私合作、用者付费和凭单制等具体形式，逐步实现公共部门私有化的目标，并把顾客至上的理念引入到公共服务的过程当中，以便根据市场需求对公共服务部门的产出状况实施有效控制。

新公共管理理论要求变革政府，其锋芒所指正是公共服务部门的官僚制结构。针对传统官僚制下官员严格照章办事、循规蹈矩从而导致行事僵化、妨碍行政效率提高的问题，新公共管理理论提倡，通过废除公共部门众多的冗余规章制度，简化行政审批手续以提高行政人员的办事效率；针对官僚机构内无进取动力、外无有效监督主体的问题，新公共管理理论提出一方面在政府部门中引入"企业家精神"，改变官僚机构自身的内部环境，另一方面通过设立其他监督主体以使政府能够得到来自外部的监督和指导；针对官僚制的金字塔式结构过于强调组织结构和管理方式上的权力集中而影响行政效率的问题，新公共管理理论重视对基层行政机构的充分授权，主张使基层组织机构具有适应社会需要而独立决策的权力。美国学者戴维·奥斯本和特德·盖布勒明确提出政府改革的目标是建立"企业家政府"。具体而言，就是要把政府"再造"成为：（1）起催化作用的政府：掌舵而不是划桨；（2）社区拥有的政府：授权而不是服务；（3）竞争性政府：把竞争机制注入到提供服务中去；（4）有使命的政府：改变照章办事的组织；（5）讲究效果的政府：按效果而不是按投入拨款；（6）受顾客驱使的政府：满足顾客的需要，而不是官僚政治的需要；（7）有事业心的政府：有收益而不浪费；（8）有预见的政府：预防而不是治疗；（9）分权的政府：从等级制到参与和协作；（10）以市场为导向的政府：通过市场力量进行变革。[②]

[①] 吴群芳：《公共选择理论与"公共服务市场化"——西方行政改革的理论背景》，《北京科技大学学报》（社会科学版）2002年第1期。

[②] 参见〔美〕戴维·奥斯本、特德·盖布勒《改革政府：企业家精神如何改革着公共部门》，周敦仁等译，上海译文出版社，2006。

二 新公共服务与"公民本位"

新公共管理理论在20世纪90年代曾风行一时，并在英、美、澳大利亚等国家掀起了一波改革政府的高潮，但理论上的缺陷也同样明显。把公民视为顾客，把顾客满意度视为政府服务应该追求的目标，这虽然有助于约束政府行为，但市场竞争机制的引入，主张价值中立、效率至上的管理主义的盛行，将会削弱公共精神与公共服务观念，甚至对公民的主人地位构成负面影响。上述问题引起了政府改革理论家们的深入讨论。①

以美国著名公共行政学家罗伯特·B.登哈特为代表的公共行政学者在对新公共管理理论反思的基础上，提出了"新公共服务"理论。"新公共服务"理论强调"公民优先"，主张区分"顾客满意"原则和"公民满意"原则，是"建立在公共利益的观念之上的，是建立在公共行政人员为公民服务并确实全心全意为他们服务之上的"。② 在新公共服务理论看来，政府的职能既不是"掌舵"也不是"划桨"，而是"服务"；公共利益是目标而不是副产品；公务员要为公民服务，而不是为顾客服务；公务员的责任在于关注宪法法律、社区价值观、政治规范、职业标准以及公民利益，而不仅仅是关注市场；公民权和公共服务比企业家精神更重要。③

总而言之，正是在对新公共管理理论忽视政府服务的公共性和服务性的认识的基础上，新公共服务理论重新回归到关注民主价值和公共利益的轨道上来，为服务型政府的构建提供了重要的思想资源。

三 治理、公私合作与共管共治

正是由于新公共管理理论模糊了政府与公民、政府与社会之间的关

---

① 参见张成福《公共行政的管理主义：反思与批判》，《中国人民大学学报》2001年第1期；雷志宇：《"新公共管理"模式的内在冲突与矛盾》，《东南学术》2002年第5期；韩成颂：《论服务型政府的伦理品格》，《南京政治学院学报》2008年第4期。

② 〔美〕罗伯特·B.登哈特：《公共组织理论》（第三版），扶松茂、丁力译，中国人民大学出版社，2003，第207页。

③ 〔美〕珍妮特·V.登哈特、罗伯特·B.登哈特：《新公共服务：服务，而不是掌舵》，丁煌译，中国人民大学出版社，2004，第7~9页。

系，损害了现代民主制度所倡导的宪政主义与公共精神，治理理论应运而生，重新强调政府职能的有限性，力图构建起政府与民众、社会其他组织共同治理国家的模式。

治理是各种公共的或私人的个人和机构管理其共同事务的诸多方式的总和。综合学者的观点，治理不是一整套规则，也不是一种活动，而是一个过程；治理过程的基础不是控制，而是协调；治理既涉及公共部门，也包括私人部门；治理不是一种正式的制度，而是持续的互动。① 在理论层面上，治理理论的主张可以概括为以下要点：第一，治理主体的多元化。这意味着政府并不是一国范围内唯一的权力中心，各种机构（包括社会的和私人的机构）只要得到公众认可，就可以成为社会权力的中心。第二，治理过程的互动性。在国家与社会合作的过程中，不再强调区分公私机构之间的界限和责任，不再坚持国家职能的专属性和排他性，而是强调国家与社会组织间的相互依赖关系。第三，治理对象的参与性。强调管理对象的参与，力图在管理系统内构建一个自组织网络，以加强系统内部的组织性和自主性。第四，治理手段的多样化。政府在完成社会职能时，除了采用原来的手段之外，应提倡采用新的方法和措施，以不断地提高管理的效率。②

治理理论为中国服务型政府建设提供了丰富的理论资源。治理理论的思路可以概括为公共服务社会化，即拓展公共服务的主体，把政府无力承担的公共事务转化为非政府公共事务，由非政府公共组织来承担和处理，从而优化社会公共产品的产出状况。在实践方面，作为一种行政范式，政府治理的基本含义既可以被认为是一种适应市民社会要求的行政理念，也可以被看作是一种新时代条件下政府行政的方式和方法。作为一种行政理念，治理要求政府必须适应市民社会运行主体多元化的要求，改变传统模式下以管制为特征、以命令为内核的管理观念，逐步树立以分担为特征、以协同为内核的治理理念。而作为一种行政的方式和方法，治理主要包含这样几项内容：治理主体的多元化，治理客体的扩展，治理机制的合作

---

① "Report of the Commission on Global Governance: *Our Global Neighborhood*" (From eco-logic, January/February, 1996), http://www.sovereignty.net/p/gov/gganalysis.htm.

② 参见李瑞、郑娟《刍论服务型政府的理论基础》，《公共管理》2006年第10期。

化。① 治理主体的多元化，指的是治理的实施或参与主体不只是政府部门，还包括国家层面和地方性的各种非政府非营利组织、政府间和非政府间国际组织、各种社会团体甚至私人部门在内的多元主体。所谓治理客体的扩展，指的是治理涉及的领域的扩大，范围包括国家政权统治、公共事务管理与服务、公共部门自身的管理、各种社会组织和团体的管理等在内。所谓治理机制的合作化，指的是治理要以市场原则、公共利益和相互认同为基础，积极寻求合作的可能和途径。②

中国服务型政府建设的目标就是要构建以公民为本位的政府，使公民的利益和意志作为政府工作的首要价值。为了确保公民的利益和意志在整个公共管理中具有决定性地位，需要做到公共政策反映公民的意志、公民参与公共政策的制定和执行并且把公民是否满意作为评估政府绩效的最终标准。

第二节 转型社会的中国政府及其治理

一 历史遗产与中国国情

我国渐进式的社会转型避免了激烈的社会冲突，维护了变迁过程中的社会稳定。从苏联和东欧一些国家强制性、暴风骤雨式的"休克疗法"所带来的突出问题来看，渐进式的社会转型避免了人为导致的重大失误，并能及时纠正改革带来的负面影响。但渐进式改革也带来了多种制度的双轨并行，如价格双轨制、新老制度的双轨制，以及其他正式制度与非正式制度的双轨制。双轨制本身是一对矛盾，其中的冲突和问题难以避免，并深刻影响和制约着社会转型的顺利进行。

中国幅员辽阔，经济社会发展极不平衡，这种不平衡所带来的社会转型的压力在各地的情形并不相同。这种不平衡状况可以归纳为"三个时代同在"与"三个社会并存"。所谓"三个时代"指农业化时代、工业化时

---

① 滕世华：《公共治理理论及其引发的变革》，《国家行政学院学报》2003年第1期。
② 张健：《从管理走向治理：当代中国行政范式转换问题研究》，《浙江社会科学》2006年第4期。

代与信息化时代。中国几个边远省份中的一些地区基本上处于农业化时代;但多数地区处于工业化时代,GDP 的构成中工业产值占据一半以上;而少数发达地区的信息化水平已逼近世界发达国家。中国社会形态的不均衡又带来"三个社会并存",这"三个社会"被称为"不发达社会"、"发展中社会"与"发达社会"。中国一些以农业为主的地区经济相当落后,如果将其指标与世界比较,可以被列入最落后地区之列。但少数地区的经济水平已相当高,能与发达国家一起排在世界前列。但多数地区的经济处于发展中国家的水平,所以说中国总体上还是一个发展中国家。

中国社会发展不均衡与我国权力比较集中的政治体制有着非常密切的关系。权力集中的政治体制能主导地区间的转移支付,从而有能力弥合地区间的差距。但权力集中的政治体制导致公共政策的单一化,并与社会发展的多样性产生矛盾,影响各地区根据自身的特点因地制宜地进行社会治理。中国社会发展的不均衡给社会转型带来复杂性和多样性,各个不同发展水平的地区面临的社会转型任务和转型目标可能完全不同。因此,在中国当代社会转型过程中充分发挥地方政府的作用符合历史潮流的大趋势。

在中国社会转型中,还存在政府管理与民营经济发展不对称的现象。一些政府管理较弱的地区经济发展反而相对较快,"温州模式"就是中国改革开放过程中弱政府下经济迅速发展的一个典型。[①] 一些经济基础较好的地区在改革开放过程中得不到迅速发展,如重工业化发展的地区。这种现象其实并非偶然,在计划经济条件下,实行计划经济的政府管理水平越高,必定越是压制民营经济的发展。因此,在不合理的体制背景下,弱政府未必不是一件好事。进一步而言,在法治不完善的情况下,政府官员的无为,不管是明智的无为还是无能的无为,对社会发展可能都未必是坏事,反而可能为社会的发展提供一个更加宽松的空间,缓解了市场经济与权力比较集中的政治体制之间的矛盾。

尽管中国的当代社会转型具有不平衡的突出特点,但总体来说仍然表现出明显的发展趋势,这些趋势正如有学者所概括:由权力社会走向能力社会;由人治社会走向法治社会;由人情社会走向理性社会;由依附社会走向

---

① 陈围权、麻晓莉:《地方政府创新与民营经济发展:温州制度变迁的轨迹与分析》,《中国行政管理》2004 年第 6 期。

自立社会；由身份社会走向实力社会；由注重先天给定社会走向注重后天努力社会；由一元化社会走向多样化社会；由人的依赖社会走向物的依赖社会；由静态社会走向流动社会；由"国家"社会走向"市民社会"。①

二 社会转型中的地方政府

中国是一个巨型社会，长期形成的是自上而下权力相当集中的政治格局，但地方政府的作用不可忽视。在社会转型过程中，各级地方政府扮演了十分特殊的角色。改革开放以后，随着中国政治从"文化大革命"期间的"以阶级斗争为纲"转向"以经济建设为中心"，地方政府在新的政绩观驱动之下，也实现了战略转变，政府主动、全面地介入经济活动，发挥了积极推动经济建设的作用，成为推动中国经济发展的最大行动者。然而，在社会转型过程中，政府的角色相当复杂，政府的自利性扭曲了政府的公共性，在政府推动社会经济发展的同时，一些政府官员在谋求个人或组织利益，从而误导社会发展方向，或造成公共利益的严重受损。不少学者曾对中国社会转型过程中地方政府的角色进行过研究，将地方政府的角色归纳为如下几种形式。②

1. 地方法团主义政府

较早系统论述中国地方政府的法团主义倾向的学者是戴慕珍，她认为："在经济发展过程中，地方政府具有公司的许多特征，官员们完全像一个董事会成员那样行动，这种政府与经济结合的新制度形式，我称之为地方法团主义。我所说的地方法团主义是指一个地方政府协调其辖区内各经济事业单位，似乎是一个从事多种经营的实业公司"③。地方法团主义政府主要通过四种途径控制和介入企业的经营运作：一是工厂管理。地方政府把企业承包或者租赁给个人而不是私有化，这有助于政府对企业进行干预与控制。承包制把集体企业日常的经营管理权分散下放，但是最终决定权掌握在政府手里。二是资源分配。地方政府掌握着中央调拨给地方的计

---

① 韩庆祥：《当代中国的社会转型》，《现代哲学》2002 年第 3 期。
② 参见丘海雄、徐建牛《市场转型过程中地方政府角色研究述评》，《社会学研究》2004 年第 4 期。
③ 戴慕珍：《中国地方政府公司化的制度化基础》，载甘阳、崔之元编《中国改革的政治经济学》，牛津大学出版社，1997，第 101 页。

划内价格的物资和本地拥有的稀缺资源,进行有选择的分配。三是行政服务。包括协助企业取得营业执照、产品合格证、产品奖和减税机会等常规服务,动员地方政府管辖下的所有机构和组织扶植重点企业等特殊服务,甚至直接给予企业行政拨款。四是投资与贷款。控制投资和贷款等级是地方政府引导经济发展的最有效杠杆之一,其途径主要有为企业提供贷款担保、评定企业贷款等级或支持当地成立半私营的信贷组织等。戴慕珍认为促使地方政府走向地方法团主义主要有两个因素,一是财政体制改革,二是农业的非集体化。"分灶吃饭"的财政体制改革极大地激励了地方政府发展当地经济的积极性,而农业的非集体化使发展工业成为地方政府推动经济发展的首选。这两种制度激励因素促使地方政府积极推动地方经济的发展,使地方政府扮演了"企业家"的角色。

2. "市场行动者"政府

一些学者认为地方政府在中国社会转型中扮演了市场行动者的角色,具体表现为:(1) 市场化推进者。中国目前市场化速度较快的地区,在很大程度上靠有效的地方政府推动。(2) 制度衔接者。地方政府衔接不完全的计划和不完全的市场。(3) 机制调整者。地方政府对中央宏观调控进行了市场化调整。(4) 制度创新者。在市场经济体制建设中,地方政府进行了社会机制、法律制度和政府自身的制度创新。社会转型时期地方政府的行为具有"市场性",更准确地说具有企业行为的特点,主要表现为:(1) 在市场机制不完善的阶段,地方政府在一定范围内发挥了本来应该由市场机制发挥的作用;(2) 政府帮助企业与本地区外企业竞争;(3) 政府维护本地企业谋求利润最大化的行为。[①]

3. 厂商政府

一些学者认为中国社会转型中实施的"财政包干"、"分灶吃饭"的财政体制改革在给地方政府带来压力的同时,也刺激了地方政府谋求经济发展以获取较大的财政收益。这导致地方政府角色和行为的变化,地方官员把公有制企业当作市场取向的谋利公司来管理,他们自己成了市场取向的代理人和行动者。政府与企业的关系类似于一个工厂或公司内部的结构关系,即政府作为所有者,类似于一个公司,而企业的管理者则类似于厂长

---

① 洪银兴:《经济转型阶段的市场秩序建设》,《经济理论与经济管理》2005年第1期。

或车间主任的角色。这一特点在乡镇表现尤其明显。乡镇政府建立起来的企业完全受控于政府,正如有学者指出:"实地研究一再表明,在整个(20世纪)80年代,乡和村的工业企业都由当地政府所有并操作,地方官员实际上深深地卷入经理人员的聘任酬劳、企业的建立或关闭、资本的筹集、生产线的改动,以及市场策略的决策过程,尤其是经济活动超出其行政区之外时"[①]。因此,有学者提出"村镇政府即公司"的观点。

20世纪80年代以来的财政体制改革使乡镇政权获得了谋求自身利益的动机和行动空间。乡镇政府扮演着国家利益的代理人和谋求自身利益的行动者的双重角色。一些乡镇政府的行为实际上与企业无异,在工业化程度较高的地区更是如此。某些乡镇政府直接参与经营活动,但目的不是为了(至少不是完全为了)完成国家的指令,也不是为了社区的福利,而主要是为了满足本乡镇政府这一利益集团的利益。某些乡镇政府以董事会为其组织模式,用企业化的方式管理其成员,以经济增长速度作为衡量成员表现的基本标准。为了最大限度地获取利润,它们不惜利用手中的权力争夺可资利用的资源。某些乡镇政府不是将自己应该担负的公共管理事务看作自己的主业,而是将经济活动看作自己的主业。作为乡镇企业的董事会,这些乡镇政府依靠行政权力来实施经营,组织庞大的权力关系网络,以获取更多资源,控制更多资产。

中国各级政府无疑扮演的是经济建设型政府的角色。在中国社会转型过程中,政府发挥了重要的作用,扮演了改革的推动者、规划者、实施者的多重角色。这种政府管理模式在改革开放初期、在计划经济向市场经济转轨过程中确实有其合理性,巨大的经济成就也印证了这种管理模式的合理性,但随着市场经济体制的确立、经济国际化的日益发展,经济建设型政府与现代市场经济体制之间的矛盾越来越突出,市场经济呼唤政府管理体制改革,需要建立一个与市场经济相适应的有限政府。

三 全能主义:传统政府治理的遗产

过去,有人曾经使用"全能主义"(totalism)这一概念来概括中国政

[①] Andrew Walder, "Local Governments As Industrial Firms," *American Journal of Sociology*, Vol. 101, No. 2, 1995.

府治理的特点。虽然改革开放以来中国大力引入市场机制，力求实现管理社会化，这在很大程度上改变了中国党政体系的决策方式和治理模式，但一些现实的观察坚持认为，政府主导的全能主义依然是目前中国社会管理模式最为恰当的概括。中国全能主义治理模式的特点可以通过图7-1得到说明。

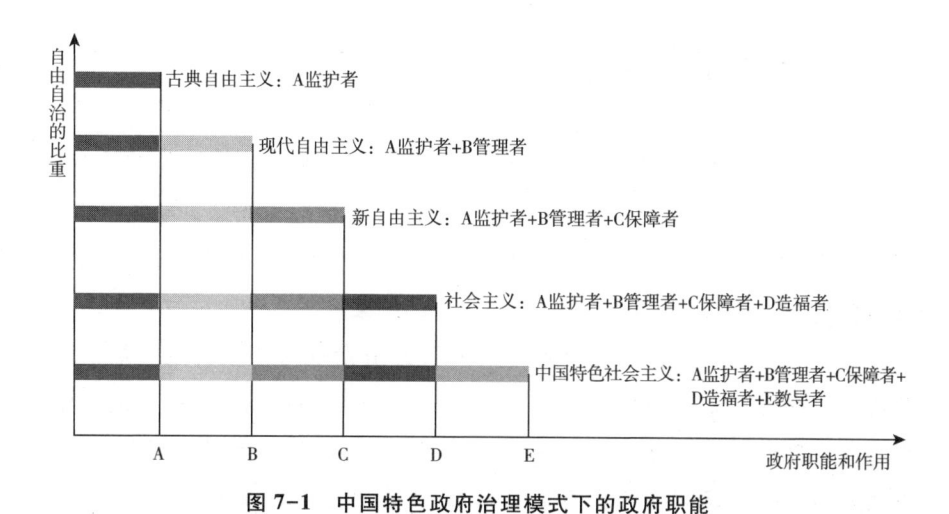

```
自
由              古典自由主义：A监护者
自
治              现代自由主义：A监护者+B管理者
的
比              新自由主义：A监护者+B管理者+C保障者
重
                社会主义：A监护者+B管理者+C保障者+D造福者

                中国特色社会主义：A监护者+B管理者+C保障者+
                                 D造福者+E教导者

         A   B   C   D   E           政府职能和作用
```

图 7-1　中国特色政府治理模式下的政府职能

如果实地考察中国政府的管理状况，可以让我们更多地体会到全能主义治理模式的如下特征（见表7-1）。

表 7-1　全能主义治理模式的特点

特点概括	表现
集中式管理	实现社会整齐划一，步调一致是政府管理的目标
狱警式管理	政府试图通过制造和利用信息不对称来管控社会
倒计时管理	军令状和暴力执法是政府管理常见的手段
围堵式管理	追求无抗议管理，社会抗议不被容忍
运动式管理	突击式综合整治是政府经常采用的方式

在全能主义治理模式下，政府通常扮演一种类似"家长"的角色，因此，在中国发生下面的案例毫不足怪：担心信息开放会产生不良后果，于是"防火防盗防记者"；担心夫妻看黄碟会产生不良影响，于是派警察上门查抄；担心手机接收不良信息，于是替你"关机"；担心网络"很黄很暴力"，于是帮你的电脑安装"绿坝"。

全能主义政府管理通常会面临力不从心、管理成本攀升和引火烧身的困境。许多事例表明，目前中国政府（尤其是地方政府）正在面临这样的困境：政府包揽社会事务，行政费用增幅超过 GDP 增幅近一倍，[1] 政府深陷社会矛盾之中，社会冲突事件的矛头最终指向政府。[2]

四 行政主导与三权失衡

宪政是对专断和恣意统治行为的反动，"是一种使政治运作法律化的理念或理想状态，它要求所有政府权力的行使都被纳入宪法的轨道并受宪法的制约"[3]。因此，它对政府的基本要求就是"依法行政"，即，政府不得恣意妄为，其行为必须受到宪法和法律的约束。

宪法对国家（政府）权力的约束被认为是宪政的"最古老、最坚固、最持久的本质"[4]。宪政包含诸多原则[5]，其中，法治原则是最核心的原则，因此，宪政首先是法治（尤其是"依法治政"）精神的体现。西方宪政历史的经验表明，运用法律，并通过成文宪法或法律的方式来控制国家权力，保护公民个人权利是宪政制度设计的基本思路；[6] 因此，以立法机构为中心、以法律为主导成为宪政体制下政治安排的主要特征。

然而，中国历来是一个行政主导的国家，或者更准确地说，是一个立法和司法权力一直没有与行政权力成功剥离的国度。历史上"家国一体"的王朝统治不仅使共和精神和法治精神难以确立，更使"依法执政"的观念严重匮乏。千百年来，政治的智慧大都被用在如何统治老百姓方面。历

---

[1] 参见胡联合、何胜红《我国行政成本演变态势的实证研究（1978~2006）》，《公共行政评论》2009 年第 5 期。
[2] 参见燕继荣《群体性事件频发的政治学思考》，《中国社会科学》（内部文稿）2009 年第 6 期。
[3] 张千帆：《宪法学导论》，法律出版社，2004，第 11 页。
[4] 〔美〕C. H. 麦基文：《宪政古今》，翟小波译，贵州人民出版社，2004，第 16 页。
[5] 到目前为止，宪法至上原则、公民权利（包括财产权）不可侵犯原则、人民主权原则、法治主义原则、分权制衡原则、有限政府原则等，被认为是民主宪政的基本原则，而代议制政府制度、普选制度、竞争性政党制度、选举与任命相结合的人事制度以及广泛的社会监督制度等，被认为是民主宪政的核心制度。参见钱福臣《宪政哲学问题要论》，法律出版社，2006；宋玉波：《民主政制比较研究》，法律出版社，2000。
[6] 参见〔美〕斯科特·戈登《控制国家——西方宪政的历史》，应奇等译，江苏人民出版社，2001。

朝历代的统治者为了统治人民，颁布法律，制定规则；虽然也会有针对各级官员的规章制度，但对最高统治者，却少有来自社会的制度性约束。

近代时期，中国比较优势的逐渐丧失，使中国人开始重视西方世界，关注西方的制度安排，并逐步以西方诸如"国家"、"政府"和"人民"等概念来评价中国社会，设计新的制度模式。据考，清朝末年的郑观应在其《盛世危言》的序言中，第一次提出了制宪主张。1908年9月，清政府颁布了《钦定宪法大纲》，使"宪法"成为中国官方的正式用语。[①] 如果以此为标志，表明中国以成文宪法或法律来约束和控制政府权力的观念开始有所确立的话，中国的宪政努力也不过100多年的历史。

在这百年的历史中，内忧外患的境遇，使"后发"、"外生"的制度分化过程不断受到干扰，精英集团"落后赶超"的意识又在客观上强化了行政主导的趋势。武装夺取政权的军事化革命方式，更加凸显了领袖、政党、政府的地位和作用。新中国成立后，高度计划的社会经济体制和管理模式，又将行政主导的政治传统进一步制度化。"文化大革命"期间，执政党奉行"继续革命"的"左"倾路线和政策以及政治领袖将个人意志凌驾于法律之上的作为，严重破坏了国家的法律体系，使国家立法和司法行为置于以领袖个人意志和政党意志为核心的"行政"体系之下。

改革开放之后，中国新一代领导人一直致力于政治法律秩序的重建工作，完善政治体制、恢复和健全立法和司法体系。应当承认，30年来，中国政府在法制建设方面确实取得了重大进展。[②] 这一结论可以得到以下重要数据和事实的支持：（1）从法律体系的完善来看，在过去30年里通过了250多项新法律，正在从无到有地创造一个完整的法律框架。（2）从司法案件的数量来看，1980年，司法体制刚刚从"文革"的破坏中恢复，中国法院总共接收了80万件官司。到2006年，这个数量增加了10倍，反映了社会中法律地位的转变。（3）从法官检察官的构成来看，在80年代中期以前，中国法官和检察官的构成大部分是退伍军人，很少受到正规的教育，但是从80年代中期开始，国家指派大学毕业生充当法官和检察官；到了90年代末期，法学硕士学位已经成为高级法官不成文的前提条件。（4）与法官

---

① 参见吴家麟主编《宪法学》，中央广播电视大学出版社，1991，第16页。
② 有关中国法制建设的历史回顾及进步可参见郭道晖《50年来我国法制建设之反思》，载《百年潮》2005年第6期。

检察官质量上升并列的是中国律师地位的变化：在80年代末期之前，所有的律师都是国家工作人员，私人开业律师根本不存在；今天，中国已经有近12万名获得律师资格的律师在1.2万家律师事务所开展工作。"私人律师的增长迫使整个司法体制进一步专业化"。（5）从法律保护公民权利、约束政府及其官员行为的角度看来看："中国已经采用了一系列主要的法律旨在保护公民不受政府错误行为的侵害"。1989年通过的《行政诉讼法》让公民可以控告政府，在这部法律颁布的第一年就有1.3万件针对政府的诉讼案；"如今，每年有15万件针对政府的诉讼案，有些赢得胜利的官司得到媒体的高度赞扬"①。1994年的《国家赔偿法》意味着政府对错误要进行更正；2005年的《公务员法》确定了官员行为的高标准；2007年3月，一度引起广泛争议的《物权法》最终被人大通过，这被认为在法律维护公民财产权的道路上具有里程碑的意义。

但是，这样的进展与现代宪政民主的要求还有较大的差距：宪法提供了基本的政治法律框架，但是法律规则与现实的潜规则之间的差距仍然较大；依法治国和依法行政的原则得到了倡导，但保障依法治国和依法行政的宪法审查制度还有待确立；作为民意机关的立法机构——人民代表大会——在完善法律体系方面发挥了重要的作用，但其地位和功能与宪法的规定以及现代政治所提出的要求还不相一致，在审查和制约政府行为方面还没有发挥应尽的职责；司法体系的正常运转为公民提供了法律救助的基本保障，但由于责任体制、人员素质等方面的原因，司法独立的原则经常受到挑战。

"人民主权"是现代政治的基本理念，这一理念体现在立法、行政和司法的权力关系结构中。在立法、行政和司法三大体系中，议会至上、依法行政、司法独立是处理三权关系的基本原则，也是现代各国宪政体制下权力结构的基本安排。实际上的最高权力主体统领之下的以"行政"干预为主导的立法、司法和行政三大体系的不平衡，是中国法治建设面临的最大问题。"中国的主要挑战不再是缺乏完整的法律体系而是写在纸上的法律和具体实施之间的鸿沟，尤其是在地方层次上和政治敏感问题上"②。人

---

① 〔美〕约翰·桑顿：《"远在天边、近在眼前"：中国的民主前景》，"中国选举与治理网"首发。
② 〔美〕约翰·桑顿：《"远在天边、近在眼前"：中国的民主前景》，"中国选举与治理网"首发。

们经常用"有法不依,执法不严"来评价中国的法治状况。从理论和法理的角度讲,"人大"至上,司法独立,但实际上,人际关系网络、行政干预和来自执政党体系的"指挥",在很大程度上影响立法和司法过程,特别影响司法的独立性和公正性,导致民众对于执法机关的不信任。而对于执法机关缺乏信任,常常是人们走上街头抗议、形成群体性事件和上访人潮的重要原因。

不可否认,行政主导体制对于集中资源和高效实施集体意志具有一定的优势。但是,从长远来看,由于它违背了制度安排结构平衡的基本原则,会留下诸多隐患。正如有人所指出,"行政主导的政治传统造就国家社会一体化社会结构和行政化法律形态,不是权利制衡权力,而是权力支配权利,法律不但不具有制衡行政权保障公民权的法治功能,反而成为侵害公民权的工具。整个社会对行政权的依赖,导致公民权利意识和自主意识的缺失"[1]。由于司法不能完全独立,因此,法律往往失去了约束当政者行为的效用,也就丧失了保障、救济公民权利的能力。法律在行政权力面前所表现出来的软弱,使人们更愿意寻求权势的救助和庇护而不愿意求得法律的帮助与救济。于是,"上告以祈求青天,贿赂以腐蚀权力,成为一种典型的社会心态和行为模式。法律在功能上的缺陷,导致人们缺乏自主意识,无法依靠自己的努力和智慧自主地维护自己的合法权利,不得不求助和依赖行政权力的干预,但某行政机关会不会管,行政官员是青天还是贪官,公民无法把握,完全处于被动状态,人们在行政权力面前显得无助和茫然,只能听任摆布,遇到行政权力的不公正行使,根本没有抗衡的力量,徒唤奈何"[2]。

立法、行政、司法三大体系关系失衡首先表现在"人大"的实际作用与法理的规定存在差距。从法理的角度看,"人大"作为民意机构和立法机关,是最高权力机关,它理应通过立法提案、司法审查、人事任免、政策质询、预算审议等手段和途径来控制和监督其他权力机关的行为,包括党派所从事的政治活动,但实际上,它的作用远未完全发挥出来。必须承认,"人大"的立法工作取得了重大进步,在完善中国法律体系方面卓有

---

[1] 周祖成:《论行政主导对我国走向法治的影响》,《社会主义研究》2002年第6期。
[2] 周祖成:《论行政主导对我国走向法治的影响》,《社会主义研究》2002年第6期。

成效，但也不可否认，在宪法及司法审查、政府问责及政策质询以及预算审议等方面，都没有发挥应有的作用，未能很好地起到民意机关平衡制约其他权力机关的作用。

在权力失衡的结构中，司法体系的运转不良可能是最紧要的问题，也是当前中国法治建设的最大障碍。因为，尽管立法机关的地位也有待加强，但它作为民意机关和法理上的最高权力机关，其组成具有一定的代表性和广泛性，其日常的活动（包括一些重大的立法活动）也受到公众不同程度的监督，它在推动中国立法进程，完善中国法律体系方面确实做出了重要的贡献。事实上，中国已经建立了较为完备的法律体系，但缺少严格执法的司法实践。也就是说，问题主要不在于法律不健全，而在于法律的执行不力。

法律执行不力主要体现在两个方面：一方面，司法体系不具独立地位，司法活动经常受到来自政治系统其他方面如行政体系和党的系统的干预，甚至司法机关经常成为党政权力机关或个别领导人操纵法律的工具。近年来一些被舆论广泛关注的"因言获罪"的案件就是典型的例证。另一方面，因种种原因，司法体系内部缺少"法治"的行为得不到"监管"，司法公正不能得到切实保障。有大量的案例说明我国司法实践中存在诸多问题，如法院违法、法官断案定性和量刑不当、司法不公、法官和检察官腐败等现象。

综上所述，加强"人大"的地位，发挥"人大"机关的立法提案、司法审查、人事任免、政策质询、预算审议的功能，以便使"人大"成为控制政府行为的重要机构，确保司法独立和公正，使司法机关成为制约政府乃至所有权力主体、保障公民权利的重要机构，实现立法、司法和行政体系的基本平衡是我国法治建设的基本任务。

第三节　建设服务型政府

自从中央提出转变政府职能，建设服务型政府以来，对于服务型政府的研究成为一个学术热点。这方面的研究很多，研究角度也很多。不过，大多数研究在于论证服务型政府的含义、特点、理论依据和现实意义等问题。

新一届政府在以建设服务型政府为方向的政治改革方面,确实做了很大的努力,也有不小的成就。如问责制的实际推行,行政审批制度的改革,听证制度、公示制度的实施,电子政务的推广,等等。不过,政治学的研究说明,制度历史大多发展得非常缓慢,就制度构建而言,时间的计量是以 10 年为单位的。中国政府上述努力的实际成效还需要经受时间的检验。应当肯定,服务型政府改革的方向是正确的,需要继续坚持,但是,真正推广实施的难度也很大。它除了要求政府开展更加细致入微的工作外,还需要考虑到种种制度性约束,通盘规划,制定长远的改革战略和策略。

一 服务型政府,是时髦口号,还是战略目标?

中国经济发展的成就举世瞩目,但政治发展却鲜为世人所乐道。这一方面是因为政治改革还在探索之中,政治发展思路需要有一个逐步清晰和明确的过程;另一方面也是因为对于政治发展的理解和评价历来有不同看法。人们一般总是习惯于用民主化的指标来衡量和评价中国政治发展。但政治发展研究表明,民主化只是衡量政治发展指标体系的一个方面。也就是说,衡量一个国家政治发展水平的指标是一个庞大的综合体系,而民主只是一个方面的指标体系。那些认为中国政治发展没有什么成就,或者低估这些成就的观点,实际上主要依据的是政治发展综合体系中的一个方面,即民主化,而且对民主化的理解也主要限定在一般通用标准的几个固定指标之下,如多党制、普选制、言论自由等。

说到底,不管是市场化也好,民主化也罢,改革的目的在于形成一种良好的社会管理体制,实现良好的社会治理。而要实现良好的社会治理,从根本上说,就是要解决好两大问题:政治与治政。政治学研究表明,一个秩序良好的社会,必须是一个合理划分"公共领域"和"私人领域"界限的社会。属于公共事务的,纳入公共事务管理的范畴,由公共权力(政府)部门采用法律的、行政的、政策的多重手段去解决(所谓"公了")。属于私人事务的,由私人自己或私人之间(包括个人之间、组织协会之间)通过协商、交易等方式去自行解决(所谓"私了")。因此,一个秩序良好的政治社会，必须在合理划分国家（state）、社会（society）、个人（individuals）三者界限的基础上，在不同领域，针对不同的对象，实行不同的"治理"原则和手段，确立"管制"+"自治"的合理模式。

对于"私人领域"的管理可以称作"社会治理"或"治理社会"，属于"政治"的范畴。"公共领域"的管理可以主要地被界定为"政府治理"或"治理政府"，属于"治政"的范畴。前者强调的是"治民"，后者强调的"治官"；前者的目的是要规范公民行为和社会组织行为，保障公民权益，防止暴民政治；后者是要规范政府（包括官员）行为，限制公共权力，防止暴政统治。实际上，中国的改革正是沿着这两条线索在探索中逐步展开的，中国的政治发展也就是在这两个方面的努力中不断进步的。

从政府改革的角度看，服务型政府意味着政治模式的根本转变：从以统治百姓为核心的政治模式转向以服务百姓为核心的治政模式。前者重在"治民"，限制百姓；而后者重在"治官"，限制政府权力。这一转变与以"控制国家"为内容的民主政治发展方向并行不悖。

中国的经济改革以建设社会主义市场经济为导向，那么，中国的政治改革是不是应该以建设服务型政府为导向，这种表述需要进一步研究探讨。但无论如何，应当把建设服务型政府看作中国政治发展的一项战略目标和任务。因为那不仅符合中国实际的发展路径，而且，从中国的实际考虑，把它作为战略目标，放在与当年以市场化为导向的经济改革一样的位置上，可以通过推动以服务型政府为导向的政府改革，推动中国政治体制变革，促进中国政治发展。

另外，建设服务型政府也符合国际大趋势，我们不希望"服务型政府"这个概念只是作为一届政府的时髦口号而被"小用"了，我们希望在这个概念下做出大文章。把建设服务型政府作为战略任务来规划，需要在宏观层面做出涉及整个政治体制和政府架构的长远规划，在中观层面制定关系到政府运行模式转变的制度安排，在微观层面制定有关"责任政府"的行为和决策的具体任务目标。

二 政府创新："形象工程"，还是系统工程？

服务型政府代表了现代政府的发展方向，也成为80年代以来世界主要国家公共管理的一项重要内容。服务型政府意味着社会治理模式的根本变革。

政治学一般从理念、制度、行为三个层面来考察和评价一个国家或一个政府的状况。相对于传统政府来说，服务型政府意味着政府理念、制度和行为方式的全面创新。

我们习惯了"政治式的"（治民、管制、服从）思维和行为。现在提出要建设服务型政府，那要求我们培养另外一种"习惯"，那就是"治政式的"思维和行为。这种"治政式的"思维和行为的核心是"治官"，实施的是"管制+自治+自由"的治理模式，强调"服务"而不是"服从"。所以，适应这一革新的理论创新和观念更新是非常必要的。

服务型政府要求摒弃传统的官僚制式的社会管制型政府理念，树立政府部门与社会部门（私人部门和所谓的"第三部门"）携手合作的社会治理理念和公共服务型政府理念。在这方面，首先需要澄清观念。一般认为"民主"思想是服务型政府的理论基础。笔者认为不尽然。服务型政府的理论基础应该是"民主"+"法治"+"治理"，它体现的是以民为本、依法治政、共管共治的治国理念。

服务型政府建设还需要在重新界定政府角色和定位的基础上，实现制度创新。在制度创新的过程中，要恪守维护公共利益的立场和职责，全面推广在国际上行之有效的责任制度、公示制度、听证制度、监督制度。

在具体的政府行为方面，要切实做好几方面的工作。第一，要将诚信政府落在实处，杜绝形象工程和运动式管理，要实实在在办事；政府做事要有系统规划，要有成本效益意识，要有责任观念和明确的问责机制。

检讨我们的政府行为，有几种情况或问题：一种是政府想办好事但办不了（能力有限）；一种是政府对别人作恶坐视不管（不作为或不及时）；再一种是政府自己作恶（与民争利，行为失范）。这些问题都影响民众对政府的认知和评价，影响政府形象。

要化解上述问题，一方面是要加大"治政"力度。另一方面，要把政府职能转变到公共服务方面。这要求有更进一步的工作：制定真正完备的政府预算模式；实施严格有效的问责制度；把公共服务水平的提高纳入政府绩效评估体系中，对各地公共服务水平进行评估和公布；等等。

第二，政府管理要做到有板有眼。服务型政府建设是一件"细活"，它更加关注于管理的细微之处，要求政府工作更加精心细致。20世纪80年代以来西方国家政府改革的总体方向是缩小政府管辖范围，实行解制改革，其重点不是针对结构问题，而是着眼于管理细节，实现管理操作和过程的精致化。在中国，建设服务型政府虽然受到来自结构方面的制度性约束，但在既有结构条件下还是有大量细致化的工作要做也可做。强调政府要为百姓提供服务，而百姓所直接感受的并不是结构和制度，所认同的也不是政府花了多少钱，办了多大场面，做了多少工程，而是实实在在的生活体验：安全不安全、麻烦不麻烦、便利不便利、冤屈不冤屈。服务型政府就是要遵照结果导向来改造政府。这种结果必须从老百姓的角度去感受、去定义。

新公共管理运动有一个口号，要像企业经营那样去经营政府。我们可以通过比较企业服务与政府服务来检讨政府工作。其实，明白了企业做服务的道理，也就明白了建设服务型政府的道理。企业做客户服务，首先要明白它的服务对象是谁，其次要明白这些客户的需求是什么，然后针对不同客户的不同需求，提供专业化的服务。要站在民众的立场上做好政府服务，就要求把百姓分成不同群体，看看政府到底能为他们做什么事情：对城镇居民怎么做？对农民能做什么？对民工能做什么？对学生和教师能做什么？对中小企业能做什么？对于大型企业能做什么？对于社团组织能做什么？对于游客能做什么？对于军人能做什么？以此类推，你可以不断深入细化，而且能够让各级政府有积累性地推进地方工作。

三　政府再造：单兵突进，还是双管齐下？

一般认为，政府改革只是政府内部结构调整。因此，服务型政府建设的努力方向和工作重点理应放在机构改革、职能调整、人事改革、制度创新等方面。这些工作当然重要。但需要特别指出的是，还有另外一个属于政府之外的工作也非常重要，那就是处于非政府领域的社会自组织的发展。

服务型政府管理模式的实现需要有两个方面的努力：一是改造我们的政府，实现政府解制和减负，让它真的成为一个提供良好公共服务的机构；二是改造我们的社会，鼓励"第三部门"的发展，在能够实现社会自理的领域尽可能实现社会自治，在不能自理的领域，实行政府与社团组织的共管共治。

这里需要明确几个概念。第一，政府职能转变与政府结构调整是两码事。旨在建设服务型政府的改革并不仅仅是行政改革，而是政治改革；建设服务型政府的真正意义并不是调整政府内部的关系，而是调整政府与社会的关系。第二，转变政府职能，建设服务型政府，并不简单意味着政府职能的收缩。针对我们原来的政府模式，简政放权当然是必要的，而且我们也一直在这么做。但问题的关键是，政府放权放给谁，政府放弃的阵地由谁来"占领"。

在这个问题上，政治学的研究可以为我们提供借鉴。根据政治学的一般概念，社会组织可以被划分为三大类型，即政府机构、非营利性组织和私人机构。

政治学的相关研究还表明：（1）国家与社会处于双向互动之中，国家的退却和政府职能的收缩是以社会自组织的发展为条件的。因此，在转变政府职能、建设服务型政府的同时，一定要制定社会发展促进战略，鼓励和推动社会组织的发展。在这方面，政府有很多事情可做，至少能够为社会组织的发展创造条件，提供便利。（2）实现良好的社会治理，需要进行社会资本（social capital）投资。社会资本是"嵌入在社会网络中的资源"，它存在于社会网络关系和社会组织之中。一个国家或地区，其公民的社会关系网络越密集，社会组织化程度越高，社会资本的拥有量就越大，而社会交易和社会管理成本就越低。改变庞大臃肿的全能型政府模式，建立服务型的"精干政府"，就要为政府减负，而要实现政府减负，就要鼓励中介组织和"第三部门"的发展。

通过各种非政府组织，把分散的公民组织起来，进行利益表达、参与政治生活，实行一定程度的自治（自我管理），既可以提高管理绩效，也可以节省政府开支，减轻政府负担，避免政府直面社会矛盾和冲突而没有回旋余地。在任何一个现代国家中，各种非政府组织都是政府与公民之间的联系桥梁，是政府实现对社会有效治理的不可或缺的伙伴。从中国现有的国情来看，我们可以更多地学习借鉴欧洲的社团主义（合作主义）来处理政府与各种利益集团的关系：政府承认某些社团组织（行业协会）在特定领域的合法地位，并与之建立制度化的合作关系，让这些社团组织在发挥利益代表作用的同时，也协助政府实施相关政策。

基于上述认识，笔者认为政府应该将社会自治视为政府管制的可替代战略，把社团组织的发展纳入服务型政府建设的目标中来，为它们的发展创造便利条件：降低社团登记的门槛、简化程序，方便非政府组织的成立，并可以考虑在税费等方面对其所从事的公益活动给予鼓励。

第四节　构建有限且有效的政府

一　回到有限政府

经过近40年改革，中国的经济条件与社会状况发生了根本性的变化，基本实现了从计划经济向市场经济的转型，并初步建立了市场经济体制。中国的市场化经济体制改革属于强制性的制度变迁，政府是经济体制改革和社会发展的主导力量。政府在充分认识到计划经济体制的弊端之后，积极推动并精心组织了经济体制改革，取得了举世瞩目的经济成就。在这一社会转型过程中，政府扮演了一个直接组织和推动改革的积极角色，发挥了重要的历史作用。但随着计划经济体制逐步退出历史舞台，市场经济体制渐渐形成，政府的角色应该随之调整和改变，要实现从解构传统体制到建构新体制的历史转变，要适应市场经济的历史要求，担负起保护产权和规范市场秩序的重任。政府完成这一重任关键在于要为市场经济社会构建一个完善的法制环境，要成为社会法制体系的建构者与维护者，扮演好市场经济秩序的监护人角色。

政府能否有效地履行这些职能，不仅取决于政府官员的道德自觉，更重要的是制度力量的推动和保障能否实现。因为政府作为一个特殊的集团也具有一定的利益诉求，公职人员从政首先是一种谋生手段，他们会依据自身的能力、学历和担负的责任，产生相应的利益要求。任何利益集团都可能滋生不正当的利益要求，由于政府的政策制定具有对社会稀缺资源进行权威性分配的功能，在法治缺失的国家，政府对利益的不正当要求往往导致公共政策的制定背离公共利益，造成社会不公并破坏正常的市场秩序。

无疑，中国政府在社会转型过程中所发挥的积极作用和取得的巨大成就，使其赢得了合法性权威。但在强制性的社会转型过程中，政府管理也出现了许多严重的问题，突出表现为政府对市场经济的干预超出合理的界限，公共权力的非公共运用，以权谋私、权钱交易较为普遍，结果使市场经济充满着制度风险和非市场竞争，政治公正性受到严重挑战，非正常市场经济导致的两极分化不断扩大。这一切现象都严重制约着中国市场经济从初级向完善形态的转型，正如有学者发出警告，"改革的两种前途严峻地摆在我们的面前：一条是政治文明下法治的市场经济道路，一条是权贵私有化的道路。这是希望的春天，也是失望的冬天；我们正在走向天堂，也可能走向另一个方向"[1]。

政治文明下法治的市场经济无疑是我们追求的目标，其核心是建立法治秩序下的有限政府。以往我们只关注市场经济与所有制的关联，却尚未充分研究市场经济与法治的联系。毋庸置疑，所有制问题的确很重要，但是，法治是更为深层的制度问题。法治的第一个经济作用是约束政府，限制政府对经济活动的任意干预；法治的第二个经济作用是约束经济人行为，其中包括产权界定和保护，合同和法律的执行，公平裁判，维护市场竞争。如果没有法治的这两个经济作用作为制度保障，产权从根本上说是不安全的，企业不可能真正独立自主，市场不可能形成竞争环境并高效率运作，经济的发展也不会是可持续的。[2]

市场机制的本质是通过竞争激发人的创造性，最大限度地通过提供有效供给满足社会的需要。竞争需要规则，如果规则是公正的、确定的，就为市场行为提供可预期的环境，使市场主体之间的竞争主要在市场需要与市场供给之间进行，通过管理创新的竞争，使市场主体在商品供给过程中，最大限度地满足社会的需要。一旦市场缺乏规则或规则被破坏，市场的交易成本将大大增加。市场经济的发展历史表明，完善的市场经济建立在法治之上，现代市场经济需要一个有限政府进行治理。

20世纪80年代以来，随着经济改革的深入，中国政府也经历了一个

---

[1] 吴敬琏：《当代中国经济改革》，远东出版社，1999，封4。
[2] 钱颖一：《现代经济学与中国经济改革》，中国人民大学出版社，2003，第24页。

不断改革的过程。对于中国政府的改革历程，大体可以做出这样的描述：80年代，改革主要围绕"集权与分权"的话题而展开；基于对传统集权模式的深切反思，"分权让利"被设定为政府改革的主题。90年代，国家与社会、政府与市场关系的讨论，将政府改革的话题引向有关"大政府与小政府"的讨论；由于初步界定国家与社会、政府与市场是此消彼长的关系，因此，"小政府"模式一度被看好，裁并机构，精简人员成为政府改革的主要内容。2000年以后，政府改革的主题进一步深化，人们达成了新的共识，即，政府权力的集中或分散、政府规模的大或小，未必是一个好政府的主要标志，一个良好的政府应该是有效履行公共管理和公共服务职能的"强政府"。基于这样的认识，"转变政府职能"就成为政府改革的新议题，在这一议题之下，改变政府管理模式，构建服务型政府，便理所当然地成为政府改革的目标。

这些年，有关中国政府改革的讨论一直持续不断，所发表的意见确实很多，提出的概念也让人眼花缭乱。但终归看来，并没有超越"有限政府"的主题。这也就是说，不管新概念、新主张、新方案怎么地层出不穷，但"有限政府"和"民主政治"总归是绕不开的节点。制度的本土化固然必要，但就常理而言，"人同此心，心同此理"。"不管古今中外，监狱不上锁，被关的人就会跑掉"，这是再普通不过的常识。与其在既有的意识形态窠臼中捉襟见肘地变通，莫如回到理论"原点"，在"有限政府"的概念上认认真真地做文章，思考现实可能的路径。

日裔美国学者福山认为，对于很多国家的改革来讲，最好的路径是在缩减国家职能范围的同时提高国家力量的强度。① 因此，要遏制社会矛盾逐年增多、群体性事件不断攀升的势头，必须进行制度创新，改变政府管理的模式，变全能政府为有限且有效的政府。对于那些政府不该管或者管不好的社会事务，政府应当坚决退出这些领域，甚至对于那些政府可以管理也可以不管理的事务，为了培育民众的自治精神，政府也应当让民众来自我管理，这意味着要建立有限的政府；对于那些离开政府就没有办法管好的社会事务，政府必须承担责任，尽力把这些事务管好，这意味着要建

---

① 参见〔美〕弗朗西斯·福山《国家构建：21世纪的国家治理与世界秩序》，黄胜强、许铭原译，中国社会科学出版社，2007。

立有效的政府。

道家学派创始人老子有句名言,"治大国若烹小鲜"。所谓"治大国若烹小鲜",第一是讲要治,而不是不治,要吃鱼而不是不吃鱼;第二是说不能乱治乱为,因为小鱼是经不起折腾的,几次重铲,翻来覆去就可能把鱼炒烂。这句话真可谓真知灼见,没有统治者的管理,社会就会一盘散沙,陷入自发无序状态。然而,统治者手握铁铲,掌握着统治大权,处于优势地位,社会和老百姓是被管理的对象,处于劣势地位,就像小鱼一样经不起统治者折腾,很多时候,政府的作为会与民争利,并且带来赋税的增加,导致许多老百姓收入减少,甚至破产。

当前,老子提出的问题仍然是个大问题,要维持社会的秩序,促进社会的发展,离不开国家的作为,同时,为了防止统治者滥用权力,抑制社会的活力,政府又必须把作为限制在一定的范围之内。老子的话用当前的语言来说,就是建立有限且有效的政府。

建立有限的政府,不仅有利于政府自身的建设,而且也有利于增强社会的活力,提升人民之间的信任度,提高人民群众自我管理的能力。只有有限的政府才可能是有效的政府。专制的政府,全能的政府,什么事都要管的政府,往往什么也管不好。只有有效的政府,才能不断进行公共服务创新,建立有效的产权制度促进经济的发展,建立有效的管理制度促进社会的稳定与发展。因此,中国政府创新与改革的方向,应当是构建有限且有效的政府。

二 有限政府才可能是有效政府

没有人会否认一个高效政府存在的重要意义,尤其在社会事务日益复杂、更加需要一个超然于社会之上的"利维坦"式的公共权威来协调社会关系、实施公共管理的当今时代。但是,即便撇开对"政府是恶"、"公权是害"这样的担心不谈,单就政府怎样才能更加有效地组织社会管理而言,基于对政府能力的有限性的认识,"有限政府"也应当成为政府的基本原则和理念。

美国立国者的讨论和美国政制的经验值得我们深入思考。建国之初,美国联邦党人希望建立一个自由的强国家——有效政府,这也可以说是我们的政治目标和政府再造的理想。他们坚持认为，政府的组建应当以自由为原则。但是，他们也清楚，"滥用自由与滥用权力一样，都可能危及自由"①；"在组织一个人统治人的政府时，最大困难在于必须首先使政府能管理被统治者，然后再使政府管理自身"②。由此可见，他们希望建立的政府既是有效的，也是有限的：有效政府即"使政府能管理被统治者"，有限政府即"使政府管理自身"。换句话说，美国联邦党人的立国诉求有两个：一是赋予政府以足够的权力，控制（管理）人民；二是通过对政府外在的和内在的双重约束，控制（管理）政府（或国家）。今天，对于美国的政治制度，我们也可以做出这样的解读：采取共和政体（代议制政体）和地方分权的联邦制，赋予总统以较大的行政权力，设置国会两院制，实行法官终身制等，主要是为了对社会实施有效管理，防止"暴民政治"；实行民主选举，实施以野心对抗野心的分权制度，制定权利法案，规定司法独立等，无非是为了控制政府，防止"暴政政治"。

在思想和学术界，一般都认为"最好的政府是管制最少的政府"这一名言出自美国开国元勋杰斐逊。但有研究指出，"几乎可以肯定"杰斐逊并没有讲过这句话：现存杰斐逊文献不仅查不到这样的话，而且这样的思想也不符合杰斐逊的一贯主张。按照杰斐逊的一贯思想，"最好的政府只能是最遵从民意的政府"，或"最好的政府只能是权力受到最严格限制的政府"③。诚如有人所指出："最好的政府是管制最少的政府，这完全正确；但同样正确的是：最好的政府也是提供服务最多的政府"④。由此可见，所谓"最好的政府"，实际上是指权力最小而责任最大的政府，亦即，在限制公民自由方面，它应当是"小政府"，而在提供公共服务方面，它应该是"大政府"。

有学者曾经分析指出，不管在什么社会，如果没有制约条件，统治者都趋向于权力尽可能大，而责任尽可能小。而被统治者则相反，希望兼享最大自由与最大福利保障，因此要求统治者权力尽可能小而责任尽可能

---

① 〔美〕汉密尔顿等：《联邦党人文集》，程逢如、在汉、舒逊译，商务印书馆，1982，第324页。
② 同上书，第264页。
③ 参见秦晖《权力、责任与宪政——兼论转型期政府的大小问题》，《二十一世纪》（网络版）2003年第12期，总第21期。
④ Charles Forcey, *The Crossroads of Liberalism: Croly, Weyl, Lippmann, and the Progressive Era, 1900-1925*, Oxford University Press, 1972, p.139.

大。统治者希望做有权无责的"人主",而被统治者希望产生有责无权的"公仆"。这样,统治者与被统治者双方就权力与责任达成协议或契约就成为必要。这个契约要规定政府必须做什么,为此被统治者授予其相应的权力。同时更要规定政府不能做什么,被统治者有哪些不可剥夺的权利。[1] 这样一种契约安排,正是所谓的宪政。宪政的目的无非是要使政府的权力与责任相对应,这种权力必须为被统治者所授予,而授予的唯一目的就是要使政府向被统治者负责。

事实上,在人类政治生活的实践中,权力极小责任极大的"最好政府"从未实现,而在权责对应基础上,什么是"次好政府"——是权责都较大的政府,还是权责都较小的政府——也没有公认的结论。但人类政治文明的进程却揭示了政府构建的"底线"——防止和杜绝"最坏的政府",即,权力最大而责任最小的政府。[2] 在公共服务领域"最不管事"的政府,同时却拥有强权来榨取民脂民膏、侵害国民自由,也即,责任意义上的"小政府"与权力意义上的"大政府"完全同一,这是任何专制极权政府的共同特点。因此,防止和杜绝任何形式的专制极权政府的出现,就成为人类构建良好政府的"底线标准"。既然有责无权的政府可欲而不可能,有权无责的政府可能而不可欲,那么,人们可以争论的就是政府权大责亦大好呢,还是权小责亦小好。无论哪一种,它们都要以权责对应为前提,而能够实现权责对应的政府就是民主法治政府。[3] 防止"最坏政府"——权力无限但责任有限,这正是民主法治的意义所在。

政府必须是有限的才是有效的,无限政府必然是无能政府。"有限政府"即指政府自身在规模、职能、权力和行为方式上受到法律和社会的严格限制和有效制约[4],它意味着"政府只享有人民同意授予它的权力并只为了人民同意的目的,而这一切又受制于法治"[5]。所以,法治的最重要的政治职能就是铲除无限政府,确立和维持一个在权力、作用和规模上都受

---

[1] 参见秦晖《左派之祖?右派之祖?——理解杰斐逊与"美国精神"》,《南方周末》2006年7月27日。
[2] 参见秦晖《什么是宪政责任》,《社会科学论坛》2005年第2期。
[3] 参见秦晖《权力、责任与宪政——兼论转型期政府的大小问题》,《二十一世纪》(网络版)2003年第12期,总第21期。
[4] 参见白钢、林广华《宪政通论》,社会科学文献出版社,2005,第94页。
[5] 〔美〕路易斯·亨金:《宪政·民主·对外事务》,邓正来译,三联书店,1996,第11页。

到严格的法律限制的"有限的政府"。

有限政府与有效政府并不对立,相反,有限政府是有效政府的前提。要使国家和政府有所作为的最好办法,就是对国家和政府的权力和能力加以必要的限制,使其有所不为。政治学的常识告诉我们,没有限制的权力,必然导致对权力的滥用,从而败坏国家的能力。由此可以推论,一个合理的政府理所当然地只能是有限的政府。

政府既要"有限",以避免专制暴政,又要"有效",以防止无政府状态,促进公共事业,这两种使命和功能之间的天然张力使宪政民主成为必然的选择。既要对政府权力严加限制,使其不能为非作歹,危害社会自由,又要赋予它足够的权威、能力和自主活动空间,让政府能够积极为善,保护和促进自由。真正的宪政"既是政府的一种积极的工具,使统治者能够管理被统治者,又是对政府的一种约束力量,使被统治者能够制约统治者"①。宪政就是"限政",只有通过限制权力,才能保证有效地利用这些权力,制定政策,提高公民的福利。②

三 通往"有限政府"之路

根据政治学的基本理论,有限政府需要有三个方面的支持和保证:首先,政府的架构必须是宪政的,即,宪法必须明确规定各种政府机构的任务(duties)、责任(responsibilities)和功能(functions),明确政府与个人的关系;其次,通过一系列制度安排,制造政府内部紧张或互相制衡,保持权力结构分散(fragmented and dispersed);最后,维持一个由诸如商会、工会和压力集团(pressure groups)等自治组织所组成的广泛而独立的公民社会(civil society)的存在。③

上述理论告诉我们,有限政府的建设也可以从三个方面展开:第一,确立宪法至上的原则,落实宪政结构的制度安排;第二,确立和落实权力制衡的原则,保证"以权力制约权力";第三,赋予公民以及社团组织以

---

① 〔美〕伯恩斯等:《美国式民主》,谭君久等译,中国社会科学出版社,1993,第34页。
② 参见〔美〕斯蒂芬·L.埃尔金等编《新宪政论:为美好的社会设计政治制度》,周叶谦译,三联书店,1997,第144、145、156页。
③ 参见 Andrew Heywood, *Political Theory: An introduction*, Palgrave Macmillan, 2004, p.70。

广泛的权利,使它们能够通过维权行动来抵抗可能来自政府的侵权,确保"以权利约束权力"。

对于中国政府来说,上述三方面的工作也可以说是通往"有限政府"(当然也是"有效政府")的三条法治大道。每条大道又会有多条或交叉或平行或衔接的小道所组成。我们认为,这些小道至少应该包括以下几个。

第一,限制行政"自由裁量权"。"有限政府"首先体现在政府权限有所限制。经过40年的改革,中国政府在总体定位和宏观权限方面已经大体明确,所存在的问题主要是在具体事务的处理过程中行政自由裁量权过大,或者没有明确限制。因此,限制行政自由裁量权是实现"有限政府"的一条重要举措。

关于限制行政自由裁量权的方法,目前已有一些比较成熟的理论,如立法及司法对行政自由裁量权的限制;行政机关通过行政立法、行政公开、行政监察和行政复议等措施对行政自由裁量权的自我控制等理论。根据这些理论,需要从事前、事中和事后三个阶段分别为行政自由裁量权设置限制。

通过立法来为行政事务确定标准,这是行政自由裁量权的"事前"限制。通过法院的司法审查,即对具体行政行为的合法性进行审查,阻止政府滥用行政自由裁量权,这是行政自由裁量权的"事后"限制。通过行政立法、行政公开、行政监察和行政复议等环节,限制、规范行政自由裁量权的存在范围和行使方式,实施有效的监督和救济,这可谓对行政自由裁量权的"事中"限制。据此,要限制行政自由裁量权,首先就要求中国人大加强立法意识,把限制行政自由裁量权作为立法工作的核心,同时要在提高人大立法的专业水平上下功夫。其次,要确立法院的司法审查制度,并确保法院违宪作为或不作为的责任追究。最后,要建立健全行政机构的内在制衡约束机制,确立政府政务公开、信息公开的制度和责任追究制度。

第二,实施对政府行为的广泛监督。"限权政府"的行为必须每时每刻受到监督,才能保证它不至于越权出界。除建立立法监督、司法监督、行政监督等制度和机制外,还需要确立完善的社会监督制度和机制。

以权利约束权力的法治原则告诉我们,通过宪法和法律,明确规定公民在政治、经济、文化和社会生活领域广泛享有的自由权、生命权、财产权、民主权、社会经济权等各项权利，并赋予其维护自身权利的手段，通过公民维护自身权益的行动可以抵制政府权力部门和当权者滥用权力。从理论上讲，通过公民的维权行动来抗击当权者的专权和滥权行为必须满足以下四个条件：

（1）宪法和法律需要对公民权利做出明确规定；

（2）公民需要具有权利观念和自觉维护自身权益的意识；

（3）政治制度安排中需要提供公民维权的有效途径；

（4）建立公正独立的司法系统，保证侵权行为得到及时合理的惩治。

在以权利约束权力的路径下，现代社会对政府权力形成了广泛的社会监督机制。这些监督机制主要包括：一是公民监督，即公民通过批评、建议、检举、揭发、申诉、控告等基本方式，对国家机关及其工作人员权力行使行为的合法性与合理性进行监督。一般来讲，现代民主宪法都赋予公民以广泛的政治权利，其中包括选举权，罢免权，批评建议权，申诉、控告、检举权，取得损害赔偿的权利等。宪法所规定的这些权利为公民对国家权力主体进行监督提供了依据、途径和方式。二是社会团体监督，即各种社会组织和利益群体通过选举、请愿、对话、示威、舆论宣传等形式，对政府机关和公职人员的监督。三是舆论监督，即各种传播媒介采取多种形式，表达和传导有一定倾向的议论、意见及看法，以实现对政治权力运行中偏差行为的矫正和制约。

从目前中国的实际情况来看，上述三种监督机制似乎都不很灵验。公民个体的监督不能有效发挥作用，法院在公民与政府的纠纷中难保公正立场而导致司法信任危机，正式的信访制度也经常由于地方政府或部门的"截访"行为而遭遇尴尬。社团组织因为自身发展的不足而难以发出有力的声音和组织有效行动来影响政府行为。舆论在"政治正确"和"正确引导"的原则下，不仅难以成为政府行为的制约力量，反而容易变成政府操纵民意的工具。要改变这种状况，从根本上说需要推进政治体制改革，理顺政民关系，建立现代责任政治和责任政府的问责制度。

第三，建立公共财政制度以控制政府的经济来源和流向。"有限政府"需要受到政府预算控制。没有钱什么活动也开展不了，因此，抓住了政府预算的环节，就是抓住了政府的"牛鼻子"。政府预算控制的目的就在于控制政府的经济来源和财政支出的流向和流量。

第八章　社会建设：走向协同治理新格局

随着经济发展和人民群众生活水平不断提高，人民群众对社会服务、社会参与、社会信任、社会秩序、公平正义、民主法治等方面的需求日益迫切，党的十八大和十八届三中全会适时提出要加强和创新社会治理，提高社会治理水平，增强社会发展活力，推进社会治理现代化。十九大进一步提出要建立共建共治共享的社会治理格局。现代国家建设除了要完成经济发展的任务之外，还必须完成社会治理的任务，经济发展体现了国家的生产能力，社会治理体现了国家的控制能力。因此，加强和创新社会治理是我国经济社会发展到一定阶段的必然要求，是社会主义社会发展规律的客观要求，是人民安居乐业、社会安定有序、国家长治久安的重要保障。习近平总书记强调要继续加强和创新社会治理，完善中国特色社会主义社会治理体系，努力建设更高水平的平安中国，进一步增强人民群众安全感。

第一节　中国社会建设的发展过程

改革开放之后，党和国家首先考虑的是要解决好广大人民群众的生存问题，社会管理要为经济建设服务。1987年，党的十三大就明确提出了以经济建设为中心。1993年，十四届三中全会通过了《中共中央关于建立社会主义市场经济体制若干问题的决定》，10年后，中国社会主义市场经济推动了中国经济社会发生了翻天覆地的变化，社会主义市场经济体制不断完善。2003年，十六届三中全会通过了《中共中央关于完善社会主义市场经济体制若干问题的决定》，我国经济建设取得了举世瞩目的成就。经济的持续快速发展一方面为社会管理提供了物质基础，另一方面也对社会管理提出了新的要求。

随着改革的持续推进，以前完全依附于单位的"单位人"逐步向"社会人"转变，导致了很多以前由单位承担的社会问题被推向了社会。产权制度改革后，大多数"单位人"被推向了社会，原来由企业承担的社会保障和社会福利被推向了社会，企业员工不再是"进了工厂门，就是国家人"。"单位人"向"社会人"的转变意味着以前由单位承担的大量的社会事务，比如住房供给、计划生育、子女入学就业、家庭矛盾调解、医疗保险、离退休养老、丧葬抚恤等问题都被推向了社会，如果不能妥善解决这些问题，一方面不能为经济发展解决后顾之忧，另一方面也容易引起社会不稳定现象。流动人口大量涌入沿海发达城市几乎与改革开放同步，这一现象反映了生产要素资源必然向最能实现其价值的区域流动，是经济社会发展的趋势。社会流动性增强是经济社会发展的表现，但是社会的流动性和开放性增强必然对社会管理提出新的挑战。

在改革开放以前，单位承担了大部分基层社会治理功能，基本上没有社区的概念，虽然已经建立了居委会，但居委会主要是管理当时极少数游离于单位之外的人员。改革开放之后，国家对基层社会的管理逐渐由单位制转变为社区制，不过，有实质意义的社区建设开始于1998年，这一年，国务院机构改革，原民政部基层政权司更名为基层政权和社区建设司。为了探索社区建设和社区管理的思路，民政部从1999年开始在全国不同的地区建立了26个社区建设实验区，并制定了实验区实施方案，将社区体制改革作为重要部分列入其中。2000年11月，中共中央办公厅、国务院办公厅转发了《民政部关于在全国推进城市社区体制的意见》，该意见认为，有必要在总结26个城市社区建设实验区一年多来试点经验的基础上，在全国范围内积极推进城市社区建设。

2004年，十六届四中全会提出了构建社会主义和谐社会的任务，中国特色社会主义事业总体布局由经济、政治和文化建设"三位一体"发展成为经济、政治、文化和社会建设"四位一体"，"社会建设"从此与"经济建设"、"政治建设"和"文化建设"并列成为现代化建设的重要内容。

十六届四中全会还首次完整提出"党委领导、政府负责、社会协同、公众参与"的社会管理格局。2006年,十六届六中全会出台了《中共中央关于构建社会主义和谐社会若干重大问题的决定》,该决定从建设服务型政府、推进社区建设、健全社会组织、处理社会矛盾、完善应急管理体制机制、加强社会治安综合治理、加强国家安全工作和国防建设等七个方面勾画了完善社会管理的具体路径。2007年,党的十七大报告提出必须在经济发展的基础上,更加注重社会建设,着力保障和改善民生,实现全体人民"学有所教、劳有所得、病有所医、老有所养、住有所居"。2008年,十七届二中全会上,党中央将"加强社会管理"和"注重公共服务"作为深化行政管理体制改革、正确履行政府职能的三大任务之一。

2011年5月30日,中共中央政治局召开会议,研究加强和创新社会管理问题,会议指出:"加强和创新社会管理,事关巩固党的执政地位,事关国家长治久安,事关人民安居乐业,对继续抓住和用好我国发展重要战略机遇期、推动党和国家事业发展、实现全面建设小康社会宏伟目标具有重大战略意义。"这次会议不仅指出了加强和创新社会管理的意义,而且指明了创新的方向:"要紧紧围绕全面建设小康社会的总目标,牢牢把握最大限度激发社会活力、最大限度增加和谐因素、最大限度减少不和谐因素的总要求,积极推进社会管理理念、体制、机制、制度、方法创新,完善党委领导、政府负责、社会协同、公众参与的社会管理格局,加强社会管理法律、能力建设,完善基层社会管理服务,建设中国特色社会主义社会管理体系。"①

加强和创新社会管理,是党和政府积极应对我国进入社会矛盾多发期、社会风险活跃期的社会现实而做出的管理理念与管理模式的重大战略部署。这一时期,全国各地基本上都处于社会矛盾多发期,一些群体性事件对社会的正常秩序和社会的和谐稳定造成了严重影响。

2013年11月,中共十八届三中全会将推进国家治理体系和治理能力现代化作为全面深化改革的总目标之一。全会通过的《中共中央关于全面深化改革若干重大问题的决定》专列一章部署创新社会治理体制,这是中国共产党成立以来在党的正式文件中第一次提出"社会治理"概念,标志

---

① 《中共中央政治局会议研究加强和创新社会管理问题》,www.gov.cn/ldhd/2011-05/30/Content_1873609.htm。

着党执政理念的新变化。社会管理的主体主要是政府部门，体现的是公共权力的运行，强调的是政府的职能和责任，社会治理的主体除了政府部门还有社会组织等其他主体，社会治理强调的是社会治理是社会上所有的组织和个人共同的责任，强调的是共建共享。

十八届三中全会以来，习近平总书记多次就创新社会治理发表重要讲话，2016年10月，习近平总书记就加强和创新社会治理做出指示，强调要一手抓突出问题整治、一手抓社会治理创新，平安建设取得新成效。要更加注重联动融合、开放共治，更加注重民主法治、科技创新，提高社会治理社会化、法治化、智能化、专业化水平，提高预测预警预防各类风险能力。要坚持问题导向，把专项治理和系统治理、综合治理、依法治理、源头治理结合起来。要完善社会治安综合治理体制机制，加快建设立体化、信息化社会治安防控体系。各级党委和政府要高度重视社会治理工作，落实社会治安综合治理领导责任制，切实肩负起促一方发展、保一方平安的政治责任。2017年9月，在全国社会治安综合治理表彰大会上，习近平总书记指出，要坚定不移走中国特色社会主义社会治理之路，善于把党的领导和我国社会主义制度优势转化为社会治理优势，着力推进社会治理系统化、科学化、智能化、法治化，不断完善中国特色社会主义社会治理体系，确保人民安居乐业、社会安定有序、国家长治久安。

党的十九大报告指出，社会主要矛盾已经由"人民日益增长的物质文化需要同落后的社会生产之间的矛盾"转化为"人民日益增长的美好生活需要和不平衡不充分的发展之间的矛盾"。并且指出，人民群众对美好生活的需要日益广泛，不仅对物质文化生活提出了更高要求，而且在民主、法治、公平、正义、安全、环境等方面的要求日益增长。为了有效回应这些新需要，解决社会的新矛盾，十九大报告在加强和创新社会治理领域，提出要建立共建共治共享的社会治理格局，并且提出："加强社会治理制度建设，完善党委领导、政府负责、社会协同、公众参与、法治保障的社会治理体制，提高社会治理社会化、法治化、智能化、专业化水平。"

第二节 中国政府的积极探索

从社会管理到社会治理的转变是现代文明发展的方向，也是中国实现国家治理现代化的必然要求。改革开放以来，中国政治经济社会领域发生了巨大的变化，随着经济的快速发展和社会收入状况的大幅度改变，中国社会矛盾和社会问题日益凸显，其表现形式也在不断改变。90年代邓小平"南方谈话"之后，中国全面推进市场化改革，在自由经济的冲击下，社会抗争开始地方化，出现了以弱势群体为主体的反应性抗争。此时，中国社会发生了国有企业工人大规模下岗、公共医疗和其他保障制度衰弱、城市快速扩张等一系列变化，引发了农民抗税、工人集会和复员军人抗争系列性事件。进入21世纪之后，社会主义市场经济的稳步运行提高了人民的生活水平，创造了大量的财政盈余，同时也增强了民众的权利意识，农民工维权、业主反拆迁、市民环保运动等主动型抗争日益增多。

社会变化引起社会群体之间关系紧张，导致社会矛盾加剧，这些紧张关系如果得不到及时调整，就会造成社会问题。社会变化所引发的社会矛盾主要包括：资本拥有者希望降低成本和劳动者希望提高劳动收入之间的劳资矛盾；经济收入和财富分配差距扩大所导致的贫富矛盾；民众基本公共服务需求扩张与政府公共服务供给不足引发的官民矛盾；流动人口管理机制不健全与流动人口对享有基本市民生活待遇之间的社会矛盾，以及由政府征地、拆迁引发的社会综合矛盾。这些矛盾引发了许多社会问题，不仅造成社会不稳定，也对原有管理体制构成挑战，进而为政治统治带来了风险。

在国家与社会的双向互动中，社会变化作为一种推进力量，引发社会矛盾和社会问题，而国家治理作为一种反制力量，通过制度变革，不断规制社会变化，吸纳社会力量，以保持发展的持续稳定。面对上述这些随着社会经济变化而产生的社会矛盾和问题，中国政府大概做出了如下几个方面的积极反应。

第一，政府管理导向的改革。有许多社会抗争事件是由于政府管理不善、执法不当而造成的，为了降低由此引发群体性社会抗争的可能性，政府自身做了大量改革，这些改革可以分为几种类型。

（1）结构性改革：加强基层管理，成立专门的机构解决专门的问题。如建立信访部门，"大接访"大调解；建立健全综治委、城管、应急办等机构，建立网格化社区管理、"双联户"制度等，保证便民管理体系的有效运行。

（2）功能性改革：构建服务型政府，强化公共服务，完善公共教育、医疗、社保、就业等方面的服务，同时强化政府的应急处理能力。

（3）程序性改革：以法治政府为目标，规范执法行为；实行简政放权、政务信息公开；上级官员主动下访，解决基层民众上访事务；推进协商民主，完善社会协商机制以化解社会矛盾。

然而，在压力型政府体制下，政府管理导向的改革也面临一些困境：一方面，优势资源和权力被层层上收，而责任和义务层层下放，造成了基层治理中权责关系失衡；另一方面，部门化管理造成权力碎片化和本位主义现象突出，难以形成整体治理合力。政府管理的部门化通常有两个弊端，首先，在政策制定上，缺乏整体性、联动性和系统性。出于部门利益、地区利益的考虑，一些部门和地方往往倾向于采用本位主义立场，较少着眼于整体主义来考虑政策的制定与实施，其结果导致"九龙治水"难有成效。其次，在治理过程中，缺乏协同配合和力量整合，各自为政、独立作战的治理格局通常带来成本增加、效率低下的结果。因此，如何克服权责上下不对称和权力部门左右不协调的问题，是政府深化改革的重要任务之一。

第二，政府服务导向的改革。有许多群体性抗争事件是底层大众长期不满于公共服务不足、社会分配不公造成官民关系紧张而引起或蔓延开来的，因此，尽快补上公共服务短板，加强政府二次分配是政府这些年努力的方向。政府落实扶贫救困计划，推进民生事务的改革，在关系百姓日常生活的民政、公安、户籍、工商、税务等领域积极开展有效的便民服务。政府也投入大量经费，用于乡村道路、医疗卫生站、公共电视网等公共设施的改进，并大力推进村容村貌整治、文化下乡、特色小镇建设等工程。

构建服务型政府，让政府职能回归公共服务确实是应对群体性事件的有效途径，但长期以来政府养成的包办主义习惯，导致政府在提供公共服务时全能主义色彩浓厚，对于一些本来管不好也管不了的事情也要依照惯例而行事。特别是在面临社会利益多元化、资源分配多样化、民众需求也差异化的事务的时候，政府自以为是、替民众做主，最终造成服务供给与民众需求不完全对接。所以，如何避免公共服务政府包揽的新全能主义模式，建立多元供给结构，仍然是政府深化改革的任务。

第三，社会自治导向的改革。政府放松管制，给社会和民间生活以更大的活动空间，是社会组织和个人独立自主、实现社会自治的重要条件。社会组织和个人积极参与管理过程，不仅能够有效降低群体性冲突事件的发生概率，也能改善政府公共管理和公共服务的绩效。中国政府这些年积极推进居民自治、村民自治，并且从开始注重选举以及对选举的监管，逐渐转向注重依靠村规民约、基层事务公开、重大事务集体决策、党员责任制、居民承包制等形式保障基层民众民主管理和民主监督的基层治理。

目前，中国地方政府在社会自治导向的实践过程中依然面临一些困境。政府有时难以把握尺度，要么越位包揽，要么撤出不管。一种情况是，政府越过社会进行管理，一些本该适用"社会自治"机制的事务，却由政府接盘管理，导致政府"越位"；另一种情况是，政府为了推动"社会自治"，主动收缩阵线，或者以"社会自治"为名，放弃管理和服务职责，造成社会管理"缺位"现象。从根本上说，上述两种情况的出现还是应该归因于社会发展不足。社会无组织或组织化程度较低，难以动员集体力量和公共资源以形成集体行动；社会力量孱弱，缺乏自治能力，从而导致政府要想管住管好社会就不得不深度介入社会领域的各个方面。地方实践表明，这种情况的出现与经济发展水平密切相关。一般来说，经济发展较为落后的地区，社会力量的"自治"水平相对较低，社会管理的"越位"和"缺位"现象也会较为多见。

社会管理出现变异，究其根源，在于国家与社会关系的结构功能出现偏差。从理论上说，国家代表了统合性力量，社会代表了自主性力量，二者的关系可以分为以下四种类型：（1）"强国家—强社会"；（2）"强国家—弱社会"；（3）"弱国家—强社会"；（4）"弱国家—弱社会"。社会管理变异情况的出现，意味着国家与社会关系处于"强国家—弱社会"和"弱国家—弱社会"两种模式中。在"强国家—弱社会"结构中，政府力量远远大于社会力量，因而出现政府越过社会实施管理的可能，这种状况会本能地抑制社会力量的增长，导致政府愈强而社会愈弱。在"弱国家—弱社会"结构中，由于政府力量过于孱弱，既无法为社会力量的发展提供基础性环境，更无法扶植社会力量的成长，从而导致政府恒弱而社会愈弱。理论和实践都支持"强国家—强社会"模式。

这种模式意味着：其一，国家有足够的能力，对外维护国家主权与尊严不受侵害，对内有效管理，能够提供高质量的公共服务和社会保障；其二，社会有足够的能力，表现为公民生活相对富裕，民间力量在经济、社会、文化等生活领域具有较强的自主性、自立性和自助性；其三，在公共事务的管理中，国家权力机关—政府—政党组织、社区和社团组织所提供的治理机制大体上各守本位，各司其职，能够形成良性互动，彼此分工协作。

第四，协同治理导向的改革。从"善治"理论的学术语义来看，国家与社会的协同治理，即"公共治理"，是治理的理想模式，由它所能引出的积极的政策性结论是：不仅要保持政府内部机制的协调性，还必须保持政府机制与非政府机制（权力和权利）的协调性。谋求政府与社会的合作，让主要的利益相关者共同参与，保证公共选择和公共博弈的有效性，增强政府与民间的互动性，将有效的政府机制和有效的社会机制结合起来，实现社会各方共管共治，这是协同治理的基础。

中国政府大力加强地方之间、党政机构之间、政府内部机关之间、政府与社会之间的协调性，在不同层级和不同事务中探索建立不同的协调机制。其中包括非常规化的重大事务全国性联合行动，还有非常规化的专项事务跨地区、跨部门综合整治，还建立党政联合的常规化的综合治理、综合执法机构（综合治理办公室、综合执法办公室等），另外，在政府与非政府合作方面，建立多种协调机制，如建立社会工作委员会，创办社会组织孵化基地（中心），建立基层民主协商制度，组织公益创投活动，推广政府购买服务等。

第三节 中国社会建设的经验

十多年来，中国地方政府本着改善社会治理的目标，推出了围绕上述治理要素的创新性改革，特别是那些率先实行改革开放、经济较为发达的沿海地区，如浙江、广东、福建、上海等地，政府更加热衷于社会治理的创新，进行了许多实验性探索，这些探索可以在一定程度上反映社会治理中国经验的特点。

第一，努力打造社会协同治理格局。中国的社会治理努力追求这样的目标：一个富有领导力的政党凭借其不断的创新能力引领社会；一个有效的政府提供足够的制度供给和信用保障；所有企业和经济组织不仅追求自身利益的最大化，还要具有社会责任的担当和贡献；每个公民应当通过社会组织参与到社会生活、社会管理以及社会公益活动中来，贡献自己的爱心。总之，各地政府力求使不同的力量和要素得到有效整合，使政府机制、市场机制、社会机制各司其职，共同分担社会功能，实现有效的社会治理。例如，上海市闵行区于2015年开始推行"平安小区建设协同治理模式暨平安家园工程"，全面推广平安小区协同治理的"田园模式"。该模式展现的三种机制和功能包括：（1）"政府"机制，政府财政拨款1080.1万元用于小区技防、物防设施建设，增强社区防范能力；（2）"企业"机制，全区1027个居民小区投入社会资本（小区维修资金、公共收益等）1970.4万元，改善社区公共设施；（3）"社会"机制，广泛增设业委会（新设21个，还有48个进入筹备程序），完善居民自治组织，提升自治水平。

第二，充分发挥党组织的引领作用。政党就是密切联系群众的组织，它在社会治理中发挥的主要作用在于：（1）政策动议，利用执政权力，推动社会治理政策的产生和实施；（2）组织动员，实现组织全覆盖；（3）行动引领：通过党员责任制等形式，保证社会治理行动的有效实施。浙江宁波提出"以党建引领社会治理"的口号，并采取了行之有效的做法，为社会治理提供很好的示范经验。在宁波的探索中，各级党组织通过制度创新和技术创新，加强组织建设和功能转变，在组织上，通过协商共治制度，扩大党组织的覆盖面，通过运用移动互联网等技术，加强绩效考核，激活各级党组织；在功能上，通过为党员和民众提供服务来转变党的工作重心，重塑党组织的公信力和领导力；通过区域化党建联席会议搭建对话平台，打破基层党组织各自为战的分割状态，提升基层党组织政治整合、政治动员、政治协调能力，凝聚各方力量，引领区域社会整体发展。实践表明，区域化党建片区联合体，有利于实现区域资源共享、党员共管、事务共商，有助于化解基层治理的突出矛盾。

第三，以发展公益组织和公益事业抑制公害事务。以公益化公害，以公益治公害，这是中国社会治理中一条重要的经验。社会治理中如何打破集体行动困境？各地政府的普遍做法是，培育和支持民间公益领袖，鼓励他们创设公益组织，然后吸纳其组织加入社会管理和社会服务的过程。例如，广东省深圳市于 2001 年成立了"深圳孤独症人士家长资源中心"这一社会公益组织。2009 年这一组织入选"壹基金典范工程"，并在 2011 年承担了华南区枢纽机构的角色，使广州、东莞、深圳等地自闭症服务机构的 1000 多名自闭症人士直接受益。从 2009 年起，具有官方背景的深圳市福彩基金会开始与该组织合作，开展慈善项目。深圳市福彩基金会向该组织捐助 345 万元，资助项目涉及硬件改善、康复费用补贴、教师福利补贴、教材编写、文体活动经费资助等。据统计，2009~2012 年，深圳市福彩基金会通过公益组织资助自闭症儿童约 2000 人次，资助自闭症教师约 1400 人次，建成设施完善的康复场所 1300 平方米。

第四，在基层社会普遍推广网格化管理，打破社会事务中的"破窗效应"。社会治理的对象是各种社会问题，而这些问题之所以成为社会的麻烦，就是因为最初的个别失范行为没有被及时发现并得到及时矫正，从而形成"破窗效应"。因此，社会治理的关键之一就是及时维修"破窗"，使之不至于酿成普遍的管理危机。近年来，中国各地政府普遍推广网格化管理，这在很大程度上弥补了既有体系的功能不足。浙江省宁波市于 2013 年起普遍建立了基层网格治理综合服务平台，不仅填补了过去基层事务无人负责的管理空白，而且克服了过去信息传递层级过多导致的效率损耗。现在，宁波正在试图把不同部门的网格化管理纳入一个统一的平台中，力争基层事务"一网打尽"，破解条块分割、网格重叠的治理困局。

第五，推进社会事务管理的信息化和网络化，为协同治理提供硬件平台。信息化和网络化是改善社会治理与公共服务绩效的有效手段。近年来，各级政府加大信息化和网络化投入，消除信息"孤岛"状况，努力在基层事务管理中实现网络化信息化管理。例如，福建省从 2012 年底开始推出"社区信息化平台"，推广到全省 2238 个城市社区和 675 个街道、乡镇、农村社区，发布信息 30 多万条，累计访问量达 6200 多万人次。通过社区信息化，基层社会治理实现了社区服务便民化、社区管理规范化和沟通渠道多元化，在提升民生服务能力和推进社区发展等方面起了积极作用。

第六，以问题为导向，实现治理方式全面创新。针对不同类型、不同性质、不同层级的社会事务，采用不同的治理方式，是实现社会有效治理的前提。针对政府传统管理模式应对社会需求和变化的种种低效、失灵困境，中央政府提出建设"服务型政府"和"法治政府"的目标和要求，以推进市场化、法治化、民主化、社会化进程来改善社会治理。各级地方政府也积极谋求治理方式创新，形成了许多值得推广的经验。归纳起来，各地治理方式创新的主要途径包括：（1）通过规范政策标准和政府行为来改善社会治理；（2）通过改善公共服务（加大公共投入，推行政府购买等）来改善社会治理；（3）通过制度供给创新来改善社会治理；（4）通过信息公开和程序透明来改善社会治理；（5）通过提高法治执行力来改善社会治理；（6）通过疏通民意表达渠道、吸纳公民参与来改善社会治理；（7）通过矛盾调解和扶贫济困的政策创新来改善社会治理。在法治化、民主化、社会化、市场化治理方式创新方面，浙江省宁波市提供了较为完整的案例。宁波市建立81890信息服务系统，提供便民服务。宁波通过乡贤恳谈会、民主议事厅、民意裁决团等多种形式的制度创新，以及协商共治平台搭建的制度供给保障协同治理。例如，宁波市下辖各街道通过居民会议、民主评议或民主听证等多种方式，扩大群众参与社会决策范围，以实现对决策过程的监督。宁波市鄞州区、北仑区等区县，让街道牵头搭建了各种社区自治平台，包括社区民主议事平台（以实现社区的协商民主）、社区民主监督平台（以实现社区自治中权力的相互制约）、社区矛盾调处平台（减少或化解居民之间不必要的矛盾与冲突），确保基层社会治理中的稳定与和谐。宁波市还引进商业保险机制，对各种社会风险进行保险治理。

总体来看，中国各级政府全力推进社会治理创新，一方面开发既有的正式制度和机制的潜力，让政党、政府等国家权力机关以及传统的群团组织发挥新的机能；另一方面，激活企业、社会组织、社区的功能，让它们在社会治理中发挥应有的作用，鼓励公民组织起来，加入各种公益性、权益性、兴趣性社团组织，实现"组织全覆盖"，保障公民有序参与。

第四节 中国社会建设的未来

一 协同治理新格局

在传统的社会管理结构中,政府基本上是社会管理的唯一主体,人民群众处于消极被动地位。在互联网信息化时代,政府单打独斗、包打天下已经不可能。当前,社会问题日趋复杂多变,人民群众的社会需求日益复杂多样,政府单打独斗已不适应社会发展的新形势,政府、市场、社会扮演不同角色,分工负责、良性互动,才能实现优势互补,共同治理好社会。

第一,激活多元治理主体,形成协同共治的局面。在充满不确定性的现代社会,只有政府和社会携起手来,让基层社会承担更多的社会治理责任,让社会能够自我运转起来,才能建设美好的家园。政府应当逐渐从纷繁复杂的微观社会治理事务当中退出,集中于制度供给,给基层社会腾出更多的治理空间。在基层政府之外,基层社会比较重要的社会力量是基层党组织、社会组织和社区,把这三种组织和力量充分激活,让其发挥更大的作用,才能推进社会治理在深度和广度上进一步发展。

党的基层组织体系是党动员和整合基层社会的基本组织资源,是党执政的重要组织基础。在新的形势下,进一步加强和改进党的基层组织建设对于巩固和扩大党执政的社会基础具有不可替代的作用。但是,随着经济和社会的巨大变迁,党的基层组织体系包括组织结构和功能作用都出现了不同程度的弱化,这种状况对于党密切联系群众,巩固和加强执政地位是非常不利的。通过区域化党建、信息化党建、服务型党建等举措,扩大基层党组织覆盖面,以党的基层党组织建设为引领,巩固基层政权,发挥基层党组织的战斗堡垒作用和广大党员的先锋模范作用,提高基层队伍的社会治理能力,夯实党的执政基础,为创新社会治理加强基层建设提供了根本保证。

社会组织积极参与社会治理是现代社会的重要特征,积极支持社会组织培育和发展对于政府简政放权，提升治理能力具有重要的意义。政府可以通过公益创投和政府购买公共服务等方式支持社会组织的发展。要明确政府购买公共服务范围、提供方式和流程来鼓励社会组织参与政府公共服务项目的提供。引导社会成员增强主人翁精神，激发社会自治、自主、能动力量，让大众的问题由大众来解决。

社区是基层社会的基本构成单元，是人们生活的最主要场所，一个运转良好的社区有利于人们获取便捷的社会服务，构建良好的社会关系，愉悦身心。目前，在城乡社区治理方面，存在重视不够、行政化色彩较浓的问题，以及基层权力运行不透明和监督不力的现象。在社会治理现代化过程中，通过完善社区治理体系、健全社区服务体系、深化社区居民自治、着力发挥驻区企事业单位作用和基层自治组织作用，许多城市初步形成了共建共治的社区治理格局。

第二，搭建协同治理的体系和平台。社会从分工到融合是互联网时代的特征，只有确立协同治理、共建共享的社会治理格局，才能逐步打破地区分割、部门各自为战甚至相互掣肘的局面，这就需要搭建社会治理的体系和平台，实现社会治理主体之间的互动和联结，促进不同社会治理方式之间的整合。网格化建设和信息化建设是十分重要的社会治理体系和平台。

网格的主要功能是发现社会问题，发现问题是社会治理的基础，发现不了问题，就难言治理。通过智能手机软件，每一个居民都可以将发现的社会问题迅速上报，通过"网格"平台，使行政力量、政党力量、社会力量和市场力量等各种资源力量在"网格"这个新平台上形成有效的整合，实现跨部门、多流程的业务高效协同，促进管理方式由"粗放机械"向"精细灵活"转变。

随着互联网和大数据技术的发展，信息化和智能化在社会治理现代化过程中发挥着越来越重要的作用。信息技术的发展出人意料地改变和整合着许多传统的治理方式，为协同治理提供了快捷便利的平台。政府必须及时主动跟上现代信息技术的步伐，推动社会治理与时俱进，提升社会治理水平。

第三，创新协同治理方式。社会治理强调的是建立一个有活力、有秩序的协同治理系统。从治理过程和治理方式上来讲，要注重参与式的民主协商，建设民主化、透明化、社会化、精细化的社会治理机制和治理方式，通过公益创投、购买服务、项目外包、保险等方式提高社会治理市场化水平。

透明、开放和法治。透明开放是现代政府的基本特征。当前，政府更要主动公开信息，满足公民的知情权，同时政府主动公开信息也有利于在信息化时代占据主动。信息公开是公民参与的前提，以此为基础，公民就能够通过多种渠道，广泛地参与到政府决策中，进而推动公共资源配置的民主化与科学化。

参与、协商和共享。随着城市化加速发展，大量人口涌入城市，传统乡村相互守望、相互帮扶的社会逐步解体，在城市，形成了一个个原子式的个人，大家只关心自己的事务，各人自扫门前雪，不管他人瓦上霜，政治冷漠成为社会常态，社会信任逐步流失。在社会治理过程中，确立协同共治的理念，调动一切可以利用的资源共同参与社会治理，一方面能够减轻政府的压力，提高政府治理能力，另一方面也可以满足人民群众多元化的社会需求，培养人民群众关心社会事务承担社会责任的习惯，最终形成良好的社会风尚。

二 中国社会建设的未来

共担社会责任，共建美好家园，公共事务公共治理已经成为现代社会治理的发展方向和基本特征。社会治理的理想状况应该是党和政府搭建好治理平台，制定好政策与法规，充分运用社会力量、市场力量和科技力量，调动和激发每一个参与主体的积极性，打造利益与责任统一的命运共同体，形成协同治理新格局。

1. 进一步激活社会组织：让社会自我运转起来

社会组织是现代社会治理不可或缺的重要载体，发达地区的社会治理的一大特色就是十分重视社会组织参与社会管理和提供公共服务。在社会治理起步阶段，就十分注重社会组织参与社会治理，通过让社会组织参与社会管理和公共服务提供，激发社会组织活力，提升社会组织能力。应当继续积极支持社会组织的发展，深入改革社会组织登记管理制度，建立社会组织法治秩序，强化社会组织服务功能和协同作用，促进社会组织健康有序发展，让该特色成为引领中国社会治理发展的方向。

第一，加强社会组织立法。结合各地社会组织发展实际，加快立法步伐，明确社会组织功能定位。社会组织功能应该定位在公共服务的提供者、社会政策的执行者、社会主义核心价值观的传播者和践行者、全面推进依法治国的重要推动者、建设和谐社会的有力促进者。进一步完善并切实落实已出台的配套政策措施，推动相关政府职能部门编制出台向社会组织购买服务的指导目录，为社会组织创造更多更好的发展环境和发展空间；重视社会组织人才断层现象，探索实行社会组织社会工作人才职业化机制，实现社工、社区、社会组织"三社联动"。

第二，推进社会组织依法自治，提高社会组织参与社会治理的能力。建立健全以章程为核心的权责明确、运转协调、有效制衡的现代社会组织法人治理机制，推进政社分开，尊重和保障社会组织的法人主体地位，促进社会组织依法自治并独立承担法律责任。激发社会组织活力，提高服务水平，加强信息披露，提高社会组织公信力，促进社会组织规范运作。建立健全社会组织参与社会事务、维护公共利益、救助困难群众、帮教特殊人群、预防违法犯罪的机制和制度化渠道，充分发挥社会组织在立法协商以及对立法中涉及的重大利益调整论证咨询中的重要作用，引导社会组织依法有序参与社会管理和社会法治建设。

第三，继续加大培育发展社会组织的力度，支持和创建一批有影响力的社会组织，并形成一定的品牌。加强宣传力度，加强对各级各部门贯彻落实两办文件和相关配套政策文件的督促力度，确立社会组织的主体地位。不断完善组织领导，加强社会组织登记管理机构建设，把培育发展社会组织列入党委政府部门重要工作议程，将社会组织发展纳入地方社会、经济总体发展规划，营造有利于社会组织健康发展的良好环境。开展社会组织特色品牌创建活动，强化社会组织创品牌意识，做大做强一批综合实力强、公信度高、影响力大的社会组织。

2. 提高社区治理能力：夯实社会治理基础

社会治理的基础和活力在基层，基层社会治理的重点和难点在社区，提高社区治理能力就成为社会治理的关键。提高城市社区治理能力需要理顺多元主体之间的关系，培育社区自治功能，创新社区治理方式。

第一，理顺社区各类主体之间关系。城市社区包括八类主体：社区党组织、居委会、社区工作站、辖区单位、社会组织、业主委员会、物业公司和社区居民。理顺这八类主体的关系，核心就是要建立健全以社区党组织为领导，居民为主体，居委会、社区工作站、辖区单位、社会组织、业主委员会和物业公司共同参与的协商共治模式。一是要明确社区各类组织之间的职能界限。全面梳理社区工作清单，全面建立社区党组织职能任务清单、社区服务中心职能事项清单、社区协助政府工作事项清单、社区党务财务居务服务事项公开清单制度，落实政府向社区和社会组织购买公共服务制度。二是要理顺局部关系。理顺物居业关系，厘清业主委员会和居委会之间的职能，联合居委会、业主委员会、物业公司和居民建立小区物业管理多方联动协作机制，提高小区物业治理效率。三是要进一步完善社区党组织对其他各类组织的领导。居委会要自觉接受社区党组织的领导，支持社区议事协商组织、业主委员会、物业公司和社会组织等开展工作，及时协调解决矛盾纠纷，维护各方合法权益。社区议事协商组织、业主委员会、物业公司、社会组织等要主动接受社区党组织的领导，辖区单位要积极配合支持社区党组织和居委会开展工作。社区工作站要在社区党组织的领导下，以及居委会的指导帮助下，依法协助政府做好与居民群众利益相关的工作。

第二，进一步培育社区自治功能，把完善自治制度建设和扩大群众参与相结合。完善自治制度建设方面，要完善社区居委会直选制度、居民代表会议制度和居委会内部治理结构。积极探索小区楼栋（院落）自治和社会组织自治机制，推动形成社区居民自治、业主自治、楼栋（院落）和社会组织自治的立体自治新格局。保障依法成立住宅小区业主大会和业主委员会，规范业主大会运行机制，完善业委会换届办法，健全业主委员会成员常任制和自治服务常态制。

扩大群众参与方面，一是决策方式多元化。通过居民会议、民主评议或民主听证等多种方式，扩大群众参与社区决策范围，以实现对决策过程的监督。二是合理引导群众参与。社区党组织要在培育社区自治功能和扩大群众参与方面进行引导，带动居民参加社会组织活动，动员居民积极参与社会治安综合治理、开展群防群治、调解民间纠纷，鼓励和支持居民协助街道、居委会以及社区做好与居民利益有关的各种工作。三是创新组织形式。由社区党组织发起，建立社区"和谐共建理事会"等协商议事组织,推广村级"和谐促进会"社会融合组织,吸引区域内居民委员会、群团组织、经济组织、社会组织、外来人员以及社会贤达人士代表自愿参与,形成基层各方面力量共同参与社会治理的合力。

第三,创新社区治理方式,形成协同共治的格局。社区协同共治的核心是要形成以"多元主体、多元平台和多元服务"为基本架构的多元共治社区治理体系。建立多元主体,就是通过整合社区八类主体力量,来共同参与社区治理。这就要全面建立由这八类主体参与的社区共建参议会(理事会)。充分发挥辖区单位参与社区治理的作用。积极推动驻区学校、企业、社区健康服务中心等单位将文化、教育、卫生、体育等活动设施向社区居民开放,为社区提供人力、物力、设施支持,推动共驻共建、资源共享。建立多元平台,就是通过建立社区民主议事平台、社区民主监督平台和社区矛盾调处平台,为社区治理嫁接资源,疏通渠道。建立社区民主议事平台,就是要建立居民议事会制度,成员由社区党组织、居委会、工作站、业主委员会、物业公司、驻社区单位、社会组织、社区居民等方面的代表组成,通过民主协商和民主决策,协调不同利益主体的关系。完善多元服务,就是通过整合社区服务项目,打造"大服务平台"的社区服务新模式,提供个性化和可选择服务。

3.**市场力量:撬动更多资源参与社会治理**

社会治理重在协调好利益关系,实践证明市场机制和市场力量是协调利益关系的有效工具。推进社会治理现代化要重视市场机制的作用,让市场机制吸纳社会力量、破解社会治理难题,形成多样化治理模式,努力实现社会共治。

第一,**进一步完善政府购买公共服务机制**。在推进社会治理现代化过程中,浙江宁波很早就开始尝试通过政府购买服务机制和公益创投机制,支持初创期社会组织发展;通过政府购买服务、项目外包等方式化解社会矛盾、防控社会风险。政府通过购买公共服务,激励社会组织积极参与社会治理是发达地区社会建设的一大特色,未来需要进一步完善推广该机制,让社会组织在社会治理过程中发挥更大的作用。

第二,**继续深入推进保险等市场机制参与社会管理,创新公共服务方式**。最近几年,浙江宁波尝试将社会保险引入社会治理,创立了"保险参与社会治理"的模式,在医疗保障、灾害救助、食品安全等公共治理领域广泛引入保险机制,显著改善了社会公共服务资源的配置效能,完善了社会治理协同机制,提升了社会风险应对能力,提升了社会治理现代化水平。不过,必须指出的是社会保险等市场机制参与社会治理在宁波乃至全国都仍然是新生事物,需要进一步实验、探索和创新。未来,需要积极深入推进各种形式的市场机制参与社会治理,运用利益引导、商业运作等方式推进社会开放共治。

第三,充分运用各类企业的资源、技术和人才优势。企业作为市场主体,是社会治理市场机制的重要参与者,企业拥有很多社会资源,而且在技术和人才方面也具有优势,要激发企业的社会责任,鼓励它们承担社会治理责任,为社会治理做贡献。搭建更便利可靠的平台,让企业在享受社会服务的基础上,通过各种形式,履行相应的社会责任,发挥它们在社会治理中的重要作用。

4. 科技创新:推进社会治理信息化和智能化

传统社会治理一个突出的问题是部门之间难以协调,如何推动跨部门合作一直是政府社会治理实践当中难以解决的问题。此外,如何推动社会治理向多样化和精细化方向发展也是传统社会治理的一个重要难题。互联网和大数据技术的发展创造了令人意想不到的奇迹,技术革命促进了治理体制和机制的变革。

随着信息技术和互联网的迅速发展,信息化在社会治理中会发挥越来越重要的作用。随着移动互联网和数据挖掘及处理技术的进一步发展,社会治理信息化和智能化的发展空间会更为广阔。推进社会治理现代化必须把制度优势与技术优势结合起来。2016年10月9日,在中共中央政治局第三十六次集体学习上,中共中央总书记习近平指出:"随着互联网特别是移动互联网发展,社会治理模式正在从单向管理转向双向互动,从线下转向线上线下融合,从单纯的政府监管向更加注重社会协同治理转变。我们要深刻认识互联网在国家管理和社会治理中的作用,以推行电子政务、建设新型智慧城市等为抓手,以数据集中和共享为途径,建设全国一体化的国家大数据中心,推进技术融合、业务融合、数据融合,实现跨层级、跨地域、跨系统、跨部门、跨业务的协同管理和服务。要强化互联网思维,利用互联网扁平化、交互式、快捷性优势,推进政府决策科学化、社会治理精准化、公共服务高效化,用信息化手段更好感知社会态势、畅通沟通渠道、辅助决策施政。"① 推进社会治理体系和治理能力现代化建设，应当运用现代信息网络技术和数据处理技术，完善社会治理体系、优化政府办事流程，为群众提供更好的公共服务和社会服务。

随着互联网和大数据技术的发展，信息和科技在社会生活方方面面发挥着越来越重要的作用，在社会治理方面，也在不断创造令人意想不到的奇迹。未来，需要更加注重运用现代科技思维和手段分析、解决问题，尤其是要善于运用互联网和大数据技术去做传统人工手段做不了、做不好的事，把社会治理工作提升到新的层次和水平。

第一，要全面加强信息化建设。一是加强信息基础建设。建设统一的基层社会综合服务管理信息网格，通过市级信息平台实现统一集中管控。大力推进街道（乡镇）、居村信息化建设，加快完善基层的信息化建设，深入开展智慧社区、智慧村庄试点，鼓励各类基层组织运用信息化手段，促进基层管理的智能化。二是创新信息化治理模式。努力构建及时反映信息、联动解决问题、分析预测趋势、数据驱动决策的基层现代治理模式。努力实现信息反映全面及时准确、同网流转顺畅、多平台交换共享、部门联动处理，切实发挥信息化在助推基层社会治理现代化中的重要作用。结合社会公众行为方式的转变，充分利用微信等公众信息平台，构建"OTO"服务体验模式，线下服务向线上延伸。

第二，要建立基层信息资源共享机制，核心是实现"跨部门共享和信息采集共享"，方式是建立统一的基层数据采集共享目录体系。"跨部门共享"，就是用信息技术把基层社区涉及不同部门的公共信息进行信息化存储和管理，可以较大程度地提高存储和管理效率、降低存储和管理成本。优先在社保、医疗、教育、养老、就业、食品药品安全等民生领域进行跨部门协同应用。共享的数据涵盖社区数据中心、包片联户、电子台账、档案管理、工单管理、智能终端等系统模块，真正做到社区工作"一本账"、服务"一站式"。"信息采集共享"，就是实现"多元合一"信息采集模式，做到一人采集、多人共享，以及一部门录入、多部门共用。

第三，统筹推进三大信息化应用体系，带动基层社会治理水平提高。

---

① 《中共中央政治局就实施网络强国战略进行第三十六次集体学习》，www.gov.cn/xinwen/2016-10/09/content_5116444.htm。

要通过信息化建设带动基层社会治理水平提高，就需要统筹推进基层网格化信息系统、行政服务信息系统和社会化服务信息系统三大体系的建设，实现社会信息资源向基层延伸。一是要推进基层网格化信息系统建设。建立市、区两级协同信息中心，在区、街道（乡镇）层面分别建立监督指挥大厅负责网格事务派单和流转，做到相关部门横向协同到边，不留死角。建议推出"全民社管"手机软件，让市民成为义务网格员，参与信息数据的采集与更新，与专职网格员共同激活社会治理神经末梢。二是要推进"一站式"行政服务信息系统建设。建议对全市现有网上行政服务系统进行功能升级，开发"一站通"平台，把政府各职能部门与居民相关的行政审批和非行政审批办事项目整合到一个平台，采取"多点受理、受办分离、综合接件、后台审批、一站办结、电子监察、全城通办、全年无休"，把政府服务延伸到基层服务站点，减少百姓跑腿，提升行政服务办事效率。三是要推进社会化服务信息系统建设。培育由社会组织或民营企业开发的各类互联网应用服务平台，满足群众个性化服务要求。

5. 法治建设：推进社会治理法治化

注重法治建设，推进社会治理法治化。社会信任缺乏是当前社会治理当中的一个突出问题，人们不愿意相信政府，在执法过程中，暴力抗法事件时有发生。这些现象固然有老百姓自身的原因，但是更为根本的原因却在政府社会治理方式上，随意的权力以及没有规则约束的权力，容易导致执法者的态度傲慢和效率低下，甚至产生权力寻租和腐败现象，这就必然导致公众对政府的不满、失望和不信任。解决这个问题的办法和出路就是加强法治建设，推进社会治理法治化。

法律是治国之重器，法治是国家治理体系和治理能力的重要依托。强力推进依法行政，透明执法，不仅是政府赢得民众信任、树立政府权威的关键，而且也是保护执法者权益的最有力武器。要善于运用法治思维构建社会行为有预期、管理过程公开、责任界定明晰的社会治理制度体系，善于运用法治方式把社会治理难题转化为执法司法问题加以解决。同样，社会治理创新需要运用法治思维和法治方式，做到科学立法、严格执法、公正司法、全民守法，在建设法治国家、法治政府和法治社会中促进社会既充满活力又和谐有序。

参考文献

习近平：《习近平谈治国理政》（第一卷），外文出版社，2018。

习近平：《习近平谈治国理政》（第二卷），外文出版社，2018。

国务院行政审批制度改革工作领导小组办公室：《深化审批制度改革推进服务政府建设》，中国方正出版社，2008。

燕继荣：《走向协同治理：基层社会治理创新的宁波探索》，人民出版社，2017。

燕继荣：《国家治理及其改革》，北京大学出版社，2015。

燕继荣：《社会资本与国家治理》，北京大学出版社，2015。

燕继荣：《政治学十五讲》（第二版），北京大学出版社，2015。

燕继荣：《服务型政府建设：政府再造七项战略》，中国人民大学出版社，2009。

王浦劬：《国家治理现代化：理论与策论》，人民出版社，2016。

王浦劬：《政府向社会组织购买公共服务研究：中国与全球经验》，北京大学出版社，2010。

俞可平主编《治理与善治》，社会科学文献出版社，2000。

俞可平主编《推进国家治理与社会治理现代化》，当代中国出版社，2014。

房宁：《民主的中国经验》，中国社会科学出版社，2013。

郁建兴：《马克思国家理论与现代》，东方出版中心，2007。

欧桂英：《行政审批制度改革若干问题解说》，中央党校出版社，2003。

曹荣湘编《走出囚徒困境》，上海三联书店，2003。

苏力：《法治及其本土资源》（第三版），北京大学出版社，2015。

王利明：《法治：良法与善治》，北京大学出版社，2015。

朱健刚：《国与家之间：上海邻里的市民团体与社区运动的民族志》，社会科学文献出版社，2010。

白杰：《街道办事处权力运作逻辑：对宣南的实证研究》，中国商业出版社，2010。

石发勇：《准公民社区：国家、关系网络与城市基层治理》，社会科学文献出版社，2013。

王绍光：《民主四讲》，三联书店，2008。

王绍光：《安邦之道——国家转型的目标与途径》，三联书店，2007。

赵鼎新：《民主的限制》，中信出版社，2012。

赵鼎新：《社会与政治运动讲义》（第二版），社会科学文献出版社，2012。

周雪光：《组织社会学十讲》，社会科学文献出版社，2003。

周雪光：《中国国家治理的制度逻辑》，三联书店，2017。

何艳玲：《都市街区中的国家与社会：乐街调查》，社会科学文献出版社，2007。

李君如：《社会主义和谐社会论》，人民出版社，2005。

李君如：《协商民主在中国》，人民出版社，2014。

戴激涛：《协商民主研究：宪政主义视角》，法律出版社，2012。

郑杭生等：《当代中国社会结构和社会关系研究》，首都师范大学出版社，2003。

李培林：《"另一只看不见的手"：社会结构转型》，社会科学文献出版社，2005。

李培林：《社会改革与社会治理》，社会科学文献出版社，2014。

刘军宁：《民主与民主化》，商务印书馆，1999。

刘军宁：《共和·民主·宪政：自由主义思想研究》，上海三联书店，1998。

江宜桦：《自由民主的理路》，新星出版社，2006。

陆学艺主编《当代中国社会阶层研究报告》，社会科学文献出版社，2012。

张康之：《寻找公共行政的伦理视角》，中国人民大学出版社，2002。

白钢、林广华：《宪政通论》，社会科学文献出版社，2005。

刘厚金：《我国政府转型中的公共服务》，中央编译出版社，2008。

周淑真：《政党与政党制度比较研究》，人民出版社，2001。

卢现祥：《西方新制度经济学》，中国发展出版社，2003。

潘小娟：《中国基层社会重构——社区治理研究》，中国法制出版社，2004。

林尚立：《党内民主——中国共产党的理论与实践》，上海社会科学院出版社，2002。

林尚立：《中国共产党与国家建设》，天津人民出版社，2009。

吴敬琏：《当代中国经济改革》，上海远东出版社，1999。

钱颖一：《现代经济学与中国经济改革》，中国人民大学出版社，2003。

王长江、姜跃：《现代政党执政方式比较研究》，上海人民出版社，2002。

张恒山等：《法治与党的执政方式研究》，法律出版社，2004。

浦兴祖：《当代中国政治制度》，复旦大学出版社，1999。

熊辉：《中国共产党依法执政研究》，湖南人民出版社，2006。

王贵秀：《中国政治体制改革之路》，河南人民出版社，2004。

李强：《自由主义》，中国社会科学出版社，1998。

盛洪主编《现代制度经济学》，北京大学出版社，2003。

〔美〕弗朗西斯·福山：《国家构建：21世纪的国家治理与世界秩序》，黄胜强、许铭原译，中国社会科学出版社，2007。

〔美〕弗朗西斯·福山：《政治秩序的起源：从人类时代到法国大革命》，毛俊杰译，广西师范大学出版社，2012。

〔美〕弗朗西斯·福山：《政治秩序与政治衰败：从工业革命到民主全球化》，毛俊杰译，广西师范大学出版社，2015。

〔美〕塞缪尔·亨廷顿：《变化社会中的政治秩序》，王冠华译，上海人民出版社，2017。

〔美〕塞缪尔·亨廷顿：《第三波：20世纪后期的民主化浪潮》，欧阳景根译，中国人民大学出版社，2013。

〔英〕迈克尔·曼：《社会权力的来源》（第一卷），刘北成、李少军译，上海人民出版社，2015。

〔英〕迈克尔·曼：《社会权力的来源》（第二卷），陈海宏等译，上海人民出版社，2015。

〔英〕迈克尔·曼：《社会权力的来源》（第三卷），郭台辉、茅根红、余宜斌译，上海人民出版社，2015。

〔英〕迈克尔·曼：《社会权力的来源》（第四卷），郭忠华、徐法寅、蒋文芳译，上海人民出版社，2015。

〔美〕巴林顿·摩尔：《专制与民主的社会起源》，王茁、顾洁译，上海译文出版社，2013。

〔美〕斯考切波：《国家与社会革命：对法国、俄国和中国的比较分析》，何俊志、王学东译，上海人民出版社，2013。

〔英〕塞缪尔·芬纳：《统治史》（全三卷），王震、马百亮译，华东师范大学出版社，2014。

〔美〕道格拉斯·诺思、罗伯斯·托马斯：《西方世界的兴起》，厉以平、蔡磊译，华夏出版社，1999。

〔美〕埃莉诺·奥斯特罗姆：《公共事务治理之道：集体行动制度的演进》，余逊达、陈旭东译，上海译文出版社，2012。

〔美〕彼得·埃文斯等：《找回国家》，方力维等译，三联书店，2009。

〔美〕霍华德·威亚尔达：《民主与民主化比较研究》，榕远译，北京大学出版社，2004。

〔美〕霍华德·威亚尔达：《拉丁美洲的政治与发展》，刘捷、李宇娴译，上海译文出版社，2018。

〔美〕罗伯特·达尔：《论民主》，李柏光、林猛译，冯克利校，商务印书馆，1999。

〔美〕亚当·普沃斯基：《民主与市场——东欧与拉丁美洲的政治经济改革》，北京大学出版社，2005。

〔英〕戴维·赫尔德：《民主的模式》（第三版），燕继荣等译，中央编译出版社，2008。

〔法〕托克维尔：《论美国的民主》（上、下），董果良译，商务印书馆，1998。

〔法〕托克维尔：《旧制度与大革命》，冯棠译，商务印书馆，1992。

〔美〕戴维·奥斯本、特德·盖布勒：《改革政府：企业家精神如何改革着公共部门》，周敦仁等译，上海译文出版社，2006。

〔美〕罗伯特·登哈特：《公共组织理论》（第三版），扶松茂、丁力译，中国人民大学出版社，2003。

〔美〕珍妮特·登哈特、罗伯特·登哈特：《新公共服务：服务而不是掌舵》（第三版），丁煌译，中国人民大学出版社，2016。

〔美〕道格拉斯·诺思：《制度、制度变迁与经济绩效》，杭行译，格致出版社，2008。

〔美〕杰克·奈特：《制度与社会冲突》，周伟林译，上海人民出版社，2009。

〔美〕詹姆斯·S.科尔曼：《社会理论的基础》，邓方译，社会科学文献出版社，1999。

后　记

中共十八届三中全会提出全面深化改革的总目标是"完善和发展中国特色社会主义制度，推进国家治理体系和治理能力的现代化"。中共十九大报告又提出了新时代中国发展两个阶段的战略安排：第一个阶段"国家治理体系和治理能力现代化基本实现"（2020~2035年）；第二个阶段"实现国家治理体系和治理能力现代化"（2035年至21世纪中叶）。《中国现代国家治理体系的构建》一书，初步分析了中国现代国家治理体系的基本内涵、构成及特征，基于国家治理能力的含义及提高国家治理能力的路径研究，着重从国家建设、政党建设、政府建设和社会建设等方面深入讨论了中国现代国家治理体系构建的重点领域。

本书是2015年北京大学政府管理学院燕继荣教授主持的北京市中国特色社会主义理论体系研究中心重点项目"中国现代国家治理体系构建研究"的最终研究成果。事实上，该研究成果的初稿于2016年1月已经完成，并接受了有关专家的评审和鉴定。由于最近两年课题组成员工作较为繁忙，课题报告的修改进度比预期缓慢。此外，中国政治也发生了一些新的变化，特别是十九大的召开和一些新的改革举措的推进，使课题组需要花时间对以往的论述进行适当调整。这些因素影响了本书的出版，在此予以特别说明。

本书是集体智慧的结晶，各章撰写分工如下：

导论　燕继荣（北京大学）

第一章　张宁（中国人民公安大学）

第二章　黄晗（首都师范大学）、彭莹莹（北京大学）

第三章　程熙（上海市委党校）

第四章　燕继荣（北京大学）、赖先进（中共中央党校）

第五章　燕继荣（北京大学）

第六章　程熙（上海市委党校）

第七章　燕继荣（北京大学）

第八章　燕继荣（北京大学）、张宁（中国人民公安大学）

本书的完成与北京市中国特色社会主义理论体系研究中心的领导的支持是分不开的。感谢"中特中心"李翠玲主任、许星副主任、张军强博士等人的关心、理解和帮助。感谢北京大学王浦劬教授、国家行政学院许耀桐教授、中共中央党校赵虎吉教授、中国人民大学周淑真教授、中央编译局杨雪冬教授对课题提出的意见和建议。感谢中国青年政治学院的孙广厦老师和北京城乡创新发展博士研究会的魏云研究员，他们在课题的论证阶段和课题的初稿形成过程中做了许多工作。

本书得到了社会科学文献出版社社会政法分社王绯社长和黄金平编辑的支持和帮助，黄金平编辑耐心、细致、认真、负责地审稿，让我们甚为感动！在此，我们对他们表示衷心感谢。

"国家治理体系和治理能力现代化"既是一个重大的现实政治问题，也是一个重要的基础理论研究课题，尽管2013年以来，很多研究者加入到了这一课题的研究中，但是，关于"国家治理体系和治理能力现代化"的基本内涵、构成及特征还存在许多争论，对于这一重大课题的研究尚处于初步阶段。囿于课题组成员的学识和水平，本书难免有不足和疏漏，敬请学界同人和实际工作部门的领导批评指正！

2018年7月1日

图书在版编目(CIP)数据

中国现代国家治理体系的构建 / 燕继荣等著. -- 北京：社会科学文献出版社，2018.9（2019.12重印）
ISBN 978-7-5201-3248-0

Ⅰ.①中… Ⅱ.①燕… Ⅲ.①国家-行政管理-研究-中国 Ⅳ.①D630.1

中国版本图书馆 CIP 数据核字（2018）第 179256 号

中国现代国家治理体系的构建

著　　者 / 燕继荣　等

出 版 人 / 谢寿光
项目统筹 / 王　绯
责任编辑 / 黄金平

出　　版 / 社会科学文献出版社·社会政法分社 （010）59367156
　　　　　 地址：北京市北三环中路甲29号院华龙大厦　邮编：100029
　　　　　 网址：www.ssap.com.cn
发　　行 / 市场营销中心 （010）59367081　59367083
印　　装 / 三河市龙林印务有限公司

规　　格 / 开本：787mm×1092mm　1/16
　　　　　 印　张：17.25　字　数：282千字
版　　次 / 2018年9月第1版　2019年12月第2次印刷
书　　号 / ISBN 978-7-5201-3248-0
定　　价 / 78.00元

本书如有印装质量问题，请与读者服务中心（010-59367028）联系

▲ 版权所有 翻印必究